Frauenhaus Köln

Nachrichten aus dem Ghetto Liebe

Gewalt gegen Frauen
Ursachen — Auswirkungen — Bewältigungsstrategien

Verlag Jugend & Politik

Frauenhaus Köln
Nachrichten aus dem Ghetto Liebe
Gewalt gegen Frauen
Ursachen — Auswirkungen — Bewältigungsstrategien
Geschrieben von der Arbeitsgruppe Dokumentation des Frauenhauses Köln
(Sylvia Brauer, Renate Hardt, Irene Mäurer, Maria Mies, Carola Möller,
Astrid Smolka, Marianne Tieves. Redaktionelle Überarbeitung: Karin Vogel)
Umschlagentwurf: F. Schulz

© 1980 Verlag Jugend & Politik
   Hamburger Allee 49, 6000 Frankfurt am Main 90
   ISBN 3-88203-051-8

„Die Unterdrückten ohne Hoffnung sind merkwürdig still. Wenn die Möglichkeit von Widerstand die Grenzen des Denkbaren überschreitet, gibt es keine Worte, die Unzufriedenheit zu artikulieren, so daß es so aussieht, als gäbe es sie nicht...

Erst das Durchbrechen des Schweigens läßt uns verstehen, was wir vorher nicht verstehen konnten.
Aber die Tatsache, daß wir nichts hörten, beweist noch nicht, daß kein Schmerz erfahren wurde. Revolutionäre müssen auf die Sprache des Schweigens hören.

Das ist für uns Frauen besonders wichtig, weil wir aus einem so langen Schweigen kommen."

Sheila Rowbotham

Vorbemerkung: In eigener Sache!

Kampf der Gewalt gegen Frauen! Der Gewalt, ausgeübt von ihren Ehemännern und Freunden. Der Gewalt in allen ihren brutalen Formen — der direkten, körperlichen Gewalttätigkeit und der nach außen kaum sichtbaren, seelischen Mißhandlung und Demütigung. In diesem Kampf war die Eröffnung unseres Frauenhauses ein erster Schritt. Wir arbeiten weiter.

Wie verheerend sich Gewalt gegen Frauen auswirkt, müssen wir alltäglich in unserer Arbeit mit den geschlagenen Frauen erleben. Wie Frauen die Gewalt von Männern erfahren und verarbeiten ist das Thema unseres Aktionsforschungsprojektes.

Alle Mitarbeiterinnen unserer Aktionsforschungsgruppe arbeiten oder arbeiteten in Arbeitsgruppen des Frauenhauses: Wir machen Dienst im Haus, Rechts- und Berufsberatung oder Gesprächsgruppen mit den Frauen.

Warum wir uns für ein Aktionsforschungsprojekt entschieden haben? Bei dem Übermaß an Arbeit konnten wir nicht mehr sehen, ob und was sich durch unsere Arbeit eigentlich veränderte. Hatte sich für die Frauen etwas verändert, wenn sie das Frauenhaus wieder verließen? Frauen kamen und gingen. Viele kehrten zu ihren schlagenden Männern zurück. Andere stürzten sich in neue Beziehungen, die sich für uns kaum von den alten, gewalttätigen unterschieden. Vor allem aber die häufige Wiederholung des ,,Frauenleides'' (Frauen verlassen ihre Männer, weil sie in der Ehe leiden und sie gehen wieder zurück, weil sie ohne Ehe auch leiden), warf für uns grundsätzliche Fragen auf. Wir sahen uns mit Realitäten konfrontiert, deren Hintergründe weder wir noch die betroffenen Frauen kannten. So fragten wir uns: Warum erdulden Frauen männliche Gewalt? Warum gehen sie nach kurzen Widerstandsversuchen zurück in die gewalttätige Beziehung? Und wir wollten mehr wissen über die Erscheinungsformen und die möglichen Ursachen von Gewalt in der Ehe.

Angesichts brutal zusammengeschlagener und
gedemütigter Frauen müssen wir handeln.

Angesichts brutal zusammengeschlagener und gedemütigter Frauen wuchs unsere Wut und Entschlossenheit, das Problem der Gewalt gegen Frauen nicht mehr für uns zu behalten, es öffentlich zu machen und die Öffentlichkeit zur Auseinandersetzung zu zwingen. Denn wenn wir es damit bewenden lassen, mißhandelten Frauen Schutz und Unterkunft zu gewähren, wird die Gesellschaft vor dieser dringend notwendigen Auseinandersetzung geradzu geschützt.

Es geht um uns, um unsere Sache als Frauen. Die Unterdrückung von Frauen muß ein Ende haben. Wir suchen nach Wegen, die Strukturen unserer Gesellschaft zu verändern, damit wir Frauen die uns im Grundgesetz zugesicherte Gleichberechtigung ohne Angst vor Repressalien durchsetzen können.

Wir wollen keine empirische Sozialforschung im herkömmlichen Sinne betreiben. Das Sammeln von ,,repräsentativ" erhobenen Daten und daraus abgeleitete angeblich objektive Ergebnisse sind uns suspekt. Wir sind subjektiv, denn wir sind betroffen. Es geht uns bei unserer Arbeit auch um uns selbst. Wir fühlen uns gleichermaßen betroffen und angegriffen von einer Gesellschaft, in der es möglich ist, Frauen tagtäglich auf die gemeinste Art und Weise zu demütigen. Auch wenn wir Mitarbeiterinnen im Frauenhaus uns nicht unmittelbar von körperlicher Gewalt bedroht sehen, so leben wir doch alle in der gleichen Gesellschaft. Wir finden zunächst keine anderen Lebensbedingungen vor, wie die Frauen im Frauenhaus, die so offensichtlich zeigen, wie weit männliche Gewalt gehen kann.

Ehe und Familie — das sind die weiblichen Lebensbedingungen. Das ist der Raum, in dem Gewalt für Frauen körperlich spürbar wird. Dies ist der Lebenszusammenhang, mit dem wir uns auseinandersetzen wollen und müssen, der uns und andere, die menschlichere Lebensformen finden wollen, einengt. Ehe und Familie — das wissen wir — hat mit unserer ,,Weiblichkeit" zu tun, mit unseren Träumen, Wünschen, Hoffnungen, Ängsten und Sorgen. In Ehe und Familie wurden auch wir zu Mädchen und Frauen erzogen und bewußt oder unbewußt sehr früh auf Anpassung, Unterordnung, auf Zurückstecken eigener Bedürfnisse, auf Erdulden hin geprägt.

Gewalt und Macht — das lernten wir während unserer Arbeit — reichen hinein bis in die intimste Beziehung zwischen zwei Menschen. Es ist die Frau, die unter diesem Wahn-Sinn am meisten zu leiden hat. Sie ist es, die den in seinem beruflichen Alltag entfremdeten Mann wieder für die Arbeit in den Fabriken und Büros herstellen soll. Frauen sind in dieser Gesellschaft in erster Linie Objekte. Wir sind es auch in unserer Funktion für die Familie. Dies ist in einer Liebesbeziehung eine schmerzhafte Erfahrung.

Wir wollen versuchen, die Verstrickungen und Widersprüche von Gewalt, Liebe, Unterwerfung und Widerstand zu erhellen. Und wollen herausfinden, wann Frauen Subjekte ihrer eigenen Geschichte waren, und wann sie zu Objekten gemacht wurden, wie und warum das passiert, und wie wir Frauen versuchen können, das zu ändern. Wir ,,erforschen" das Leben von Frauen, um klarere Vorstellungen für unsere Zukunft als Frauen zu gewinnen.

Gewalt — was ist das?

Gewalt ist das zentrale Thema unserer Arbeit. Der Begriff Gewalt wird heute in den unterschiedlichsten Bedeutungen und Zusammenhängen benutzt. Wenn Menschen von Gewalt sprechen, denken sie dabei in erster Linie an Schlägereien, eingeschlagene Fensterscheiben, rebellierende Jugendliche, Terrorismus, Revolution. Diese Gewalt ,,von unten" bewirkt Angst und Abwehr. Die Reaktion auf Krieg, Massenvernichtungen, Konzentrationslager, Folter ist das Gefühl der Ohnmacht. Diese Gewalt erscheint uns als unabänderliches Schicksal: Der Mensch ist böse, aggressiv — das ist seine Natur. ,,Kriege wird es immer geben", ist eine weit verbreitete Auffassung.

Nur wenige denken bei dem Begriff Gewalt an Polizei, Gefängnisse, Militär, Atom- und Neutronenbomben und an die Rüstungsindustrie. Diese Gewalt ,,von oben", die ,,öffentliche Gewalt" in der Hand des Staates erscheint als Ordnung, selbst dort, wo Zwangsmittel und Tötungsinstrumente diese Ordnung aufrechterhalten.

Viele Frauen, die heute von Gewalt sprechen, denken an Vergewaltigung, prügelnde Ehemänner, an die Angst, abends allein auf die Straße zu gehen. Für sie ist Gewalt Ausdruck des Verhältnisses zwischen Männern und Frauen: Ein Verhältnis in dem die Frauen sich als Opfer und die Männer als Täter erfahren. Dieses Verhältnis erscheint als unausweichliches Schicksal. Die Schlußfolgerung: ,,Männer sind nun mal so aggressiv und gewalttätig." Frauen — von klein auf dazu erzogen, ihr Glück in diesen Männern zu suchen, sich ihnen unterzuordnen, sich von ihnen versorgen zu lassen, von ihnen abhängig zu sein, mit ihrem auf Mann, Familie und Kinder eingeengten Lebenskonzept — empfinden dies in ihrer Mehrheit noch nicht als Gewalt. Auch nicht die Gesetze, die ihnen immer noch verbieten, eigenverantwortlich mit ihrem Körper und der Fähigkeit, Kinder zu gebären, umzugehen.

Was empfinden wir als Gewalt gegen Frauen? Ist es Gewalt, wenn uns Frauen nur bestimmte weibliche Berufe offenstehen? Ist es Gewalt, wenn wir schlechtere, monotonere Arbeiten leisten müssen als Männer? Wenn wir für die gleiche Arbeit schlechter bezahlt werden? Schlechtere Ausbildungen und Aufstiegschancen haben? Ist es Gewalt, wenn unsere Körper zur besseren Vermarktung von Waren zu Reklamezwecken mißbraucht werden? Ist die sogenannte Liberalisierung der Sexualität, die uns Verhütungsmittel und leichtere Abtreibungsmöglichkeiten beschert, uns aber auch total verfügbar macht, nicht auch eine Form von Gewalt? Und was ist das, was uns Frauen nicht so sein läßt, wie wir sein möchten? Welche Zwänge, Normen, Erwartungen, die wir verinnerlicht haben, weil sie uns auferlegt wurden, hindern uns daran? Etwa, daß wir einer bestimmten Vorstellung von Frau-Sein entsprechen müssen — schön sein, sanft, lieb, zärtlich, mütterlich, sexy und, und, und . . .? Ist das auch Gewalt? Und schließlich: Wie ist das mit der Liebe? Die ,,große Liebe", auf die wir Frauen ja alle hoffen und warten, von der uns Schlager, Romane, Filme erzählen?

Frauen, die vor den Schlägen ihrer Männer ins Frauenhaus flüchteten, erzählen immer wieder, daß sie ,,aus Liebe" so lange bei einem brutalen Mann ausgehalten haben. Viele Frauen hoffen, bei einem anderen Mann die ,,wahre Liebe" zu finden. Ist diese Ideologie der großen, romantischen Liebe nicht auch eine Form von Gewalt?

Die Frauen im Frauenhaus scheinen zunächst lediglich Opfer direkter Grausamkeiten und Brutalitäten einzelner Männer zu sein. In den Gesprächen mit ihnen zeigt sich jedoch schnell, daß diese körperliche Gewalt nur die Spitze ei-

---

Im Namen der „großen, wahren Liebe" ertragen wir Gewalt, Unterdrückung und Ausbeutung.

---

nes Eisberges ist, dessen wahre Größe sich unter der Oberfläche verbirgt. Der mächtige, unsichtbare Koloß Eisberg ist die alltägliche und selbstverständliche Form der strukturellen Gewalt. Diese Gewalt nehmen wir kaum noch wahr, weil wir uns dem uns auferlegten Zwang längst freiwillig unterworfen haben, um überleben zu können. Strukturelle Gewalt ist das Resultat von Abhängigkeiten und Herrschaftsverhältnissen in gesellschaftlichen Strukturen, die Gewalt zur Ordnung und damit für die Menschen zur Gewohnheit werden lassen.

In den Erzählungen der Frauen gehen direkte und strukturelle Gewalt ineinander über, bedingen und verzahnen sich gegenseitig. Viele Frauen haben heiraten ,,müssen", weil ein Kind unterwegs war. Selbstverständlich gaben sie Ausbildung und Beruf auf, wurden Hausfrauen und Mütter, machten sich damit von ihren Männern finanziell abhängig. Dies ist die Standardform der strukturellen Gewalt gegen Frauen, die durch die Institution der Ehe und Familie abgesichert ist: Frauen geben ihre ökonomische Unabhängigkeit auf und lassen sich von einem Mann ,,ernähren". Dafür liefern sie ihm sexuelle und andere Dienstleistungen. Dieses juristisch abgesicherte Verhältnis ist kein friedliches Miteinander zwischen zwei gleichen und gleichstarken Partnern, sondern eine Herr-Knecht- oder Oben-Unten-Beziehung. In früheren Gesetzestexten ist es auch offen als Gewaltverhältnis definiert: Man sprach von der ehelichen Gewalt des Gatten. Für Frauen wird dies spätestens dann deutlich, wenn der Mann sie prügelt, weil er der ,,Herr im Hause" ist.

In unseren Gesprächen mit Frauen erkannten wir, daß wir bei der Suche nach den Ursachen der Gewalt gegen Frauen nicht an der äußeren Erscheinungsform hängen bleiben dürfen. Das Entscheidende ist nicht die äußere Form der Gewalt, sondern das gesellschaftlich fixierte Verhältnis, das Frauen und Männer zueinander eingehen bzw. eingehen müssen.

Konflikte zwischen Mann und Frau verdeutlichen, daß sie in einem Herrschaftsverhältnis zueinander stehen, d.h. die an dem Konflikt beteiligten Personen sind mit ungleicher Macht ausgestattet. Ein Herrschaftsverhältnis ist jedoch nichts anderes als ein legitimiertes Gewaltverhältnis. Zu einem Herrschaftsverhältnis gehören immer zwei: Einer, der herrscht, und einer, der sich beherrschen läßt. Ebenso gehören zu einem Gewaltverhältnis zwei: Ein Täter und ein Opfer.

Zunächst galt all unsere Sympathie und Solidarität den Opfern: den geschlagenen Frauen. Im Verlauf der Untersuchung merkten wir jedoch, daß die Opferhaltung der Frauen genauso zu dem Gewaltverhältnis zwischen den Geschlechtern gehört, wie die Aggression der Männer.

Dieser für die Beteiligten meist verdeckte Zusammenhang ist der Kitt, der das Gewalt- und Herrschaftsverhältnis zwischen Männern und Frauen in unserer Gesellschaft stabilisiert.

Aber ist es überhaupt richtig, von Herrschaft der Männer über Frauen zu sprechen? Sind Männer nicht selbst auch Opfer? Opfer anderer Gewalt- und Herrschaftsverhältnisse? Ist es nicht verständlich, daß einem Mann, der müde und gestreßt von der Arbeit nach Hause kommt, bei Konflikten mit der Frau die Hand ausrutscht? Denn am Arbeitsplatz auftretende Konflikte können dort nur äußerst selten aufgearbeitet werden. Der Mann ist gezwungen, seine Probleme runterzuschlucken. Er hat keine Möglichkeit, seine Aggression da loszuwerden, wo sie entstanden ist. Dieses Argument bekommen wir in Gesprächen mit Männern oft zu hören.

Erschreckend, wie selbstverständlich Männer akzeptieren, daß sie auf der einen Seite ihres Lebens — bei der Arbeit, im öffentlichen Leben — Opfer sind und entfremdete, sinnlose, abhängige Arbeit tun müssen, und auf der anderen Seite — der privaten Seite — selbst Täter sein wollen und Opfer brauchen. Der Zusammenhang zwischen den gesamtgesellschaftlichen Gewalt- und Herrschaftsverhältnissen und der privaten, direkten und strukturellen Gewalt zwischen Männern und Frauen ist offensichtlich. Es gibt wohl auch einen Zusammenhang zwischen der Feigheit der Männer und ihrer Brutalität. Einerseits wagen sie es nicht, gegen ,,die da oben" aufzumucken oder gegen gesellschaftliches Unrecht zu kämpfen, andererseits schlagen sie zu Hause ihre Frauen und Kinder zusammen. Die Gespräche mit Frauen liefern gründliches Anschauungsmaterial für diesen Zusammenhang.

Wer könnte uns noch weismachen, daß wir in einer friedlichen, gewaltlosen Gesellschaft leben? Und wenn unsere Gesellschaft so gewaltdurchsetzt ist, wo liegt dann unsere Hoffnung? Wird das Verhältnis zwischen den Geschlechtern nicht immer ein Gewaltverhältnis bleiben? Viele Frauen, mit denen wir sprachen, waren dieser Meinung. Die Tatsache jedoch, daß sie ins Frauenhaus gekommen sind, ist ein erster Versuch, dieses Gewalt- und Herrschaftsverhältnis

Unsere Hoffnung ist aus dem nicht mehr zu ertragenden Frauenleid gewachsen.

aufzuheben. Die Einsicht, daß es einen Punkt gibt, an dem die Frau sich wehren muß, wenn sie ihre Menschenwürde behalten will, ist für viele Frauen der erste Schritt in ein eigenverantwortliches Leben.

Doch von dort bis zu der Erkenntnis, daß wir auch die mächtigen gesellschaftlichen Verhältnisse, die uns unterdrücken, demütigen und quälen, verändern müssen, ist es noch weit. Ohne den ersten Schritt werden Frauen diesen zweiten Schritt jedoch nie machen.

Das Geschlechterverhältnis ist nicht biologisch festgelegt, sondern es verändert sich mit der Art und Weise, wie Menschen in verschiedenen Epochen ihr materielles Leben produzieren, wie sie leben, lieben und arbeiten. In früheren Zeiten waren Frauen und Männer am gleichen Ort mit dieser Produktion des Lebens beschäftigt. Die räumliche Trennung von Arbeit und Privatleben gab es damals kaum.

In unserer Epoche findet die Arbeit im öffentlichen Bereich, im Betrieb, im Büro, in der Schule statt. Das Leben und die Liebe spielen sich im privaten Bereich, in der Familie ab. Der private Bereich, Leben und Liebe, ist somit Sache der Frauen. Sie sind der Sache der Männer, der Arbeit, untergeordnet. Diese Trennung der gesamten Produktion des Lebens und der Über- und Unterordnung von einzelnen Teilen dieser Produktionen ist die zentrale Grundstruktur aller strukturellen Gewalt in unserer Gesellschaft, also auch der strukturellen und direkten Gewalt im Geschlechterverhältnis.

Bei unserer praktischen und theoretischen Auseinandersetzung mit dem Problem der Gewalt gegen Frauen tauchten für uns viele ungelöste Fragen auf. Um die Antworten zu finden, müssen wir weiterarbeiten.

Doch auf unserer Expedition zur Erforschung des Eisberges stießen wir in immer tiefere und ältere Schichten unserer gesellschaftlichen Wirklichkeit vor. Die konkreten Lebensschicksale der Frauen, die mit uns über ihr Leben nachdachten, sind für uns der Faden, an dem wir uns orientieren. Die Ergebnisse dieser Forschungsreise sollen allen Frauen, vor allem denen, die unter direkter Gewalt zu leiden hatten und haben, helfen zu erkennen, daß Männer nicht von Natur aus ,,Täter'', und Frauen nicht von Natur aus ,,Opfer'' sind.

Die Ergebnisse unserer Arbeit sind darüber hinaus unser Beitrag im Kampf der Frauen und Männer, die nach einer Gesellschaft suchen, in der es keine Täter und keine Opfer mehr geben muß.

Unser Vorgehen

Wir lassen uns auch von der Wissenschaft nicht mehr unter Druck setzen

Ursprünglich begannen wir unsere Arbeit als ,,Dokumentationsgruppe''. Wir wollten unseren Einsatz im Frauenhaus reflektieren und überprüfen, ob unsere damit verbundene politische Zielsetzung überhaupt zum Tragen kommt. Gemeinsam mit den im Frauenhaus lebenden Frauen wollten wir darüber hinaus Art, Umfang und Ursachen von Gewalt gegen Frauen erforschen und verstehen lernen.

Wir sehen uns nicht als Wissenschaftlerinnen, die im Sinne traditioneller Forschung, ,,betroffene'' Frauen beforschen und ausfragen. Wer auf diese Art forscht, bewegt sich im Rahmen der bestehenden Strukturen von Macht und Gewalt. Das ist nicht unsere Sache. Wir wollen diese Strukturen bloßlegen, um sie aufbrechen zu können.

Das Ziel unserer Forschungsarbeit ist:
— die Zusammenhänge zwischen dem Ausüben und Erleiden von Gewalt, die Wechselwirkungen zwischen Herrschenden und Beherrschten zu erfassen,
— die Bedingungen herauszufinden, unter denen diese Gewaltverhältnisse immer wieder aufs Neue entstehen,
— mehr zu wissen über den Zusammenhang zwischen direkter, körperlicher und struktureller, gesellschaftlicher Gewalt
— nach Wegen zu suchen, diesen Kreislauf der Gewalt- und Machtverhältnisse, der uns unterdrückt, zu durchbrechen.

Die Veröffentlichung unserer gemeinsam erarbeiteten Erfahrungen soll dazu beitragen, das Problem der Gewalt gegen Frauen über die Grenzen der Frauenhäuser hinaus zu tragen. Der Ausgrenzung dieses gesamtgesellschaftlichen Problems in die Frauenhäuser wollen wir damit entgegenwirken. Unsere Arbeit ist ein Versuch, die Gewaltverhältnisse in unserer Gesellschaft für alle Betroffenen — Frauen und Männer — offenzulegen. Unser damit verbundenes Ziel: Gesellschaftsveränderung auf der Grundlage sensibilisierten Bewußtseins und konkret veränderter Lebensbedingungen.

Doch zunächst geht es uns bei allem, was wir tun, um uns, uns Frauen. Wir wollen unsere Unterdrückung aufheben. Deshalb lehnen wir es entschieden ab, die notwendige Forschung einer Wissenschaft zu überlassen, die aufgrund ihrer methodischen Grundsätze die Wirklichkeit nur verzerrt erfaßt und damit letztlich die bestehenden Verhältnisse verfestigt.

Die ersten Zweifel an Untersuchungsergebnissen empirischer Sozialforschung kamen uns, als wir uns mit der Untersuchung von Helge Pross ,,die Wirklichkeit der Hausfrau'' (1975 im Auftrag der Zeitschrift ,,Brigitte'') beschäftigten. Die vorgelegten Untersuchungsergebnisse stehen in krassem Gegensatz zu unseren Erfahrungen im Frauenhaus. Denn ins Frauenhaus flüchten gerade die Frauen, die Helge Pross untersucht hat, nämlich die ganz ,,normalen'' Hausfrauen.

Deutschlands bekannteste Frauenforscherin arbeitet mit standardisierten Interviews, d.h. um die Befragungsergebnisse empirisch verarbeiten zu können, werden verschiedene Antworten vorgegeben. Für eine dieser Antworten auf eine bestimmte Frage muß sich die befragte Hausfrau entscheiden. Das Ergebnis dieser Forschung konnten wir in ,,Brigitte'' nachlesen: Deutschlands Hausfrauen sind glücklich!

Wie weit die Schlußfolgerungen der wissenschaftlichen Forschung von Frau Pross an der Realität vorbeigehen, wollen wir an einem Beispiel belegen. Aus ihrer unter dem Titel ,,Die Wirklichkeit der Hausfrau'' veröffentlichten Untersuchung greifen wir das Kapitel ,,Geld und Versorgung'' heraus.

Dieses Beispiel erscheint uns deshalb besonders geeignet, weil die finanzielle Abhängigkeit ein wichtiger Grund ist, der die Frauen an die Männer fesselt. Keine Frau, die bisher ins Frauenhaus gekommen ist, verfügte über so viel Geld, um sich und ihre Kinder auch nur einige Tage ohne Sozialhilfe ernähren zu können. Einige Frauen hatten nicht einmal das Fahrgeld, um ins Frauenhaus zu kommen.

Dagegen stellt Frau Pross (auf Seite 119 ihres Buches) fest: ,,Eindeutig ist jedenfalls, daß fast jede Hausfrau Zugang zu dem vom Mann verdienten Geld besitzt. Er erwirbt das Geld, kann oder will aber nicht alleine darüber verfügen."

Betrachten wir uns einmal näher, wie sie zu den Schlußfolgerung kommt, „die Kasse hat sich von einem Herrschaftsinstrument zum Partnerschaftsgebilde gewandelt".

„Jede dritte Hausfrau bekommt ein Taschengeld, das sie für ihre persönlichen Bedürfnisse verwenden kann (Frage 50). Die übrigen haben keine derartigen Verfügungssummen, doch heißt das nicht, es fehlte ihnen an Möglichkeiten, sich nach eigenem Ermessen Sonderwünsche zu erfüllen. Sofern sie selber das

---

Petersilientaktik als Überlebensstrategie ist nicht unsere Sache.

Geld verwalten, liegt es bei ihnen, ob und wieviel sie für sich abzuzweigen vermögen. In anderen Fällen greift man zu der alten Methode der kleinen Täuschung: da schreibt man eben ein Bündchen Petersilie mehr auf, . . . oder einen größeren Posten, der angeblich für die Küche benutzt worden ist. Einige Frauen behalten das Geld für die Rabattmarken, und wieder andere können sich frei die gewünschten Beträge nehmen, solange Geld da ist." (Seite 118)

Wir erfahren weiter, daß zwei von drei Frauen angaben, „er könne seine Wünsche befriedigen, wie er wolle". (Seite 119)

Die zur Verfügung stehenden Angaben sagen also aus, daß ein Drittel der Frauen sowie ein Drittel der Männer ein festes Taschengeld erhalten. Zwei Drittel der Männer können ihre Wünsche befriedigen „wie sie wollen". Dagegen müssen zwei Drittel der Frauen sich entweder Geld vom Haushaltsgeld abzweigen oder durch irgendeinen Vorwand beim Mann erschwindeln. Was Frau Pross als Möglichkeiten bezeichnet, entpuppt sich als Unterschlagung und mühseliges Zusammenkratzen von Rabattmarken. Wobei inzwischen auch diese letzte Geldquelle versiegte. Der Einzelhandel hat die Rabattmarken abgeschafft.

Was Frau Pross nicht sieht — oder nicht sehen will —, ist die Tatsache, daß die von ihr ermittelten Zahlen ein Gewaltverhältnis zwischen den Ehepartnern offenbaren. Der unvoreingenommene Leser merkt dies zunächst auch nicht, denn es gelingt Frau Pross durch das Hervorheben der weiblichen Gegenstrategien (Petersilientaktik), die durch die Ausgangszahlen belegten Abhängigkeitsverhältnisse ganz einfach aufzuheben. Die Untersuchung vermittelt den Eindruck, daß hier alles in Ordnung ist, da ja schließlich jeder Partner auf seine Weise zu seinem Geld kommt.

Die Untersuchung erfaßt zwar oberflächlich, daß ein Teil der Frauen ein Taschengeld bekommt. Aber wie wird es ausgehandelt, müssen die Frauen darum kämpfen, bekommen beide Partner das gleiche Taschengeld? Darauf erhält die neugierige Leserin keine Antwort. Die Hintergründe, die Frauen zur Petersilientaktik zwingen, bleiben verborgen. Deutlich wird allerdings, daß die einzelnen Bereiche im Verhältnis zwischen Ehepartnern nur deshalb so einseitig positiv erscheinen, weil Frau Pross mit ihrer Untersuchung niemals die Oberfläche dieses Verhältnisses auch nur angekratzt hat.

Wir unterstellen Frau Pross nicht, daß sie all dies in böser Absicht getan hat. Möglicherweise gar, um uns frauenbewegten Frauen zu beweisen, daß unser Kampf an der Wirklichkeit der Frauen vorbeigeht, da sie doch alle soooo glücklich sind. Nein, das glauben wir nicht. Frau Pross ist eines der vielen Opfer des vorherrschenden Wissenschaftsbetriebes.

Sie benutzte für ihre Untersuchung einen standardisierten Fragebogen. Er erhielt seine endgültige Fassung, nachdem er zuvor mit 36 Personen getestet worden war. Um welche Personen es sich dabei gehandelt hat, wissen wir nicht. Wir gehen jedoch davon aus, daß es zumindest alles Frauen waren.

Die Objekte dieser Untersuchung waren ,,Nur-Hausfrauen" im Alter zwischen 18 und 54 Jahren. Mit diesem Forschungsprojekt sollten die Einstellungen von Frauen und ihre Probleme mit ihrer eigenen Rolle ermittelt werden. 1219 Interviews kamen in die Auswertung.

Der Fragebogen umfaßte 137 Fragen, darunter fünf offene Fragen, die sich auf fast alle Lebensbereiche der Frauen bezogen und für die sie sich spontan für eine Antwort entscheiden mußten.

In der Untersuchung standen sich sehr ungleiche Partner gegenüber. Die Interviewer waren überwiegend Studierende, die als Wissenschaftler auftraten. Diesen Status konnte keine der befragten Frauen für sich in Anspruch nehmen. Sie mußten sich von vornherein doppelt abgewertet fühlen. Zusätzlich zu der Belastung durch den umfangreichen Fragebogen wurden die Frauen in ihrer gesellschaftlich unterbewerteten Rolle als ,,Nur-Hausfrau" mit einer gesellschaftlich anerkannten Wissenschaftlichkeit konfrontiert.

Diese Tatsache kann der Grund sein, daß Frauen — hauptsächlich aus der Unterschicht — das Interview verweigerten. Die Gründe für diese Verweigerung sucht Frau Pross nicht in ihrer Methode, sondern bei den Frauen und unterstellt ihnen ,,Versagungsängste, Interessenlosigkeit, Mißtrauen und Gleichgültigkeit" (Seite 282).

Nicht unerheblich erscheint uns in diesem Zusammenhang, daß die Untersuchung von der Zeitschrift ,,Brigitte" finanziert wurde. ,,Brigitte" zeigt den

Frauen vierzehntäglich, wie sie zu sein haben: jung, schön, modern. Hier wird uns einmal mehr ein Frauenbild aufgezwängt, mit dem sich die Mehrheit der Frauen nicht idendifizieren kann — oder nur mit einem enormen Aufwand an Selbstverleugnung.

Es liegt auf der Hand, daß gerade Frauen aus der Unterschicht ihr vergleichsweise glanzloses Leben einer so schicken Zeitschrift gar nicht erst anzubieten wagen.

Zu der Unsicherheit im sozialen Feld kommt die Forderung nach Vergleichbarkeit der Antworten hinzu. Die Sozialforscher erkannten diese Schwierigkeit wohl und suchten nach Wegen, wenigstens das Verhalten des Befragers kontrollierbar zu machen. Durch bestimmte, festgelegte Verhaltensregeln soll zumindest der Befragungsablauf nachvollziehbar sein. Ein solches normiertes Verhalten des Befragers schließt jedoch jedes Eingehen auf unerwartete Reaktionen des Befragten aus.

Der Befrager soll sich danach einerseits neutral, andererseits aber auch interessiert zeigen, um die Antwortbereitschaft des Befragten nicht zu gefährden. Durch dieses äußerlich gezeigte Interesse erwartet der Befragte vom Befrager ein engagiertes Verhalten, das er jedoch nicht leisten kann, um seine Ergebnisse nicht zu gefährden. Bemerkt der Befragte derartige Verstellungen, wird er sich hintergangen fühlen und mißtrauisch reagieren.

Der Befrager lenkt das Interview. Er hat gelernt, um seinem Auftrag gerecht zu werden, Anweisungen zu geben, Zwischenfragen zu blockieren und das Gespräch in vorgegebene Bahnen zu lenken. Er verhält sich autoritär und erinnert den Befragten damit an die Machtverhältnisse, denen er täglich ausgesetzt ist. So, wie der Befragte im Interview dem Befrager ausgeliefert ist, geht es den Frauen im Frauenhaus auf dem Sozialamt. Der Sachbearbeiter stellt die

---

Objektive wissenschaftliche Ergebnisse sind eine Fiktion.

Fragen, die Frauen haben darauf zu antworten. Der Sachbearbeiter ist darauf trainiert, Informationen aus den Frauen herauszuholen. Auch er versucht, freundlich geschickt, aber bestimmt zu seinem Ziel zu kommen. Die Frauen sind ihm ausgeliefert, da von ihm ihre Existenz abhängig ist. In ihrer Vereinzelung fühlen sie sich hilflos. Er stellt nur solche Fragen, deren Antworten in sein Denkschema passen. Aber die bürokratische Denkweise stimmt nicht mit der Denk- und Erlebniswelt der Frauen überein. In dieser ohnmächtigen Situation sind die Frauen nicht mehr in der Lage, ihre Interessen und Rechte durchzusetzen. Um nicht mit leeren Händen gehen zu müssen, wägen die

Frauen genau ab, welche Informationen schaden, und welche ihnen nützlich sein können. Ähnlich ist die Situation bei einer Befragung: Die Bestimmung und Erfüllung der Frau als Ehefrau, Hausfrau und Mutter gelten in unserer Gesellschaft als unumstößliche Wahrheit. Besonders Hausfrauen haben nur sehr begrenzte Möglichkeiten, ihre Erfahrungen mit anderen auszutauschen, um sich in Gesprächen eine Meinung über die wirklichen Verhältnisse zu bilden. Durch ihre Vereinzelung sind sie stärker als andere der Beeinflussung durch Massenmedien ausgesetzt. Wegen ihres Mangels an Auseinandersetzungsmöglichkeiten machen sie so scheinbar die öffentliche Meinung zu ihrer Auffassung.

Wenn im Fragebogen von Frau Pross elfmal die Formulierung auftaucht: ,,Wie ist das eigentlich bei Ihnen?'', dann fragen wir uns, ob nicht gerade damit die Unsicherheit bei den Frauen noch erhöht wird? Die befragte Frau weiß nicht, wie andere Frauen zu diesem Problem stehen. Sie hat keine Rückendeckung von Frauen, die in einer ähnlichen Situation sind wie sie selbst. Ist es da für sie nicht am sichersten, sich entsprechend der Erwartung des Befragers zu verhalten, um ja nicht in irgendeiner Weise auffällig zu werden?

Hat der Befragte zu einer bestimmten Frage eine widersprüchliche oder nicht eindeutig festgelegte Meinung, kann er sich für die Antwort ,,unentschieden'', ,,teilweise'' oder ,,keine Meinung'' entscheiden. Daraus kann jedoch nicht gefolgert werden, daß er tatsächlich meinungslos ist. Auch wenn dem Befragten mehrere Antwortmöglichkeiten freigestellt sind, und er entscheidet sich zum Beispiel für ,,Ja'' und ,,Nein'', läßt sich nichts über die Beziehung dieser beiden Gegensätze aussagen. Die Antwort erfaßt nicht annähernd die Einstellung des Befragten. Sie bleibt inhaltslos.

Zu dem von Helge Pross verwendeten Fragebogen stellen wir sieben Thesen auf:

Erste These: Der Fragebogen benutzt die Sprache der bürgerlichen Öffentlichkeit. die Besonderheiten, die sich aus dem unmittelbaren Lebenszusammenhang von Frauen ergeben, werden damit nicht erfaßt.

Zweite These: Eine Reihe der Fragen bezieht sich auf die gesellschaftlich verankerten Ideologien. Es bleibt unklar, ob die Frauen die Fragen für sich oder für die Mehrheit der Hausfrauen beantworten.

Dritte These: Der Fragebogen stellt sich hinter die herrschende Ideologie. Bei den Befragten kann durch Massenmedien verinnerlichte Ideologie jederzeit abgerufen werden, wenn sie keine Möglichkeit zur Auseinandersetzung damit haben. Mit dem Fragebogen wird somit strukturelle Gewalt ausgeübt, denn seine Ergebnisse dienen der Verfestigung der herrschenden Machtverhältnisse.

Vierte These: Rein verstandesmäßige Antworten lassen sich im Rahmen einer

Befragung nicht auf ihren wahren Wert durchleuchten, so daß nur an der Oberfläche des Bewußtseins der Frauen ermittelt wird.

Fünfte These: Der Fragebogen ermittelt Einstellungen und Probleme, die scheinbar unveränderlich gegenüber verschiedenen Lebenssituationen sind. Widersprüche und nicht eindeutige Einstellungen können nicht erfaßt werden.

Sechste These: Die Begrenzung der Antwortvorgaben schränkt die Vielfältigkeit der persönlichen Lebenserfahrungen ein. Im Fragebogen wird bestimmt, was als Wirklichkeit zugelassen ist.

Siebte These: Der Fragebogen erfaßt nur oberflächlich die realen Machtverhältnisse zwischen Mann und Frau.

Die kritische Auseinandersetzung mit der von Frau Pross verwendeten Forschungsmethode und damit letztlich der herkömmlichen Sozialforschung ist im Interesse einer ehrlichen Frauenforschung, d.h. einer Forschung, die zur Aufhebung von Unterdrückung beitragen will, unumgänglich. Wenn wir nicht nur lamentieren, sondern unsere Lebenssituation aktiv verändern wollen, müssen wir auch in der Wissenschaft nach anderen Wegen suchen.

Die Methode der Aktionsforschung

Wir forschen auf der Basis unserer eigenen Betroffenheit

Was die herkömmliche Sozialforschung für sich in Anspruch nimmt — Wertfreiheit und Neutralität — können und wollen wir nicht leisten. Wir nehmen in unserem Forschungsprojekt bewußt Partei, weil alle Frauen von den herrschenden Macht- und Herrschaftsverhältnissen betroffen sind — auch wir.

Dieser wissenschaftstheoretische Ansatz wird als Aktionsforschung bezeichnet. Maria Mies hat ihn für die Frauenbewegung nutzbar gemacht (Maria Mies, Beiträge zur feministischen Theorie und Praxis, Erste Orientierungen, Hrsg. Sozialwissenschaftliche Forschung und Praxis für Frauen e.V., Heft 1, 1978).

In der Aktionsforschung verbinden sich Handeln und Forschen miteinander. Es werden also nicht nur Fakten ermittelt, sondern sie soll dazu beitragen, Umstände zu ändern, die als unbefriedigend empfunden werden. In einem solchen Forschungsprojekt sollen die Betroffenen mit Hilfe der Wissenschaftler befähigt werden, ihre Probleme zu lösen.

Die Aktionsforschung entwickelte sich in den 40er Jahren. Ihre ersten Einsatzgebiete waren: Unternehmensanalyse, Institutionenberatung, psychologische Kriegsführung, Verwaltung besetzter Gebiete, Kleingruppenforschung in der Industrie, um beispielsweise Führungsverhalten zu verbessern und Stress abzubauen.

Aktionsforschung wird immer dann eingesetzt, wenn Wirtschafts- und Gesellschaftsprozesse in ihrer Komplexität undurchschaubar werden. Wenn also andere als autoritäre Führungsstile notwendig sind, um wirkungsvoll arbeiten zu können. Grundsätzlich verbindet sich mit der Aktionsforschung also keinesfalls etwas Emanzipatorisches.

In der Bundesrepublik kam die Aktionsforschung in den 70er Jahren zu neuen

---

Frauenleid ist nur mit Frauenforschung zu erfassen.

Ehren. Diesmal allerdings nicht wie in den 40ern im Produktions-, sondern im Reproduktionsbereich. Die veränderten Reproduktionsbedingungen des Kapitals machten sowohl bildungspolitische wie infrastrukturelle Veränderungen notwendig. Die Linke erhielt dabei einen bisher nie erlebten Spielraum. Projekte schossen überall dort aus dem Boden, wo die Probleme am dicksten waren: im Schulbereich, in Wohnghettos, Kinderläden, bei der Stadtteilsanierung, Gesundheitsvorsorge usw.

Der Unterschied zur traditionellen Forschung

1. Der zu beforschende Gegenstand der Aktionsforschung wird nicht aus einem abstrakten Erkenntnisinteresse an einer bestimmten Situation abgeleitet. Das Erkennen selbst ist aktiv an den Prozeß, an das Verändern dieser Situation gebunden. Das Forschungsfeld wird also während des Forschungsprozesses verändert.
2. Alle am Forschungsprozeß beteiligten Personen erarbeiten gemeinsam das Forschungsziel. Wissenschaftler und Betroffene gehen also jeden Forschungsschritt gemeinsam: bei der Planung, Tatsachenfindung, in der Handlung und bei der Kontrolle.
3. Die Wertfreiheit der Forschung wird durch die bewußte Parteinahme für die Interessen der Beforschten ersetzt.
4. Aktionsforschung ist keine Laborforschung. Sie ist angewandte Forschung und auf die Lösung gesellschaftlicher Probleme gerichtet.

5. Die Entstehung und die Begründung einer Forschungsfrage bleiben nicht mehr getrennt, sondern werden von Forschern und Beforschten gemeinsam erarbeitet.
6. Die Ergebnisse lassen sich nur bedingt verallgemeinern.
7. Objektivität soll in der traditionellen Forschung durch festgelegte Regeln erreicht werden. In der Aktionsforschung wird sie dagegen durch ständige Rückkoppelung der Ergebnisse mit der realen gesellschaftlichen Situation erreicht. Die Objektivität ist damit an den Bewußtseinsstand der gemeinsam forschenden Gruppe — also Forschern und Beforschten — gebunden.
8. Aktionsforschung ist Sinndeutung, ist die Analyse einer Lebenswelt. Sie beinhaltet das Verstehen umfassender Kommunikationsprozesse, um Hemmschwellen im Kommunikationsbereich abzubauen.

Trotz ihres von uns kritisch betrachteten Ursprungs bietet die Aktionsforschung — allerdings erst in Verbindung mit einem politischen Konzept — Ansätze, die unserem Interesse an gesellschaftsverändernder Praxis entgegenkommen:

— keine Stellvertreter-Politik zu machen, sondern an den Bedürfnissen der Betroffenen anzusetzen und diese mit ihnen gemeinsam zu entwickeln,
— keine Zuschauerrolle zu spielen, sondern sich auf den Alltag der Betroffenen einzulassen,
— Wissenschaft nicht zum Selbstzweck werden zu lassen, sondern mit dem besseren Wissen Politik zu machen, gesellschaftlich verändernd zu wirken (Theorie und Praxis wieder zusammenzufügen, Zeit zur Reflexion zu erobern, uns zu fragen, wer ist Experte einer Situation),
— gemeinsam zu handeln, Voraussetzungen für die Organisation von Interessen zu schaffen
— innovativ zu arbeiten.

Aktionsforschung im Frauenhaus

Eine Frau, die ins Frauenhaus kommt, befindet sich in einer Krisensituation. Die Fassade der Normalität ist zusammengebrochen. Das Bild der ,,glücklichen Ehe", das sie oft jahrelang nach außen aufrechterhalten mußte, zerstört. In ihrer bisherigen Umwelt — bei Nachbarn, Verwandten usw. — ist sie immer wieder auf Ablehnung gestoßen. Häufig genug sogar wurde sie verurteilt, weil eine Frau eben selbst daran schuld ist, wenn ihr Mann sie verprügelt. Im

Frauenhaus trifft sie auf Frauen, die sie akzeptieren und ihr Sympathie entgegenbringen. So beginnt sie sehr schnell, über ihre Vergangenheit, ihre Erlebnisse und ihre jetzigen Probleme zu sprechen. Für viele Frauen ist es das erste Mal, daß sie die Möglichkeit haben, sich bei jemandem auszusprechen, der ihnen wirklich zuhört und sie ernst nimmt.

Hier lernt sie Frauen kennen, die ähnliche Erfahrungen wie sie gemacht haben. Sie beginnt so, über die Grenzen ihres eigenen Leidens hinauszusehen. Sie vergleicht ihre Lage mit der anderer Frauen. Gemeinsam finden sie erste Verallgemeinerungen über das Funktionieren der Gewalt in der Ehe.

Die erste Phase des Aussprechens, in der die Frau konkrete Solidarität erfährt, ist wichtig und notwendig. Zur Bildung eines neuen Bewußtseins reicht sie aber nicht aus. Für eine sinnvolle Frauenhausarbeit ist dieses Ziel jedoch unverzichtbar.

Um dieses Ziel zu erreichen, bildeten wir die Dokumentationsgruppe. Wir wollten die Lebensgeschichten der Frauen, die Prozesse, die im Frauenhaus und in der gesamten Aktion laufen, systematisch erfassen und analysieren.

Während dieser Arbeit erkannten wir, daß die Lebensgeschichten nicht nur Aufschluß über Einzelschicksale geben, sondern auch über den Umgang mit den gegebenen Verhältnissen wie: Klasse, Ausbildung, Berufswahl, Ehe, Kinder usw. und über das dabei entwickelte Bewußtsein.

Dabei muß der gesamtgesellschaftliche und historische Hintergrund — wie Krieg, wirtschaftliche Krisenzeiten — in die Dokumentation mit einbezogen werden. Denn die allgemeine Geschichte schlägt sich im Einzelschicksal nieder.

Im Schicksal der einzelnen Frau zeigt sich der Stellenwert aller Frauen in der Geschichte.

Um die eigene Geschichte aufarbeiten zu können, müssen wir den Zusammenhang zwischen allgemeiner Geschichte und dem Einzelschicksal herstellen. Nur so können wir die Voraussetzungen für Veränderungen schaffen, indem wir einen individuellen und kollektiven Bewußtwerdungsprozeß in Gang setzen.

Wir arbeiten Einzelschicksale auf, um gesellschaftliche Veränderungsprozesse, denen wir Frauen in der Geschichte passiv unterworfen wurden und werden, zu erkennen und für uns zu nutzen. Unser persönliches Schicksal ist Teil der Geschichte aller Frauen und das Resultat einer unterdrückerischen, patriarchalischen Gesellschaft.

Deshalb ist ein bloßes wissenschaftliches Erfassen von Lebensgeschichten unzureichend. Den Frauen muß ihre eigene Geschichte wieder zugänglich gemacht werden, um die Grundlagen für eine Auseinandersetzung und eine erste Objektivierung zu schaffen. Die Vergesellschaftung von Einzelschicksalen ist für eine befreiende Veränderung der herrschenden Verhältnisse notwendig. Das Dokumentieren der Lebensgeschichten ist ein Teil der Gesamtstrategie der Frauen im Kampf um ihre Interessen.

Dies ist der Anfang, um Frauen als Objekte der Wohlfahrtspflege und damit der Fremdbestimmung zu befreien. Sie können ihre Lebensgeschichten bewußt als Kampfmittel für ihre gemeinsamen Interessen einsetzen.

Gemeinsam erarbeiten wir den Ablauf unseres Forschungsprojektes

Unsere Aktionsforschung verlief in mehreren Phasen. Immer wieder planten wir neue Schritte, überdachten das, was wir getan hatten, um daraus wiederum neue Schritte abzuleiten.

Zunächst diskutierten wir mit den Frauen im Frauenhaus über unsere Überlegungen. Wir wollten erfahren, ob und in welcher Form sie bereit sind, ein solches Forschungsvorhaben mit uns gemeinsam durchzuführen. Diese Diskussion sollte ebenso dazu dienen, die Wünsche und Vorstellungen der Frauen mit unseren Zielen und Absichten in Einklang zu bringen.

Um bei den Frauen ein grundsätzliches Interesse an ihrer persönlichen Lebensgeschichte zu wecken, machten wir ihnen den Vorschlag, ihr Leben gemeinsam rückblickend zu überdenken. Damit wollten wir unsere Vergangenheit und Gegenwart besser verstehen lernen und neue Perspektiven für unsere Zukunft entwickeln.

Wir hofften, anhand der aufgezeichneten Lebensgeschichten, einige für uns ungeklärte Fragen (Wie sieht Gewalt in der Ehe aus? Warum ertragen Frauen die Gewalttätigkeiten ihrer Männer so lange? usw.) zusammen mit den ,,betroffenen'' Frauen beantworten zu können. In erster Linie, um im späteren Verlauf unserer Arbeit gemeinsam auch die Ursachen für die erfahrene Gewalt herauszufinden.

In diesem Zusammenhang besprachen wir mit den Frauen auch inhaltlich die methodischen Schritte der Aufzeichnung von Lebensgeschichten, weil sie sich nicht vorstellen konnten, was sie uns aus ihrem Leben erzählen sollten. Wir ermunterten sie, nur das aus ihrem Leben zu erzählen, was ihnen selbst wichtig erschien. Wir machten lediglich darauf aufmerksam, daß es für sie eine Hilfe ist, wenn sie ihr Leben in einer chronologischen Reihenfolge erzählen. Das würde auch die spätere Analyse erleichtern.

Im weiteren Verlauf besprachen wir mit ihnen, daß es nicht nur beim individuellen Erzählen und Reflektieren der Lebensgeschichten bleiben darf. Wir wollten von ihnen erfahren, ob sie bereit sind, ihre Lebensgeschichten, Probleme und daraus gewonnene Erkenntnisse gemeinsam zu diskutieren.

Wir sagten den Frauen, daß wir darüber ein Buch schreiben möchten. Weil das Frauenhaus nur dann im Sinne aller betroffenen Frauen arbeiten könne, wenn das Problem der Gewalt gegen Frauen an die Öffentlichkeit gebracht wird. Wir versicherten ihnen, daß wir ihre Lebensgeschichte nur mit ihrem ausdrücklichen Einverständnis veröffentlichen und sie auf jeden Fall anonym behandeln würden.

Es gelang uns in dieser Diskussion, bei den Frauen Interesse an ihren Lebensgeschichten und einer Forschung, wie wir sie vorhatten, zu wecken. Alle anwesenden Frauen erklärten sich sowohl zur Aufzeichnung ihrer Lebensgeschich-

---

Der unterschiedliche Grad unserer Betroffenheit ändert nichts am gemeinsamen Ziel.

---

ten als auch zu anschließenden Gruppendiskussionen bereit. Allerdings unter der Voraussetzung, daß ihre Anonymität gewahrt bleibt — aus Angst vor etwaigen Repressalien.

Da wir schon längere Zeit im Frauenhaus mitarbeiten, kannten uns die Frauen. Mit einigen von ihnen hatten wir schon intensive Gespräche geführt. Das bereits bestehende Vertrauensverhältnis war sicher der Grund für die sehr ungezwungen und lebhaft verlaufende Diskussion. Sicher hat dies auch den Einstieg in unsere Forschungsarbeit erleichtert.

Das Aufnehmen der Lebensgeschichten

Wir entschlossen uns, die Lebensgeschichten zunächst in Einzelgesprächen auf Tonband aufzuzeichnen. Denn wir wollten nicht Gefahr laufen, beim nachträglichen Wiedergeben die Erzählungen durch eigene Wortwahl zu verfälschen. Deshalb haben wir sie auch ungekürzt und unverändert aufgeschrieben. Zuvor stellten wir lediglich einen groben Fahrplan für die Gespräche auf, der den wichtigsten Stationen der Biographie einer Frau nachgezeichnet war. Auch Zwischenfragen vermieden wir nach Möglichkeit, um der Frau die Darstellung ihrer Geschichte selbst zu überlassen.

Aufgrund des bereits vorhandenen Vertrauensverhältnisses fiel ein Teil der Ängste und des Mißtrauens zwischen uns weg. Das erleichterte es den Frauen — nach der anfänglichen Scheu vor dem Mikrophon — ihrem Bedürfnis nachzugeben, sich einem Menschen mitzuteilen. Es war auch nicht notwendig, die Frauen in irgendeiner Weise zu motivieren. Das Aufzeichnen der Lebensgeschichten verlief wie ein intensives Gespräch. Sicher auch, weil die Frauen die Gewißheit hatten, das Gespräch nach eigenem Ermessen beenden und fortsetzen und die Inhalte selbst bestimmen zu können.

Während des Erzählens wechselte die Stimmung der Frauen. Die Grundstimmung der meisten Frauen bewegte sich im Bereich der Resignation. Dennoch ließen sie auch Wut, Tränen und Hoffnungen hochkommen oder freuten sich, wenn sie an bestimmte Begebenheiten in ihrem Leben zurückdachten. Keine Frau hat das Gespräch vorzeitig abgebrochen. Sie berichteten bis zu ihrer vorläufig letzten Lebenssituation — dem Frauenhaus.

Einige Frauen verwendeten die aufgeschriebenen Protokolle unmittelbar als Unterlage für ihre Scheidungsprozesse.

Erstes Überarbeiten der Aufnahmen

Die erste Überarbeitung der Lebensgeschichten diente im wesentlichen dazu, sie auf ihre Deutlichkeit und Verständlichkeit zu prüfen. Sachverhalte, die für uns nicht verständlich waren, notierten wir kurz, um sie später nochmals mit den betreffenden Fraue zu besprechen.

Eine erste Analyse der Tonbandprotokolle ergab zwar einige Aufschlüsse über Ähnlichkeiten bei der Entstehung der familialen Gewalt, doch waren daraus noch keine Schlüsse zu ziehen.

Beim Anhören der Lebensgeschichten wuchs unsere Betroffenheit darüber, wie groß das Ausmaß an Demütigungen und körperlichen Schmerzen ist, das Frauen ertragen müssen. Häufig schloß sich daran das Überdenken unserer eigenen Vergangenheit an.

Um schließlich die Aussagen der Frauen richtig einschätzen zu können, diskutierten wir über einige der Kernpunkte in den Biographien mit den Frauen.

Unsere Gruppendiskussion

Mit dem nächsten Arbeitsschritt verließen wir die individuelle Ebene. Die gemeinsame Reflexion sollte uns nun weiterführen.

Die Gruppendiskussion sollte klären, ob die von uns herausgearbeiteten Gemeinsamkeiten wirklich zutreffen. Stimmen sie auch für die neuen Frauen, mit denen wir noch keine Lebensgeschichten aufgenommen haben? Gleichzeitig wollten wir uns vergewissern, ob wir die Aussagen der Frauen richtig registriert und interpretiert hatten.

Durch den gemeinsamen Erfahrungsaustausch lösten sich die Frauen aus ihrer privaten Sphäre und entdeckten Gemeinsamkeiten in ihrem Leben. Dies ist ein weiterer Schritt in Richtung auf das Bewußtwerden und Erlernen von Zusammenhängen, die sie zu ihrer jeweiligen Situation geführt haben. In der Gruppendiskussion fragten die Frauen auch nach unseren Erfahrungen und Meinungen.

Unserem Forschungsanspruch entsprechend sollte auf dieser Grundlage die Gruppendiskussion zur Lernsituation werden. Unser Ziel war es, gemeinsam zu erkennen, daß wir historische Wesen sind, und unsere Situation als Frauen gesamtgesellschaftliche Ursachen hat, die wir verändern müssen, um uns zu befreien.

Wir wollten die Frauen aber nicht durch unsere vielleicht zu hoch gesteckten Erwartungen überfordern. Diese Vielzahl von Problemkreisen konnten wir unmöglich an einem Diskussionstermin besprechen. Wir wählten deshalb einen Diskussionsschwerpunkt, der alle Frauen betraf.

Das Gemeinsame in den Lebensgeschichten ist die sich steigernde Gewalt. Anfangs versuchen die Frauen noch, sich zu wehren und suchen auch in ihrer Umgebung nach Hilfe und Verständnis. Später wehren sie sich weder gegen ihre Männer, noch hoffen sie auf Hilfe von außerhalb. Diese Steigerung von Gewalt einerseits, und die Abnahme der Auflehnung andererseits, machten wir zum Thema unserer Gruppendiskussion.

Wir spielen die Wirklichkeit nach — Rollenspiel

Zur Erleichterung des Einstiegs in die Gruppendiskussion planten wir ein Rollenspiel, das aus Teilen der tatsächlichen Biographien bestehen sollte.

In diesem Nachspiel der Wirklichkeit, bei dem die Frauen keine nachhaltigen Konsequenzen zu befürchten haben, werden ihnen ihre Erfahrungen und eigenen Verhaltensweisen bewußter. Deshalb füllten nicht wir die Szenen inhaltlich, sondern die Frauen selbst.

Zunächst lasen die Frauen ihre Lebensgeschichten nochmals unter den Gesichtspunkten der Vollständigkeit und Richtigkeit. Sie zeigten deutlich spürbares Interesse an ihren Biographien, als sie ihre getippten Lebensgeschichten zurückerhielten. Sie hatten die ersten Forschungsergebnisse wieder selbst in der Hand, konnten sie ergänzen, korrigieren und zu eigenen Zwecken verwenden.

Unseren Vorschlag, eine Gruppendiskussion zu planen und als Einstieg ein Rollenspiel vorzubereiten, nahmen sie begeistert auf. Unser Themenvorschlag interessierte sie. Einige der Frauen bereiteten das Rollenspiel aus dem „Material" ihrer verschiedenen Biographien vor.

Die „Schande" geschlagen worden zu sein, ist keine Schande, sondern Beleg für unsere gewalttätige Gesellschaft.

Das Rollenspiel und die darin eingebettete Gruppendiskussion wollten wir mit Kassettenrekorder und Videorekorder festhalten. Die Frauen hielten es für richtig, daß diese Aufzeichnungen nicht nur unserem Forschungszweck dienen sollten, sondern auch für die Öffentlichkeitsarbeit eingesetzt wird.

Trotzdem hatten sie Angst, in der Öffentlichkeit als mißhandelte Frauen bekannt zu werden. Es ergaben sich lebhafte Diskussionen. Am Ende des Rollenspiels waren sich alle einig: Das Problem der Gewalt gegen Frauen muß an die Öffentlichkeit gebracht werden. Sie hatten jetzt ein ausgeprägtes Problembewußtsein, und auch ihr Forschungsinteresse wurde größer.

Wir machen Erfahrungen

Im nächsten Schritt problematisierten die Frauen ihre Erfahrungen mit Gewalt vom Beginn der Ehe bis hin zu ihrer Verzweiflung und dem Aufenthalt im Frauenhaus. Die in dieser Diskussion entwickelten Schwerpunkte stellten die Frauen zeichnerisch dar. Sie kodierten ihre Erfahrungen in Bildern.

Die gemalten Bilder dienten uns einmal als Kode, den wir in der Gruppendiskussion mit allen Frauen entschlüsselten. Zum zweiten waren sie eine Hilfestellung bei der Aufführung des Rollenspiels. Das Rollenspiel hatte dabei eine ähnliche Funktion wie die Bilder: Den Frauen Mut zu machen, sich den anderen Frauen mitzuteilen und ihnen einen Anreiz zu bieten, über die gemeinsamen Lebenserfahrungen zu diskutieren.

Dies scheint uns deshalb so wichtig, weil unsere Erfahrungen zeigen, daß die Unterdrücker die Unterdrückten sprachlos, zu einer „Kultur des Schweigens" machen. Diese Sprachlosigkeit gilt es zu durchbrechen. Um die Frauen aus der Sprachlosigkeit ihrer Biographien zu holen, haben wir diese Methode (Paulo Freire, Pädagogik der Unterdrückten, Kreuz-Verlag, Stuttgart, 1971) verwendet. Gerade bei Frauen, die aus einem so langen Schweigen kommen, muß diese Sprachlosigkeit durchbrochen werden.

Die gemalten (kodierten) Bilder, sollten die aus den Lebensgeschichten entnommenen Gemeinsamkeiten und Probleme in Situationen darstellen, die den einzelnen Frauen vertraut sind, und in denen sie sich wiederfinden. Damit konnten sie vom abstrakten Bild auf ihre Situation als mißhandelte Frauen zurückschließen, einer Situation, in der sich jede einzelne Frau mit anderen zusammen befindet.

Wir haben zu lange geschwiegen. Jetzt sprechen wir mit unserer eigenen Sprache.

Aus den Lebensgeschichten und den Gesprächen mit den Frauen ergab sich eindeutig, daß die erfahrene Gewalt den Widerstand der Frauen immer mehr bricht, und wir gaben dem Rollenspiel daher den Titel „Wie eine Frau gebrochen wird".

Das Konzept des Rollenspiels „Wie eine Frau gebrochen wird"

Bei den folgenden Szenen handelt es sich um die Schwerpunkte der Gespräche im Frauenhaus, die in Anlehnung an die vorausgegangene Analyse der Lebensgeschichten geführt wurden.

*Anfang der Ehe
— Gespräch mit der
Freundin*

1. Szene: Problem beginnender Isolation

Gespräch mit einer Freundin, in dem die Frau der Freundin ihre Hoffnungen mitteilt und über Erfahrungen ihrer Ehe berichtet:
— sie sei froh, ihrem unglücklichen Elternhaus entronnen zu sein
— in der Ehe sei sie sehr glücklich
— sie hofft, ihrem Mann ein glückliches und gemütliches Zuhause geben zu können, weil er selbst eine schlimme Kindheit hinter sich habe und deswegen wohl auch zu viel trinken würde,
— sie meint, wenn sie erst mal länger verheiratet sind, ihr Mann das Trinken von alleine aufhören werde,
— wegen des vorhandenen Kindes könne sie nicht mehr arbeiten, außerdem verdiene ihr Mann auch genug und wolle nicht, daß sie noch weiter arbeiten gehe.

Der Mann kommt von der Arbeit nach Hause: ‚Diskrete' Aufforderung an die Freundin, zu gehen (er habe einen anstrengenden Tag hinter sich und brauche jetzt seine Ruhe).

2. Szene: Grund für erste Mißhandlungen

Der Mann kommt sechs Stunden zu spät zum Essen — er ist betrunken. Die Frau hat ihm das Essen warmgehalten, das jetzt unappetitlich und verkocht ist. Der Mann ärgert sich darüber, worauf die Frau ihm antwortet, daß er daran selbst schuld sei; er brauche nicht sechs Stunden zu spät zum Essen zu kommen. Es entwickelt sich ein Streit, woraufhin der Mann die Frau schlägt.

Nachdem der Mann seinen Alkoholrausch ausgeschlafen hat, stellt die Frau ihn zur Rede (wehrt sich also noch). Er ist zerknirscht, entschuldigt sich und verspricht ihr, daß dies nicht wieder vorkommen werde.

3. Szene: Steigerungen der Mißhandlungen

Die Frau erfährt immer häufigere und schlimmere Mißhandlungen.
Sie schämt sich, weil sie geschlagen wird und spricht deshalb mit keinem Menschen über ihre Probleme. Sie versucht, das Problem mit sich selbst auszumachen. Zu diesem Zeitpunkt ahnt die Umwelt noch nicht, daß die Frau geschlagen wird.

Als sie sich keinen Rat mehr weiß, berichtet sie ihrer Freundin darüber. Die kann ihr Problem nicht verstehen und glaubt ihr auch nicht, daß sie mißhandelt wird.

4. Szene: Unverständnis der Umwelt

Durch die sich steigernden Mißhandlungen und immer häufiger werdenden Streitigkeiten, erfahren auch die Nachbarn, daß die Frau mißhandelt wird. Um dem Krach ein Ende zu setzen, und die Familie zum Auszug zu zwingen, führen sie eine Unterschriftenaktion durch, die sie dem Vermieter vorlegen wollen. Die Nachbarn wollen von den Mißhandlungen aber weiter nichts wissen und helfen der Frau auch nicht.

5. Szene: Keine Hilfe bei öffentlichen Institutionen

Nach einer besonders schlimmen Mißhandlung geht die Frau mit ihren Verletzungen zur Polizei. Dort berichtet sie, daß ihr Mann sie laufend schlägt und sie sich nicht mehr nach Hause traut. Die Polizei begleitet die Frau nach Hause und spricht mit ihrem Mann. Der behauptet, seine Frau sei die Treppe runtergefallen, und außerdem sei sie hysterisch. Die Polizisten vermitteln der Frau, daß Ehestreitigkeiten Privatangelegenheiten seien und sie hier nicht eingreifen können.

6. Szene: Selbstmordversuch der Frau

Die Frau ist überall auf Unverständnis und Desinteresse gestoßen
— die Freundin hat ihr nicht geglaubt
— die Nachbarn wollen nichts mehr von ihr wissen
— die Polizei hat nicht eingegriffen

Die Frau weiß sich keinen Rat mehr, hat resigniert und begeht einen Selbstmordversuch. Sie wird aber noch rechtzeitig gefunden und ins Krankenhaus gebracht.

7. Szene: Frauenhaus

Negative Seite: Sauberkeitsproblem im Frauenhaus. Jede Frau erledigt nur ihre sogenannte Pflicht und unterstützt keine andere Frau beim Putzen, Einkaufen etc. Sie scheuen offene Auseinandersetzungen, verhalten sich unsolidarisch, schimpfen übereinander, lösen ihre Probleme weitgehend alleine und greifen bei Schwierigkeiten zum Alkohol.

Positive Seite: Die Frauen unternehmen sehr viel zusammen, sie sprechen über ihre Probleme. Einige Frauen unterstützen sich gegenseitig bei ihren Schwierigkeiten, beaufsichtigen die Kinder, erledigen Ämtergänge gemeinsam, tauschen ihre Erfahrungen aus usw.

Was wir durch die Gruppendiskussion erfahren

Zu Beginn des Rollenspiels diskutierten wir die einzelnen Szenen anhand der gemalten Bilder. Jede Szene versinnbildlichte einen eigenen Problemkreis. Vor jeder neuen Szene mußten wir den Frauen aufs neue Mut machen und waren froh, daß sie sich trotz ihrer geäußerten Hemmungen beteiligten. Beim Spielen waren alle sehr engagiert. Anfängliche Nervosität löste sich sehr bald. Sowohl die zuschauenden Frauen — die das Rollenspiel sehr aufmerksam verfolgten — als auch die Darstellerinnen hatten sehr viel Spaß daran.

Es erwies sich als günstig, die einzelnen Szenen nicht durchzustrukturieren, so daß die Frauen während des Spiels ihre persönlichen Erfahrungen einbringen konnten.

Die Darstellung der siebten Szene (Frauenhaus) stellte einen Bruch zu den vorangegangenen Szenen dar. Und zwar sowohl zeitlich als auch inhaltlich, denn sie betraf die aktuelle Situation der Frauen. Dieser methodische Fehler erschwerte den Einstieg in die Gruppendiskussion.

Nach geraumer Zeit verließen die Frauen die Spielebene und stiegen in eine ernsthafte Diskussion über ihre aktuellen Probleme ein. Sie diskutierten verschiedene Ängste und Probleme und suchten dabei auch nach Lösungsmöglichkeiten.

Auf Wunsch der Frauen schauten wir uns Teile des aufgezeichneten Video-Films an. Weil viele Äußerungen und Darstellungen sehr originell waren, haben wir beim Anschauen viel gelacht. Darüber hinaus hatte das „Sich-Wiedererkennen" auf dem Bildschirm für die Frauen einen nicht zu unterschätzenden Wert. Zum einen waren sie stolz auf ihre Darstellungen und Beiträge: Sie konnten wahrnehmen, wie sie sich bewegen, ihre Mimik und Gestik betrachten, und sich selbst sprechen hören. Zum anderen konnten sie sich als geschlagene Frauen aus der Distanz erleben, so daß ihnen einige Verhaltensweisen durchsichtiger wurden.

In der Diskussion zeigte sich allerdings, daß die Anzahl der Szenen und damit die Fülle an Information zu umfangreich war, um sie eingehend besprechen zu können.

Trotzdem ergab die Gruppendiskussion Gemeinsamkeiten im Leben der Frauen, die dann durch die gemeinsame Reflexion bestätigt, aber auch teilweise korrigiert werden konnten. Wir wußten, daß wir dem Begreifen der Wirklichkeit ein Stück nähergekommen waren.

Lebensgeschichte Gisela, 22 Jahre alt

Ich bin in B. im Sauerland geboren. Meine Mutter starb, als ich 4 Jahre alt war. Ich hab' ne Menge Stiefgeschwister — weiß nicht genau, wieviele —, weil mein Vater das sechstemal verheiratet ist. Ich kenn' die nicht.

Großgeworden bin ich bei den Großeltern. Meine Oma war lieb zu mir. Ich mochte sie gern, als ich klein war. Sie hatte noch acht Kinder. Wir wohnten alle in einem Haus: Onkel, Tanten, Kinder, anfangs auch meine Eltern, bis meine Mutter starb. Das war eng, aber schön — glaube ich.

Mein Vater ging dann weg zu einer anderen Frau, die mich anfangs oft besuchte. Nachher habe ich sie nicht mehr gesehen, weil mein Vater sich von ihr trennte. Mein Vater war Arbeiter.

Die Siedlung, in der wir wohnten, hat mir gut gefallen. Alle kannten sich. Wir hatten einen großen Garten. Man war immer mit Leuten zusammen. Meine Großeltern ließen mir die Freiheit, zu anderen Familien zu gehen, wann ich es wollte.

Erst später wurde das schlimm. Da verglich mich meine Großmutter mit meinem Vater — und sie sagte, er sei ein Verbrecher — und ich würde so werden wie er.

Mit acht Jahren kam ich ins Heim. Ich wollte da auch selber hin. Es hatte soviel Ärger gegeben. Wegen 20,— DM. Die sollte ich gestohlen haben, aber ich hatte sie verloren. Ich bekam Prügel und bin weggelaufen. Dann gab es noch mehr Prügel mit Gegenständen, und da wollte ich wirklich weg.

Ich kam erst in ein Auffangheim. Es war gräßlich. Aber ich wußte, daß ich bald in ein anderes Heim kommen würde. Das war ein Kinderheim. O Gott, war das blöd. Wir mußten immer vor dem Essen singen und beten. Und wer das nicht tat, mußte vor der Tür stehen und bekam nichts zu essen. Das Essen war das allerletzte. Der Salat, den es oft gab, schmeckte nach Sand. Immer. Einmal mußte ich würgen beim Essen. Ich habe den Salat auf den Teller gekotzt. Da mußte ich dann so lange sitzen bleiben, bis ich ihn wieder aufgegessen hatte. So war das.

Und wir durften nur bestimmte Sachen tragen. Ganz streng. Wir Mädchen wurden oft mit dem Lederriemen geschlagen und die Jungs mit dem Stuhlbein. Einmal habe ich mich nach so einer Strafe vier Tage im Kohlenkeller versteckt.

Ich wollte auch nie so brav rumlaufen. Auch deshalb bekam ich ständig einen drauf. Weißt du, so lange Röcke mußten wir tragen. Ja, und so 'ne Scheiße war: jeden Tag mußte um sieben Uhr das Licht aus sein, und nach neun Uhr durfte man nicht mehr zur Toilette. Wir wurden eingesperrt, in dunkle Räume, in denen man Angst hatte. Es gab Stubenarrest und Strafarbeit. Und so furchtbar mißtrauisch waren die Erzieherinnen, was Sexualität anging. Jungen und Mädchen wurden strengstens getrennt. Wir durften noch weniger als die Jungs.

Hinterher bin ich rausgeflogen aus dem Heim, weil ich Scheiße gebaut hatte. Ich hatte geraucht und war schon öfter weggelaufen. Sie sagten, ich sei nicht mehr tragbar für das Heim. Eigentlich war ich froh, aber ich wollte auch nicht nach Hause. Darum war das komisch.

Dann kam ich in ein Jugenddorf. Ich sollte meinen Volksschulabschluß nachmachen. Da gingen wir morgens arbeiten und nachmittags zur Schule — oder auch umgekehrt. Wir mußten in Küche, Holzwerkstatt, Büro, Gärtnerei, in der Metall- und in der Elektrowerkstatt arbeiten. Ich war am liebsten im Büro. Wir waren 350 Jugendliche. Davon waren 75 Mädchen und der Rest Jungs. Nur 96 von den 350 haben die Prüfung bestanden. Ich war ganz glücklich, als ich erfuhr, daß ich bestanden hatte.

Die Zeit dort war ganz schön. Wir durften das Zeug, das wir in den Werkstätten machten, selber behalten. War ganz gut.

Ja, dann kam die Berufsberatung. Die sagten, ich sei zu dick fürs Büro und empfahlen mir die Pflegevorschule. Zu dick fürs Büro. Na gut. Dann bin ich in die Pflegevorschule gegangen.

Mein Gott, dann ging das mit Trachten los. Trachten tragen. Du, da war ich nach drei Monaten wieder weg. Das war nicht auszuhalten.

Sie schickten mich in ein Mädchenauffangheim. Es gab dort ganz junge Mädchen und auch alte Frauen: Alles, waste dir denken kannst, was die Polizei z.B. von der Straße holt. Da wurden wir dann gefangen gehalten — in verschlossenen Räumen. Es gab nur drei Zigaretten am Tag. Und wir durften nie raus. Nur abends Fernsehen gucken. Als mein Opa starb, durfte ich dann raus. Zur Beerdigung. Und wurde dort auch wieder abgeholt.

Von da aus wurde ich dann nach T. in ein Mädchenheim gebracht. Das erste halbe Jahr durfte ich auch da nie raus. Briefe und Pakete wurden geöffnet und kontrolliert. Schon wieder jeden Morgen beten und singen. Furchtbar.

Dort wurden wir nach Prozenten beurteilt. Z.B. bekamst du für gutes Benehmen im Arbeitsbereich und in der Gruppe 75 %. Das waren 16,— DM Taschengeld. Ich hatte immer weniger Prozente. Von Mal zu Mal weniger.

Wir mußten den ganzen Tag arbeiten. Weibliche Dienste im Mangelraum, in der Nähstube, in der Waschküche und im Gruppenraum. Nach Feierabend mußtest du kleine Dienste tun — Spülen und sowas. Sowas wie 'ne Ausbildung gab es nicht. Wir mußten für die Angestellten sauber machen.

Später kam dann ein holländisches Ehepaar in das Heim. Die waren sehr nett, und wir durften sie duzen. Die haben alles besser machen wollen. Doch die Kirche schaltete sich ein, weil wir Mädchen nicht mehr beteten. Das Heim wurde geschlossen.

Ich kam in eine Erziehungsheim nach H. Es war sehr schlimm dort. Mit drei Frauen schliefen wir auf ganz engem Raum. Eine Toilette war auch noch auf dem Zimmer.

Schon in der Aufnahmegruppe wollte ich weglaufen. Wir wurden auf Läuse und Schwangerschaft untersucht und bekamen Abstriche gemacht. Das machte mir Angst. Ich wollte das nicht. Aber dann gab es Strafen. Nachts wurden wir eingeschlossen, und draußen lief ein Wächter mit Pistole rum. Das Essen war Fressen, kann man sagen. Für das Personal gab es besseres Essen. Nur wenn das Jugendamt kam, gab es besseres Essen. Kannste dir ja denken.

Ja, immer bin ich hin- und hergeschoben worden, immer wollte ich abhauen. Der eine findet sich damit ab, der andere nicht. Ich wollte immer weglaufen. Und manchmal habe ich versucht, die anderen mitzunehmen. Buh, einmal haben wir alles kleingeschlagen und sind dann abgehauen. Die Erzieherin ist in Ohnmacht gefallen. Ich war wieder einmal nicht mehr tragbar für das Heim. Da bin ich wieder abgeschoben worden in ein Jungen- und Mädchenheim am Arsch der Welt. Ganz tief im Wald — weit weg von allen Pinten und Geschäften. Damals war ich 16 Jahre und hatte bis 22 Uhr Ausgang. Aber in dem Kaff!

Ja, weißt du, wenn du so hin- und hergeschoben wirst, kannste nie richtige Freundschaften entwickeln. Freundinnen — das war nicht drin. Es gab nur Streit wegen der Jungs. Sexuelle Erfahrungen hatte ich schon mit 14 Jahren. Damals in T. Es war der Sohn vom Oberbürgermeister. Sein Vater sagte, er dürfe nicht mit Nutten gehen. Ich war eine Nutte, weil ich aus dem Heim kam. Er verbot ihm den Ausgang, aber wir haben uns trotzdem gesehen. Manchmal hat uns sein Onkel geholfen, der hatte nichts gegen mich. Doch seine Frau war auch gegen Mädchen aus dem Heim.

Er ist durch einen Autounfall tödlich verunglückt. Seine Eltern glaubten erst, ich sei daran Schuld. Ich hätte neben ihm gesessen. Besoffen. Aber ich war es nicht. Später haben sie nichts mehr gesagt.

Ja, in dem Mädchenheim versuchten alle, dir den Freund auszuspannen. Ein Junge mußte potthäßlich sein, wenn du ihn behalten wolltest. Es gab ständig

Streit wegen der Jungen. Waren wir böse aufeinander, haben wir uns aus Rache die Typen ausgespannt.

Den meisten Jungs ging's auch nur um Pennen. So kamen die gut dabei weg. Die haben hinterher nur über uns getratscht. Aber wir waren Biester, wenn es um die Typen ging.

O Gott; eine Berufsschullehrerin versuchte, uns über das Verhalten Männern gegenüber aufzuklären. Muß ich lachen. Weißt du: Rücksicht nehmen, wenn er abends müde nach Haus kommt, immer ruhig und zuvorkommend sein, lächeln, lieb sein, ihm das Gefühl geben, er sei der Herr im Haus. Auch wenn er schreit, ruhig bleiben und lieb zu ihm sein. Er ist ja schließlich der Verdiener und verdient unsere Aufmerksamkeit. Damals fand ich das o.k. — obwohl ich manchmal dachte, was soll das? Die wollen ja doch nur mit mir schlafen.

Ich hatte keine Vorstellung, mit jemandem zusammenzuleben. Aber manchmal, wenn ich abgehauen war und nachts bei einem Typen übernachtet habe, habe ich ein wenig geübt. Z.B. Frühstück machen und ihn bedienen.

Dann hatte ich oft große Sehnsucht. Ich wollte immer ein Zuhause haben. Früher vor allem eine Mutter. Wenn ich alleine war, habe ich den Himmel angeguckt und mir vorgestellt, der Stern da oben — das ist deine Mutter. Albern vielleicht? Aber ich suchte immer jemand, der mich gern hat. Auch für die Zukunft wird mir das wohl bleiben: die Sehnsucht nach einem Zuhause.

Als ich Roman kennenlernte, fühlte ich das auch. Roman gefiel meiner Oma, weil er arbeitete. Ein anständiger Mann.

Ich lernte Roman kennen, als ich in Kur war. Er ist von Beruf Kraftfahrer. Er war geschieden und hatte eine Tochter. Wir gingen zusammen tanzen und schwimmen. Er erzählte mir immer mehr von sich — aber erst zum Schluß von seiner Scheidung und seiner Tochter. Ja, da war ich schon ordentlich in ihn verknallt. Ich bin einfach mit ihm nach K. gefahren. Die Kur habe ich abgebrochen.

Als ich dann wieder zurück ins Heim mußte, rief er mich jeden Tag an und schrieb mir dreimal die Woche. Es war ganz toll, daß er sich so intensiv um mich bemühte. Weihnachten hat er mich dann aus dem Heim geholt, und ich bin nach K. gezogen. Drei Monate waren wir dann zusammen — und es war sehr schön, diese erste Zeit. Aber nach drei Monaten bekam ich plötzlich mächtige Angst. Mir wurde bewußt, welche Verantwortung ich da auf mir hatte. Seine Tochter. Und sie war ein sehr schwieriges Mädchen. Wir hatten auch schon sehr of heftigen Streit wegen ihr.

Ich bin gegangen — und da hat er Kniefälle gemacht. Immer wieder bat er mich zurückzukommen. Ich bin auch schnell zu ihm zurück — und da fing es an: Ich mußte den ganzen Tag zu Hause bleiben und nur tun, was er wollte. Abends durfte ich Fernsehen gucken. Wenn ich nicht gehorchte, bekam ich Prügel, ebenso wie seine Tochter.

Als ich im Krankenhaus lag, weil er mich so geschlagen hatte, kam er mich besuchen und sagte, daß er mich sehr liebe. Wenn ich daran denke! Hinterrücks ging er da schon mit meiner Freundin. Seine Tochter hat mir das erzählt. Sobald er aus dem Krankenhaus raus war, fuhr er zu der Freundin.

Da bin ich wieder ausgezogen. Seine Freundin zog ein. Auch sie hat dann Prügel bekommen, genau wie ich.

Nach einiger Zeit haben wir uns in der Kneipe wiedergetroffen. Wir tranken Wein zusammen und waren beide ein bißchen beschwipst. Er war lieb zu mir, und ich bin dann mit zu ihm hochgegangen. Seine Freundin kam auch. Und als wir zu dritt am Tisch saßen, sagte er ihr, daß Schluß zwischen ihnen sei. Er verstünde gar nicht, was er getan habe. Er habe ja immer nur mich geliebt. Sie ist wieder ausgezogen, und ich war wieder bei ihm.

Aber als ich wieder mit ihm zusammen wohnte, fing er nach kurzer Zeit wieder mit der Freundin an. Seine Tochter wurde schwieriger, und er schlug sie immer mehr. So, daß ich oft dazwischen gehen mußte. Dann schlug er mich an den Boden.

In der Zeit starb dann die Oma von Roman. Er hing sehr an ihr. Sie wohnte in einem kleinen Zimmer in Romans Wohnung. Ich habe sie lange gepflegt. Roman drehte durch, als sie starb. Er soff nur noch. Arbeiten mußte ich, während er trank. Und wenn ich nach Hause kam, mußte ich alle Arbeit für ihn tun.

Schlagen tat er mich dann immer regelmäßiger. Und er beschimpfte mich als Allerweltshure aus dem Heim. Wenn er mir ins Gesicht trat, bis ich blutete, kniete er anschließend vor mir nieder und weinte.

Als die Oma längere Zeit tot war, sagte er eines Tages, er liebe mich nicht mehr und er habe mich auch nie geliebt. Ich sei ihm nur zum Putzen, für sein Kind und zur Pflege der Oma gut gewesen.

Da wollte ich nicht mehr. Ich versuchte, mich umzubringen. 30 Tabletten und eine Flasche Whisky. Im Krankenhaus wurde ich wach — Leute aus der Kneipe, in der ich arbeitete, hatten mich gefunden. Von dort aus kam ich ins Frauenhaus, und da sitz ich jetzt hier.

Du, das allerschlimmste war die Sache mit der Freundin. Wenn man so betrogen wird. Ich mochte sie ja auch ganz gerne. Jetzt ist er wieder mit ihr zusammen.

Andauernd machte ich ihm was nicht gut genug. Ich putzte nicht so sauber wie seine damalige Ehefrau. Das hielt er mir vor. Ich habe geantwortet: ,,Ich bin nicht Marlies und ich heiße nicht Brigitte. So merke das doch." Aber er wollte nicht begreifen.

Irgendwie mag ich ihn immer noch. Ich weiß nicht genau, warum. Vielleicht, weil es jetzt so beschissen ist, alleine. Auch wenn er mich nie verstand. Er hörte mir nie zu, wenn ich von früher erzählte. Aber wenn ich weinte, tröstete er mich. Seine Jugend war noch beschissener als meine. Ganz sicher. Darum verstehe ich ihn auch. Ich konnte ihm immer zuhören. Er mir nicht.

Doch wir sind oft gemeinsam vor dem Fernseher eingeschlafen. Es war schön. Dann war jemand bei mir. Einfach da. Bei mir.

Na ja, es ist gut, daß ich ihn nicht mehr gesehen habe, seit ich im Frauenhaus bin. Das macht mich alles so entsetzlich traurig. Warum ist das so?

In unsere Wohnung habe ich viel Geld reingesteckt. Was ich verdient habe. Er hat alles verkauft. Auch meinen Schmuck.

Gut an ihm war: es hat ihm nie was ausgemacht, daß andere mich dick fanden. Er sagte dann, daß er mit mir leben müsse und daß das andere gar nichts angehe. Du, ich war oft glücklich mit ihm.

Komisch: Am Anfang hat er mir nie von seinen Problemen erzählt. Er meinte, da müsse ein Mann alleine mit fertig werden. Später dann hat er mir viel erzählt. Anfangs hat er nie geheult. Später ja. Er meinte oft, ich sei zu jung, um ihn zu verstehen. Tja. Für andere Dinge war ich alt genug.

Eifersüchtig war er. Schlimm! Männerbesuche waren unmöglich. Auf der Straße durften mich die Männer nicht grüßen. Er fragte dann bissig: ,,Wer war das nun schon wieder?" Wenn mich ein Mann in der Kneipe ansprach, wollte er gleich eine Prügelei anfangen. Er konnte nicht verstehen. Er dachte, daß er, wenn er mir einen ausgibt, auch mit mir schläft. Ein Bier gegen Bett oder so. Was anderes konnte er nicht denken.

Er wollte seine Freiheit. Ich brauchte keine. Ich durfte nicht, nicht einen Schritt alleine tun. Ich gehörte ihm und damit war das selbstverständlich. Eine Zeitlang habe ich zweimal in der Woche mit seiner Tochter Tischtennis gespielt. Dann mußte er abends das Essen selber warm machen. Er meinte, sowas dürfe es gar nicht geben. Das sei eine Unverschämtheit, unzumutbar. Dabei mußte er das Essen nur warm machen. Ist denn das Arbeit?

Na ja, ich war ihm nie fleißig genug. Jetzt erzählt er überall, ich sei daran schuld, daß seine Oma gestorben sei, ich habe sie nicht genügend gepflegt. Wie ungerecht!

Ach, mir war vieles egal. Hauptsache, ich wußte, daß er abends nach Hause kam und bei mir war.

Einmal habe ich, als ich besoffen war, mit seinem Bekannten geschlafen. Dumm, wirklich dumm. Aber ich war betrunken. Als ich es ihm sagte, hat er mich schlimm verprügelt und als dreckige Hure beschimpft. Es war klar: ich gehörte ihm. Das sagte er oft. Aber wer gehörte mir? Er machte, was er wollte.

Trotzdem habe ich so schöne Erinnerungen mit ihm. Schön war: wenn einer von uns nachts Hunger bekam, hat er einfach den anderen geweckt. Und dann sind wir noch in der Nacht essen gegangen. Das war gut: man hatte nie das Gefühl zu stören.

Eigentlich ist das komisch: andere Frauen sagen mir, sie hätten keine Sehnsucht nach Geborgenheit, sondern die Nase voll. Ich glaube das nicht. Wenn man sich ernsthaft unterhält, dann kommt man schon dahinter. Ich fühle das hier im Frauenhaus, aber die meisten sagen das nie.

Weißt du, am liebsten liefe ich zurück zu ihm. Ich weiß gut, daß das Wahnsinn ist.

Aber sag mir: was machen die anderen Frauen? Sie lernen neue Typen kennen und geben sich wieder in die gleiche Abhängigkeit. Sie merken es nicht einmal. Da kann ich auch ehrlich sagen, daß ich zurück will.

Ich habe auch einen neuen Typen kennengelernt. Aber ich passe auf. Ich will nicht wieder diese Abhängigkeit. Da laß ich mich erst gar nicht ein. Solange ich im Frauenhaus bin, geht das auch. Da habe ich das Gefühl, daß mir das nicht mehr so leicht passiert. Doch ich habe Angst, wenn ich hier weg bin, daß ich wieder den gleichen Fehler mache. So alleine.

Einerseits möchte ich endlich mal tun, was ich will. Aber wenn ich mich verliebe, vielleicht wieder in so einen wie meinen Freund, ist das vorbei. Es geht kaputt. Entweder ich — oder die Beziehung. Ich will nicht. Ich will nicht so alleine sein. Aber wenn ich wieder ein braves Hausmütterchen sein soll, gehe ich auch drauf.

Siehst du, es ist schwer. Ich möchte ihn wiedersehen, aber ich habe Angst. Andererseits: ich bin ja auch sicherer geworden hier im Haus.

Na ja, was soll das? Vielleicht schläft er eine Nacht mit mir und dann geht er wieder zu der anderen. Das kann ich nicht packen. Und Roman wird sich nicht ändern. Er ist es auch von zu Hause nicht anders gewöhnt. Was soll man da machen?!

Jetzt habe ich mich viel zu sehr ans Frauenhaus gewöhnt. Aber ich kann ja nicht immer hier bleiben. Das wäre zu schön. Im Verein bleibe ich auf jeden

Fall. Am besten, ich bleibe in der Nähe. Dann bin ich immer schnell im Haus. Wenn die Frauen um mich sind, mache ich nicht so viel Scheiße. Dann bin ich nicht so ganz alleine, daß ich in Kneipen gehe und doofe Bekanntschaften mache. Wenn ich den Kontakt zum Verein halte, hilft das bestimmt.

Erst wollte ich mit Marita und Heide zusammenziehen. Das klappt nun nicht. Die sind so anders als ich. Ich habe das Gefühl, Marita will was Besseres sein. Wir haben unterschiedliche Vorstellungen von Wohnungen. Da fängt es an. Marita will eine ganz moderne Wohnung mit Einbauküche. Das finde ich nicht nötig. Ich gehe gern in einfache Kneipen. Für Marita muß es eine teure Disco sein. Und erst ihre Kleidung! Vergiß es. — Ja — und Heide. Die hat überhaupt keine Energie. Läßt sich nur hängen. Daneben hat sie nur Männer im Kopf. Pennt mit jedem dahergelaufenen Dussel. Nee, das geht nicht gut.

Wenn ich Frauen gut kenne — und wir haben ähnliche Vorstellungen, stelle ich mir eine zweite Stufe — so zusammen arbeiten und leben — toll vor. Na, das ist noch weit weg.

Jetzt muß ich viel nachdenken. Es ist nicht gut, so viel zu erzählen. Darüber mußte ich schon viel nachdenken, ob es hilft, mit anderen zu reden? Ob ich dadurch über alles wegkomme? Aber viele sagen was Bewertendes. Ich fühle, daß sie mich doof finden oder so. Dann werde ich furchtbar aggressiv. Und ich spüre, wie sich die Wut in mir staut. Aber manchmal hilft es auch.

Findest du das nicht auch komisch?: Manchmal muß ich über mich lachen. Ganz laut und albern. Und wenn ich dann alleine bin, muß ich weinen. Und wenn ich ganz traurig bin, denke ich nicht mehr an die Prügel, die ich bekommen habe von ihm, sondern nur noch an das Schöne. Dann kann ich mir auch nicht sagen: Du — das war doch so schlimm. Ich kann nicht aufhören, traurig zu sein. Ich weiß nicht, ob das normal ist. Andere scheinen viel leichter darüber wegzukommen. Jedenfalls merke ich nicht so, was andere fühlen. Eine Frau hat gesagt, ich soll zurückgehen, wenn ich ständig um ihn trauere. Aber das geht nicht. Er lebt mit einer anderen.

Im Moment tue ich Dinge, die mir Spaß machen. Doch das sind so Momentsachen. Hinterher habe ich oft ein Scheißgefühl. So scheiß-alleine. Oft trinke ich und laß mich gehen. Ich knutsche mit allen möglichen Typen. Was ich eigentlich nicht will. Wenn ich zu Hause bin, könnte ich kotzen. Habe ich mich so gehenlassen? Was denken die anderen von mir?

Vorige Woche war ich eine Nacht mit einem Typen zusammen. Hinterher fühlte ich mich dreckig. Ich bin nicht mehr hingegangen.

Mein Freund sagte früher oft zu mir: ,,Ohne mich wirst Du in der Gosse landen." Jetzt denke ich fast, daß er recht hat.

Weißt du, woher kommen die schlechten Gefühle nach so einer Nacht? Ich möchte mich ändern, aber ich mache immer den gleichen Fehler. Und das Trinken macht mich so gleichgültig. Wenn ich trinke, brauche ich nicht mehr zu denken. Es ist ein schönes Gefühl. Alles ist egal. Ich fühle mich leicht.

Ich täusche mich selbst, denke ich. Beim Knutschen sowieso. Denen liegt ja eh nichts an mir. Das weiß ich hinterher klar, ganz klar. Aber wenn ich trinke, kann ich mir vorstellen, daß mich jemand gern hat. Nüchtern geht es mir dann doppelt so schlecht. Ich weiß, daß ich mich getäuscht habe und alles nicht wahr war. Alles Täuschung und Betrug. Vielleicht betrügen sich alle Menschen so? Am besten gehe ich nicht mehr raus. Alles um mich herum ist ja gelogen und Täuschung.

Als ich ganz klein war, war alles schön. Doch das ist vorbei. Ich bin nie richtig selbständig geworden, alleine zu leben und zu arbeiten und meine Freizeit sinnvoll zu gestalten. Ich mache nur Scheiße. Aber wo hätte ich das auch lernen können? Bei dem Umgang!

Wenn ich nun vom Verein weggehe, weiß ich gar nicht mehr, was ist?! Ich möchte so gerne mit netten Leuten zusammensein. Und ich möchte gerne eine Arbeit haben, die Spaß macht und die einen Sinn hat.

Öfter dachte ich: ich klammere mich an den Verein. Da weiß ich, wer ich bin. Die Frauen aus dem Verein erkennen — glaube ich — den Menschen an und nicht die Schale, die Äußerlichkeit. Daß es keine Unterschiede gibt — dieses Gefühl hatte ich zum erstenmal.

Vielleicht kann ich hier eine Stelle kriegen? Ich bin nicht so schlau wie eine Vereinsfrau. Ihr studiert ja alle und habt was geschafft. Manchmal beneide ich euch.

Aber ich kann auch was leisten, wenn ich weiß, wofür. Ich möchte gerne darauf vertrauen, daß ich was kann. Wenn das alles nicht so schwer wäre. — Da gehe ich zum Arbeitsamt und kriege nur Hilfsjobs — Spülen und Putzen. Wie man sich da fühlt! Oder in die Fabrik kann ich gehen. Jeden Tag das gleiche tun. Heutzutage arbeitet mich auch keiner mehr ein — auf dem Büro oder so. Es gibt ja genug, die das gelernt haben.

Einmal hat man mir gesagt, ich sei zu dick fürs Büro und nicht schick genug angezogen. So kriege ich überhaupt keine Stelle in dieser vornehmen Gesellschaft. Ich besitze keinen Rock für 100,— DM. Schale — siehst du? — Äußerlichkeit. Es ist blöd. Aber die stellen mich halt nicht ein.

Und wenn ich einen Lebenslauf schreibe — immer im Heim gewesen — kriege ich erst recht keine Stelle. Da kann ich gleich gehen. So ist das. Dabei habe ich mich nie geschämt, daß ich aus dem Heim komme. Niemand kann für so was.

Aber die Typen, die Geld haben, die haben das Sagen.
Sag mal, was glaubst du, wie du wärest, wenn du Geld hättest? Viel Geld?!

Gisela lebt heute in einer Wohngemeinschaft und ist Mitarbeiterin im Frauenhaus.

Lebensgeschichte Maria, 51 Jahre alt

Ich bin 1927 in B. in Schlesien geboren. Mein Vater war Bergmann und meine Mutter Hausfrau. Wir waren zu dritt zu Hause; ich habe noch zwei Schwestern. Schläge — das hat es bei uns zu Hause nicht gegeben.
Meine Kindheit war glücklich.
Ich bin 8 Jahre zur Volksschule gegangen, bis 1942. Danach mußte ich ein Landjahr machen. Das mußten damals unter Hitler alle jungen Leute machen. Entweder mußte man 1 Jahr bei einer kinderreichen Familie im Haushalt arbeiten oder bei einem Bauern ein Landjahr, das habe ich gemacht. Wir mußten da beim Ernten, Säen helfen und die Arbeit machen, die sonst noch so auf einem Bauernhof anfällt. Nach diesem Jahr habe ich eine dreijährige Lehre als Verkäuferin in einem Konfektionsgeschäft gemacht. Nach der Lehre habe ich noch drei Monate als Verkäuferin gearbeitet. — Dann 1945 marschierten die Russen in Schlesien ein.

Wir hatten in unserem Dorf eigentlich nicht viel vom Krieg mitgekriegt; aber ab 1945 wurde uns gesagt, daß wir ab jetzt nur noch polnisch sprechen dürfen. Wir hatten drei Monate Zeit, die Sprache zu lernen. — Aber das ging ja gar nicht. Das kann man doch gar nicht schaffen. Ich mußte meine Beschäftigung als Verkäuferin nach den drei Monaten aufgeben und hab' angefangen, als Hausangestellte zu arbeiten. — Das war für mich die einzige Möglichkeit, weil ich im Haushalt nicht so viel sprechen mußte, brauchte ja keine Kunden zu bedienen, und außerdem hatte ich die Möglichkeit, hierbei polnisch zu lernen.

Ich habe bis 1947 als Haushaltsangestellte gearbeitet, dann habe ich geheiratet. Ich habe meinen Mann schon als Kind gekannt; wir waren zusammen aufgewachsen. Er ist mit 17 Jahren zur Kriegsmarine gegangen. Er hatte sich frewillig gemeldet. Danach war er noch 1/2 Jahr in Kriegsgefangenschaft, und als er zurückkam, haben wir geheiratet. Er war damals 23 und ich 20 Jahre alt.

Wir haben uns sehr lieb gehabt. Trotzdem hat er mich geschlagen. Von Anfang an. Er arbeitete damals als Bergmann — er hatte ja nichts anderes gelernt, weil er ja schon mit 17 Jahren in den Krieg gegangen ist. Ich glaube, der war zu faul, eine anständige Ausbildung zu machen und hat sich dann einfach freiwillig zur Marine gemeldet, weil das einfacher für ihn war als eine Lehre zu machen. — Wir wohnten in einer kleinen Zechenwohnung — Küche und Schlafzimmer.

Er schlug mich von Anfang an, wenn er nüchtern, betrunken war oder nur schlechte Laune hatte. Er konnte es nicht ertragen, wenn ich mal anderer Meinung war als er. Dann schlug er auch schon zu.

Ich erinnere mich noch genau daran, wann ich das erste Mal von meinem Mann geschlagen worden bin. Ich hatte einen Spaß gemacht. Ich hab gesagt, ich würde demnächst seine Arbeitsschuhe auf dem Flohmarkt verkaufen. Dort bekäme ich sehr viel Geld dafür. Darüber hat er sich dann so geärgert, daß er mich schlug.

1948 habe ich mein 1. Kind bekommen — ein Mädchen. Dann habe ich noch weitere 5 Kinder bekommen. Eins nach dem anderen. 1950 einen Jungen, 54 den 2. Jungen, 1959 und 61 nochmal Jungens und 1968 die Doris, die jetzt mit im Frauenhaus ist. Ich wollte die Kinder eigentlich gar nicht haben. Wenn es nach mir gegangen wäre, hätte ich nach meiner erster Tochter keine Kinder mehr bekommen. Aber was sollte ich machen? Ich kannte keine Verhütungsmittel, und die Pille hat es damals noch nicht gegeben. Aber so stand ich da mit den kleinen Kindern und war von meinem Mann total abhängig. Ich hab mir immer wieder gesagt, wenn die Kinder erst mal groß sind, gehst du weg. Ich habe 30 Jahre auf den Augenblick gewartet. 30 Jahre meines Lebens habe ich nur darauf gewartet, endlich wegzukommen von meinem Mann. Und wenn es damals schon ein Frauenhaus gegeben hätte, wäre ich keine Stunde länger bei ihm geblieben. Aber wo sollte ich denn hin? Sollte ich mit den Kindern auf die Straße gehen? Zu Verwandten oder Bekannten hätte ich nicht gekonnt, die waren selbst arm und hatten nicht so viel Platz, mich mit den Kindern aufzunehmen.

Mein Mann schlug ja nicht nur mich, sondern auch die Kinder — auch als sie noch ganz klein waren — hat er sie brutal mißhandelt. Er war jähzornig, und wenn er durchdrehte, konnte er sich nicht mehr kontrollieren. Er schlug dann so lange auf uns ein, bis wir grün und blau waren.

1958 sind wir dann nach Deutschland gegangen. Wir mußten 5 Ausreiseanträge stellen, bis wir endlich auswandern durften. Wir sind nach B., das liegt bei A., gekommen. Hier hat mein Mann dann auch als Bergmann gearbeitet. Wir haben hier auch in einer Zechenwohnung gewohnt: Wohnzimmer, Schlafzimmer, Küche und 1 Kinderzimmer.

Das schlimmste war ja immer die Angst vor den Schlägen. Ich wußte ja nie, wann er mich wieder schlagen würde. Wenn er mich ja nur geschlagen hätte, wenn er betrunken war, dann hätte ich mich darauf einstellen können — aber so! Außerdem war er völlig grundlos eifersüchtig.

Einmal waren wir in einer Wirtschaft. Da ist er zur Toilette gegangen. Neben mir saß ein Mann, der hat mit mir gesprochen und wollte mir einen Schnaps spendieren. Das hat mein Mann gesehen. Der war da so wütend, daß er den anderen Mann zusammengeschlagen hat, und als wir zu Hause waren, hat er mich so gehauen und gegen die Wände geschmissen, daß ich am ganzen Körper grün und blau war. Der war ja auch so stark, daß ich mich gar nicht gegen ihn wehren konnte. Der hat Hände wie Schaufeln. Und dadurch, daß er seit frühester Jugend an schon schwer körperlich gearbeitet hat, ist er auch unwahrscheinlich stark.

Er war auch zu den Kindern unwahrscheinlich streng. Er lebt nach altem Stil. Er sagt immer: „Hier muß Zucht und Ordnung herrschen." Als die Gabi, meine älteste Tochter, 3 Jahre und mein Sohn 1 1/2 Jahre alt waren, hat er den wegen einer Lappalie mal ganz schlimm mißhandelt.

Wir hatten damals ein kleines Radio mit einem Sender, das stand auf dem Schrank. Mein Sohn hatte sich auf einen Stuhl gestellt und spielte an dem Sender rum. Das sah mein Mann. Er war darüber so wütend, daß er den Kleinen unwahrscheinlich mißhandelte. Natürlich habe ich immer versucht, meinen Kindern zu helfen, aber dann wurde ich auch verprügelt. Er war unwahrscheinlich jährzornig.

Oder z. B. beim Angeln. Angeln war seine liebste Beschäftigung — immer schon. Wenn er mal Fische geangelt hatte, war er gut gelaunt und ganz stolz auf sich. Er zeigte uns dann die Fische und wollte, daß wir ihn loben. Aber wenn er keine Fische gefangen hatte, dann verprügelte er die ganze Familie. Wenn er zum Angeln ging, beteten wir immer darum, daß er Fische fangen würde. Manchmal gab es bei uns wochenlang nur Fisch zu essen. Da haben sich die Kinder beschwert, die wollten auch mal was anderes essen. — Aber wenn mein Mann Fische gefangen hatte, dann wollte er auch, daß sie gekocht und gegessen werden.

Als ich mit dem 3. Jungen schwanger war und zur Entbindung im Krankenhaus war, hat mein Mann mich mit einer anderen Frau betrogen. Das hat mir später mal die Gabi erzählt. Die hat er mit zum Spielen genommen; und die hat das irgendwie beobachtet. — Das war die Frau eines Arbeitskollegen.

Ich hatte ja auch keine Freunde und Bekannten, mit denen ich mal über meine Probleme reden konnte. Die einzigen Bekannten, die ich hatte, waren die Kollegen meines Mannes. Die brachte er dann auch mit nach Hause. Aber bei meinem Mann hielt es ja keiner lange aus. Der war ja so jähzornig, daß er mit allen sehr schnell Krach hatte. Schon nach kurzer Zeit wollten die nichts mehr mit meinem Mann zu tun haben. — Ich durfte dann auch nicht mehr mit den Leuten sprechen. Mit mir hatten die ja keinen Krach, aber mein Mann verbot mir dann den Umgang mit den Leuten. Auch durfte ich keinen Kontakt zu anderen Leuten aus der Nachbarschaft haben — oder so. Ich hatte nie eine Freundin oder Menschen, mit denen ich mich mal aussprechen konnte.

Zum Einkaufen bin ich ja Frauen aus der Nachbarschaft begegnet. Die haben mir auch erzählt, daß sie geschlagen werden. Die hatten auch so brutale Männer. Das waren meistens alles Schlesier. Und die haben immer gesagt — nie mehr einen Schlesier, die sind alle so brutal und jährzornig.

Als die Kinder etwas älter waren, habe ich zwischendurch immer gearbeitet. Und zwar immer in der Saison. Meistens in Fabriken, am Fließband oder als Putzfrau. Wenn die Weihnachtssaison oder Ostern war, haben die bei T. in A. immer Leute gesucht. Ich hab im ganzen Umkreis von B. gearbeitet. In Bonn, Aachen, Leverkusen. Zuletzt hatte ich eine Putzstelle bei der Kernforschung in J. Da habe ich täglich von 1/2 7 bis 1/2 12 Uhr gearbeitet und 450,— DM netto verdient.

Wenn mein Mann mal wieder einen getrunken hatte, hat er die letzten Sachen angestellt und am anderen Tag nichts mehr davon gewußt.

Einmal hat er in betrunkenem Kopf bei Quelle den teuersten Fernseher bestellt, und danach ist er in ein anderes Geschäft gegangen und hat da auch noch einen Vertrag für das gleiche Gerät unterschrieben.

Als ich am anderen Tag ins Dorf zum Einkaufen ging, habe ich das durch Zufall erfahren. Da die Leute mich kannten, konnte ich die Verträge wieder rückgängig machen. Stell dir mal vor, ich hätte das nicht erfahren, und wir hätten auf einmal mit zwei neuen Fernsehern dagestanden. Wer hätte die denn bezahlen sollen? Außerdem hatten wir ja auch schon einen Fernsehapparat. Ich hab ihm das dann gesagt. Er hat's mir aber nicht geglaubt. Er meinte: ,,Du willst mir wohl schon wieder was in die Schuhe schieben, was ich gar nicht getan habe.''

Da mein Mann so gewalttätig war und wir alle Angst vor ihm hatten, haben meine Kinder schon früh ihr Elternhaus verlassen, oder er hat sie ganz einfach rausgeschmissen.

Meine Kinder haben ja auch eine ganz schlimme Kindheit hinter sich. Sie durften keine Freunde mitbringen, wurden mißhandelt und mit den schlimmsten Wörtern beschimpft. Wenn meine Söhne mal abends weg waren, hat er sie als Nuttenbengel, Rumtreiber beschimpft. Wenn sie zu Hause waren, hat er sie angeschrien, sie sollten verschwinden, die Wohnung wäre sowieso viel zu klein.

Die Kinder wurden auch noch von ihm geschlagen, als sie schon erwachsen waren. Sie mußten nach Hause kommen, wann er es wollte und auch das tun, was er sagte. Er hat einen von den Jungens, als er ihm mal widersprochen hat, verprügelt — da war er schon 24. Aber der ist ja auch so stark. Außerdem haben sich die Kinder auch nicht getraut, die Hand gegen ihren Vater zu erheben.

Seine Wut ging immer reihum. Einmal war er auf die Kinder wütend, einmal auf mich. Wenn er mich schlug, haben mir die Kinder geholfen, wenn er meine Kinder schlug, dann habe ich eingegriffen.

Als er mit 52 Jahren Rentner wurde — er hatte Gicht und Bronchitis und bekommt eine Berufsunfähigkeitsrente — hat ihn alles gestört. Er war ja jetzt den ganzen Tag zu Hause, hat nur rumgenörgelt und uns kommandiert. Im Kommandieren war er überhaupt der Größte. Wenn die Kinder oder ich mal nicht für ihn sprangen, wenn er was wollte, dann war die Hölle los. Er hat dann angefangen zu trinken. Wenn zu Hause kein Bier mehr da war, ist er in die Wirtschaft gegangen.

Ich habe abends auch mal 1, 2 Flaschen Bier getrunken. Aber Tabletten wie andere Frauen habe ich nie genommen. — Wenn es schon vor der Pensionierung schlimm war, so war es jetzt die Hölle. Er war ja auch jetzt 24 Stunden am Tag zu Hause.

Zum Schluß wohnten wir mit 6 Personen in der Wohnung. Die beiden anderen Kinder hatte mein Mann ja schon vertrieben. Die sind ja jetzt auch verheiratet. Meine Tochter wohnt in K. und mein Sohn in H.

Mein Mann bekommt eine Rente von 1.100 DM, außerdem hatten wir ja auch das Kindergeld von 300 DM. Ein Sohn ist Installateur, der verdient 1000 DM und gibt 300 DM Kostgeld ab; mein mittlerer Sohn ist in der Lehre, der kriegt 300 DM Lehrgeld und gibt 100 DM ab. Und ich hatte ja auch noch die Putzstelle. Als mein Mann Rentner wurde und ich bin arbeiten gegangen, hat er ja im Haushalt geholfen. Er hat aufgeräumt, geputzt und gekocht. Erst wollte er ja nicht, daß ich arbeiten gehe. Er hat immer gesagt: „Die Leute denken, ich könnte euch nicht ernähren. Das ist unter meiner Ehre." Aber nachher war er damit einverstanden. Wir konnten uns von dem Geld ja auch ein paar Anschaffungen zusätzlich leisten.

Ostern gab es noch mal einen großen Krach. Es war wieder eine Lappalie. Ich hatte für Karfreitag 2 Dosen Fisch gekauft, und zwar kam der Fisch aus Lübeck. Da er Appetit auf Fisch hatte, hat er eine Dose aufgemacht und gegessen. Ich hab dann eine Dose nachgekauft, diesmal aus Hamburg. Beim Essen hab ich dann gesagt: „Der Fisch aus Hamburg ist aber besser, er ist weicher." Ostern hat er dann behauptet, ich hätte gesagt, der Fisch aus Lübeck sei besser. Als ich ihm widersprach, meinte er, ich wollte ihn wieder belügen und hat einen großen Krach angefangen. Er wollte ja immer seine Meinung durchsetzen. Er hat mich dann geschlagen, und als meine Söhne mich beschützen wollten, hat er die auch geschlagen, so sehr, daß sie geweint haben. Und dann hat er sie aus der Wohnung geworfen. Ohne die Kinder wäre mein Leben noch unerträglicher geworden. Ich hätte es dann gar nicht mehr ausgehalten. Ich habe ihm immer gesagt, wenn die Kinder gehen, gehe ich auch.

Samstag nach Ostern habe ich mit Doris dann die Wohnung verlassen. Ich bin mit ihr erst mal nach Holland zu meinem Sohn gefahren. Da konnte ich aber auch nicht bleiben. Meine Tochter, die in K. wohnt, hat mir dann die Telefonnummer vom Frauenhaus gegeben, und nach einem Beratungsgespräch bin ich dann sofort ins Frauenhaus gekommen. Zuerst war es für mich ein Schock. In dem Zimmer, in das ich gekommen bin, war alles so schmutzig. Das bin ich von zu Hause aus gar nicht gewöhnt. Ich kann das auch gar nicht verstehen, warum die Frauen hier alles so verdrecken lassen. Auch für Doris war das ein Schock. Ich wollte dann sofort wieder weg. Ich habe mit meiner Tochter gesprochen. Die hat gesagt: Versuch es erst mal. Vielleicht wird ja alles nicht so schlimm. Und jetzt bin ich froh, daß ich hier geblieben bin.

Ich will mich jetzt schnellstens von meinem Mann scheiden lassen. Dann will ich mir eine Wohnung und Arbeit suchen; und dann kriege ich ja noch den Unterhalt für Doris von meinem Mann und das Kindergeld.

Ich werde nie mehr zu meinem Mann zurückgehen. Ich will alles anders machen. Ich bin ja noch nicht zu alt; ich kann noch was aus meinem Leben machen. Ich freue mich auf meine Zukunft.

Maria zog mit ihrer Tochter in eine eigene Wohnung. Sie hat Kontakt zu anderen Frauen aus dem Frauenhaus, die ebenfalls dort wohnen.

Lebensgeschichte Erika, 32 Jahre alt

Erika: Meine Mutter . . . das habe ich später erfahren; ich habe mich mit ihr in Kontakt gesetzt, . . . daß sie nicht verheiratet war, daß ich unehelich geboren bin, daß sie mich weggegeben hat, weil ich ihr im Weg war. Sie wollte Karriere machen. Dann bin ich zu Pflegeeltern gekommen. Erst war ich im Heim gewesen. Mit 6 Jahren bin ich adoptiert worden. Und das Elternhaus war wirklich gut. Außer . . . einseitig war es von der Stiefmutter her. Bei meinem Stiefvater hat das so ausgesehen, daß er irgendwie immer so zu spüren gab, daß er damit nicht einverstanden war . . . die haben keine Kinder bekommen, ne . . . und da war noch in der Verwandtschaft ein Kind ohne Eltern, und da hat er Druck gekriegt von denen, er sollte das Kind nehmen. Meine Mutter war natürlich strikt dagegen und hat sich auch durchgesetzt, indem sie dann mich genommen hat, ein fremdes Kind. Und dann wurde der natürlich von der Verwandtschaft immer so gehänselt . . . ,,Du hast ja nichts zu sagen'' uns so. Auf dem Land ist das so. Zumal es ja noch ein ganz kleines Dorf ist. Da ist einer mit dem anderen verwandt. Und dat die . . . sagen wir mal . . . auch nit viel mit mir gespielt haben, die Kinder, ne. Da hab ich oft genug mitbekommen, wenn die Eltern gerufen haben, ,,hier, du weißt doch, dat du nit mit dem spielen sollst. Wer weiß, wo dat herkommt''. Also, das werde ich nie vergessen. Wie ich 10 Jahre alt war, da hieß et denn immer, ,,besser konnste dat doch nit erwischen'', und dann hab ich nachher die Stiefmutter gefragt, was denn eigentlich los wäre, was die damit meinten. Dann ist sie so langsam mit der Sprache rausgerückt, daß ich wirklich nit ihr leibliches Kind wäre und daß sie mich angenommen hätten. Und dann auch schlecht über meine leibliche Mutter geredet. Und wie sich das richtig verhalten tut, hab ich später dann, als ich 17 Jahre alt war. . . da braucht ich ja für die Heirat so ne Geburtsurkunde, ne, die mußte ich in S. anfordern. Da hab ich auch erfahren, wo meine Mutter zur Zeit lebt. Die hab ich auch aufgesucht. Weil ich einfach wissen wollte, wie sie erstmal äußerlich ist und auch, wie sie im Wesen ist. Und das habe ich nicht verstanden. Sie hatte als Entschuldigung hier, sie wäre krank gewesen 1 1/2 Jahre. Aber dat is für mich jedenfalls kein Grund hier, en Kind ganz wegzugeben. Man kann ein Kind vorübergehend weggeben, ne, wenn man nit möchte, dat dat Kind bei Verwandten aufgezogen wird.

M.: Bist du ihr ein bißchen böse?

Erika: Ja. Ein bißchen. Das ist praktisch ein Vorwurf. Weil ich jetzt eigene Kinder hab hier und dat nit nachfühlen könnte. Da kann es mir noch so dreckig gehen.

M.: Wie war denn das Verhältnis zu Deiner Pflegemutter?

Erika: Die war sehr gut. Das ist nur schlagartig abgebrochen worden. Zu der Zeit hätte ich sie wirklich nötig gehabt. Die ist gestorben — vier Tage vor meiner Prüfung. Und dann fingen erst die Schwierigkeiten an. Mit meinem Stiefvater. Da ist die Verwandtschaft hingegangen und hat den fast jeden Tag besoffen gemacht. Dann kam er heim und hat rumkrakelt, Essen hingeworfen hier, ,,wat is dat fürn Fraß?" Dabei wußte er ja selber, daß ich durch die Lehre, die ich gemacht habe, einfach die Zeit nit blieb, hier noch kochen zu lernen groß und groß hier den Haushalt zu führen, ne.

M.: Was hast du denn gelernt?

Erika: Friseuse. Da fing ich morgens um 6 Uhr an und abends bis 8 Uhr. Das ist auf'm Land. Das ist nicht wie in der Stadt . . . geregelte Arbeitszeit. Und dann hab ich auch nachher, wie ich dat konnte, viel Schwarzarbeit gemacht. Taschengeld verdient, ne. Sonntags war ich Serviererin in so nem Strandcafe. Ich glaub, aus dem Grunde, ein halbes Jahr hab ich dat etwa mitgemacht, da hab ich dann den Michael kennengelernt . . . und daß wir so früh geheiratet haben, das ist der Anlaß gewesen.

M.: Hast du es zu Hause nicht ausgehalten?

Erika: Ja. Weil ich einfach da raus wollte.

M.: Und wie hast du ihn kennengelernt?

Erika: Ihn hab ich auf der Kirmes kennengelernt. Ich war nit . . . also, ich mochte den, ich fand den sympathisch, aber es war nit, sagen wir mal, Liebe auf den ersten Blick. Dat war es damals nit. Ja, die Schwierigkeiten, die sind nachher wieder weiter fortgeführt worden, indem wir erst zu seinen Eltern gezogen sind. Da hatten wir ein Zimmer für uns. Und da waren wir noch nicht mal alleine in dem Schlafzimmer, ne. Die kam reinmarschiert, wann sie wollte. Die Tür war nicht abzuschließen, und ich meine, wenn man verheiratet ist, möchte man auch mal alleine sein. Da kannste sagen, wenn wir geschlechtlich verkehrten, da kam die reingeflitzt. Und sie hat kein Verständnis gehabt, dat ich hier ohne Nachthemd schlafe, daß ich nackt schlafe. ,,Dat gibt et nit, wir sind hier ein anständiges Haus" — weißt du, so . . . die Tour. Und dann fing sie an, den Michael . . . also uns gegeneinander aufzuhetzen, wenn er mal später nach Hause kam, wenn er vom Frühschoppen kam oder so . . . ,,dat ließ ich mir nit gefallen" und so. Weiß du, die Hetzerei immer. Dann habe ich gesagt, sie soll sich doch raushalten, ne, wäre doch meine Angelegenheit. Sie meinte auch, sie hätte ein Dienstmädchen gefunden, ne.

M.: Wie war das für dich?

Erika: Ja, daß wir das — mein Mann und ich — auch nur ein paar Monate ausgehalten haben. Er hat auch nachher gesagt, du bist für meine Mutter kein Dienstmädchen. Ich konnte nur immer die Drecksarbeit machen. Ich wollte gern kochen, richtig kochen lernen und alles. Ne, Kartoffeln durfte ich schälen, ne. So ein Herrschertum, ne. . . jetzt machste das und dann haste das zu tun und das . . . Dann habe ich eben gesagt, komm, wir ziehen weg — ganz aus der Umgebung. Wir wollten dahin ziehen, wo er früher gelernt hat. Er wollte gern die Meisterprüfung machen.

M.: Was hat er gemacht?

Erika: Er war Kfz-Meister nachher. Er brauchte ja 5 Gesellenjahre, ne, um überhaupt die Meisterprüfung zu machen. Und da hatten wir en Angebot, ne Wohnung, preiswert und alles. Aber der Schwiegervater, der wollte ihm auch was bieten, indem er nen Bausparvertrag — hat er für ihn abgeschlossen, er sollte sich mal selbständig machen und so, ne. . . einen Betrieb aufmachen.

M.: Hast du in der Zeit auch gearbeitet?

Erika: Da habe ich auch Heimarbeit gemacht. Ich wollte gern auch, en bißchen, dat ich mehr ausgelastet war. Dat ging erstensmal finanziell schlecht, weil ich ihm praktisch den Vortritt gelassen hab. . . für die Meisterprüfung. Das kostet ja auch Geld. Die konnte er ja nur mit Abendkursen machen.

M.: Da hast du verdient?

Erika: Da hab ich irgendwie Heimarbeit gemacht, die mir keinen Spaß gemacht hat. Nur aus finanziellen Gründen, weil die Schwiegermutter. . . dat is zu Hause erst ein kleiner Betrieb gewesen, wo man nur an der Tankstelle einige kleine Reparaturen vornehmen kann. Und wie er dann die Meisterprüfung hatte, wurde die Halle gebaut, und wie er dann schon drin gearbeitet hat, was er normalerweise auch nicht durfte. Aber da ist ja keiner hingegangen und hat ihn angeschissen. Dafür hat er auch nur ein Taschengeld bekommen.

M.: Du sagst, du hast ihm den Vortritt gelassen. Du hättest eigentlich lieber was anderes gemacht als die Heimarbeit?

Erika: Ja.

M.: Und was hättest du gerne gemacht?

Erika: Ja, ich wollte. . . das würde ich heute noch gerne machen. . . Modezeichnerin. Aber an und für sich war das für uns zwei kein großes Problem. Er hat zwar erst versucht, die Oberhand zu nehmen, indem er sagte, „wenn ich sage, dat dat grün ist" — sagen wir, dat et rot wär — . . . dann müßte ich auch sagen, et is grün. Aber da habe ich angefangen, mal selbständig zu werden und mich durchzusetzen. Die erste Zeit habe ich immer gedacht, ach Mensch, halt den Mund und so, hab ich mich unterworfen, dann habe ich aber gemerkt, daß er das im Grunde gar nicht wollte, daß er so ne Frau gar nit haben wollte, die zu allem ja und amen sagt. Sondern eine Frau, die ne eigene Meinung und eigene Vorstellungen hat. Das hat er auch nachher akzeptiert. Ja, und dann kam bei uns natürlich auch en Stillstand hier. Da ging es uns finanziell besser, da kamen aber die Kinder. . .

M.: Wolltest du die haben?

Erika: Die Petra weniger. Aber den Albert ja. Ich war mir zwar nit ganz klar darüber bewußt. Ich wußte nit, wat dat richtig auf sich hat. . . ich wußte nur, daß irgendwas nicht stimmte. Da war das schon mit dem Trinken, ne.

M.: Bei deinem Mann. . . daß der getrunken hat?

Erika: Ja. Ich wußte zwar, daß der gerne einen trinkt, aber welche Auswirkungen dat hat, da hab ich völlig im Dunkeln getappt. Oder das Wort Delirium, das war für mich nicht vorhanden. Da konnte ich nichts mit anfangen. Und er hat schon sehr früh angefangen zu trinken. Mit 14/15 Jahren schon. Das habe ich aber erst später erfahren.

M.: Du hast es auch nicht gemerkt?

Erika: Ne, weil er es heimlich gemacht hat und weil es ihm zuerst gar nicht anzusehen war, welche Mengen er trank. Er hat ne Flasche Whisky gesoffen, da wär ich 8 Tage mit besoffen. Das hat ihm gar nichts ausgemacht. Da war er noch ziemlich nüchtern. Ja, und dann hatte ich eine sehr gute Hausärztin, die hat mir ziemlich weitergeholfen. Ich sagte ihr, mein Mann geht selber nicht zum Arzt, aber mit ihm stimmt was nicht hier; ich weiß, daß er viel trinkt. . . worauf das beruht, ob das darauf beruht oder die große körperliche Belastung, ne. Das wußte ich alles gar nicht. Ich sagte, der hat auch öfter Anfälle schon bekommen, ne. Das war in der Zeit, wo ich die Petra bekommen hab, zwichen dem Albert und der Petra. Das sagte sie, es wäre schon sehr weit mit ihm, daß er die Anfälle bekommt. Der krachte einfach so zusammen. Da war er ganz weg. Nach ein paar Minuten stand er wieder auf und dann wußte er gar nit, wat passiert war.

M.: Und wie war das für dich?

Erika: Irgendwie, wenn ich dabei war, irgendwie erschreckend. Dann hatte er auch solche Augen, die wurden auf einmal ganz groß, ziemlich entstellt das Gesicht. Und dann hat die Ärztin mich natürlich aufgeklärt, daß da gar nix groß zu unternehmen wäre, ne. Er müßte sich schon freiwillig einer Kur unterziehen. Da sagte sie, das tun nur die wenigsten. Und gerade in seinem Beruf als Meister, der wäre nie alleine gegangen. Ich hab mit ihm darüber gesprochen. Ich sag, du kannst das ja auch so hinstellen, irgendwie ein Urlaub. Ich sag, ich könnte ja auch mitfahren, daß es von außen so aussieht, daß die Leute das gar nicht mitbekommen.

M.: Du wolltest ihm helfen?

Erika: Ja. Und dann hat die Schwiegermutter natürlich gesagt, das geht nicht und so. Der mußte nur Geld verdienen. Anschaffen. Und er hat darunter gelitten, das hab ich auch mal rausgefunden, daß er so an Mamas Rockzipfel hing, wo ich ihn mal losreißen mußte. Und nachher hat sie ihn praktisch erpreßt. Sie sagte, das Grundstück sei ihr — und das andere — die Schulung und so, die haben wir abbezahlt — und der Bausparvertrag, dat waren nur DM 24.000,— und DM 70.000.— hat die Halle gekostet — ohne die Inneneinrichtung. Und dann sagte sie, da war schon das neue Gesetz raus, ,,wenn du nichts so machst, wie ich das will, dann verkaufe ich den ganzen Spaß". Und mein Mann wollte dat nit irgendwie aufgeben, die Jahre, die er geschuftet hat.

M.: Wie hast du dich denn in der Zeit gefühlt. . . als der Albert dann da war und du wußtest, daß dein Mann Alkoholiker ist, was hast du für ein Gefühl für ihn gehabt, und wie hast du deine Situation empfunden?

Erika: Ja, ich hatte einfach die Hoffnung, ich könnte dat ändern, ich hätte die Kraft dazu.

M.: Ändern heißt, so wie es war, warst du nicht zufrieden, warst du nicht glücklich?

Erika: Nein, mit ihm persönlich hatte ich weiter gar keine Schwierigkeiten. Wir hatten uns schnell aufeinander eingestellt, den anderen akzeptiert und nit versucht, den groß zu ändern — zwar anpassen — aber nit ändern nach seinen Vorstellungen und so. Und dann kommt auf einmal sowas hier . . . Die meisten, die haben jahrelang da dran zu kauen und schaffen dat nie. Wir hatten das an und für sich sehr schnell gepackt. Und dann kommt sowas, wo du praktisch keine Macht darüber hast . . . oder durch Unerfahrenheit, wo ich nicht wußte, wie kannste ihm helfen. Und dann habe ich nachher auch so reagiert, daß ich rot gesehen hab, wenn nur eine Flasche da stand, daß ich die kaputtgeschlagen habe.

M.: Hast du dich da so hilflos und so wütend gefühlt?

Erika: Ja. Wie gesagt, die würden ja alles dransetzen, auch einen belügen, ich hol mir das, ich brauch das, gib mir mal Geld, nur um wieder an Alkohol dranzukommen. Ja, dann ist das soweit gegangen, bis er überhaupt nicht mehr konnte, bis er regelrecht zusammengebrochen ist und nicht mehr hochkam, ne. Wo ich dann einen Arzt gerufen hab. Dann ist er ins Krankenhaus eingewiesen worden. Das war keine Entziehungskur. Die haben den praktisch nur aus dem Delirium rausgeholt, und nach 14 Tagen war er wieder zu Hause, und dann fing es wieder an, ne. Der Arzt hat ihm mal versucht, seinen Standpunkt klarzumachen, daß er mal drüber nachdenken sollte, daß er ne Familie hat, Kinder hat und daß er das nur gewisse Zeit machen kann.

M.: Was war mit dir? Hast du dich ohnmächtig gefühlt?

Erika: Ich tappte doch im Dunkeln. Ich wußt' gar nicht, wie ich ihm helfen sollte. Damals wußte ich noch, daß ich sehr viel Kraft und einen eisernen Willen hatte. Und dann kamen natürlich die Anfälle des öfteren, sie häuften sich ja. Und nach zwei Jahren war er auch wieder am Ende, ne. Dann dachte ich, es ist mir egal, ich war aufgeklärt, wie er in so ne Anstalt kommt, wenn er am Toben ist, indem ich einen Arzt rufe, wenn er tobt und so, dann wird er ja zwangsweise da eingeliefert, ne. Und dat war mir jetzt, weil ich ihn wirklich gern hatte, in dem Moment wirklich egal. Ob die Leute denken würden oder nit. Ob sie das mitbekommen oder nit. Ja, dann ist er in A. gewesen in der Trinkerheilanstalt. Dann war auch so ne Therapie da, ne. Und für mich war erschreckend, der wußte gar nit, daß er verheiratet war. Das wußte er alles nicht. Da war so ne große Lücke bei ihm. Er hat mich angeguckt, als wenn ich für ihn ne fremde Frau wär, als ich ihn besucht hab. ,,Wer bist du dann, was willst du denn hier?"

M.: Und wie hast du dich dabei gefühlt?

Erika: Ach Gott. Wie hab ich mich dabei gefühlt? Das ist schwer zu erklären. Daß du irgendwie ne Zeit gelebt hast hier. . . sinnlos, für nichts und wieder nichts. Wat der andere Partner gar nicht richtig wahrgenommen hat und nicht mitbekommen hat. . .

M.: Daß er nicht mitbekommen hat, daß du für ihn gelebt hast?

Erika: Ja. Das ist irgendwie ne ganz andere Welt, ne. Ja, und dann hab ich mit dem Arzt gesprochen und der hat rausgefunden hier, warum er getrunken hat, weil er einfach Komplexe hatte, Mutterkomplexe, und deswegen hat er der Schwiegermutter ins Gewissen reingeredet, daß sie das Herrschsüchtige mal ablegen sollte, wenn er die Werkstatt schon mal abbezahlt hat, daß sie dann ihm gehört, damit er weiß, wofür er arbeitet, ne. Der ist ja praktisch mit 'nem Taschengeld pro Tag DM 5,— abgespeist worden. Und ich 'en Haushaltsgeld von DM 70,— die Woche. Dann bin ich noch nebenher arbeiten gegangen, indem ich in 'ner Discothek bei 'ner Freundin gearbeitet hab, viele Haare hab ich gemacht in Schwarzarbeit und Avon-Beraterin war ich. Da hab ich praktisch den Lebensunterhalt mit bestritten. Und auch so, daß ich noch was für die Wohnung anschaffen konnte.

M.: Und die Kinder? Hast du da noch Zeit für Dich gehabt?

Erika: Ne.

M.: Und Dein Wunsch . . . Du hast eben gesagt, Du wolltest so gern Modezeichnerin werden, der war auch nicht mehr da?

Erika: Ne.

M.: Ich hatte den Eindruck, du hast das Leben, dein Leben, nur für ihn gelebt.

Erika: Ja, und dann ging das so, daß sie ihm alles versprochen hat. ,,Ich überschreibe dir das Grundstück und das ganze Geld, was du da verdienst, das darfst du behalten." Immer versprochen und versprochen. Und ich habe es sehr schnell gemerkt, hier, daß sie das gar nicht so meinte, daß das wirklich Verarscherei war. Die hätte die Herrschaft nie ablegen können. Die mußte alles in der Hand haben, um sich irgendwie stark zu fühlen. Die meinte, sie würde akzeptiert, indem sie Geld macht. Besitz. Nicht, daß jemand sie auch vom Persönlichen akzeptiert. Das ist wohl gekommen, da kann sie auch nichts dafür, sie hat drei Kinder verloren. Vielleicht ist sie dadurch so geworden. Daß sie sagt zu sich . . . hier die sind mir genommen worden . . .

M.: Möchtest du sie jetzt ein bißchen entschuldigen?

Erika: Ne. Das noch nicht mal. Aber ich versuche zu verstehen, warum, warum macht der andere das, warum verhält der sich so. Da kann ich mich gut hineinversetzen, wenn ich jetzt drei Kinder verlieren würde, ne. Dann versteh ich nur nicht, wenn ich dann noch ein Kind hab, wie ich das so ausnutzen kann. Für sie war er nur Mittel zum Zweck hier. Wie kann ich denn einen erwachsenen Menschen mit DM 5,— abspeisen? Pro Tag Taschengeld. Für alles war er gut genug und mußte seinen Mann stehen. Ich habe dann angeboten, wie er aus der Kur kam, ich sagte, es kommt ja nur auf einen Versuch an, sie könnte ja immer noch, wenn wir das nicht schaffen, ne, übernehmen. Sie hatte die Einstellung, die sind jung, die können nichts, sind zu blöd. Ohne sie ging es nicht. Dabei hab ich 'en bißchen auch Buchführung bekommen in meinem Beruf. Ich habe gesagt, ich mache die Buchführung. Sie hat nichts aus der Hand gegeben. Ja, dann sollte er vom Arzt aus acht Monate konsequent nix trinken, dann könnte er langsam zu 'nem Glas Wein mal übergehen, ne. Knapp zehn Monate, da hat er's wieder angefangen. Auf Heiligabend. Ich dachte, jetzt erlebste mal 'en Weihnachten, wo er auch voll und ganz da ist, ne, und dann kam der große Knall, Heiligabend. Kam er besoffen nach Hause. Stinkbesoffen. Das hat mich so schockiert und einen Schlag versetzt. Da fing es jedenfalls wieder an. Ja, dann . . . wo er dann dran gestorben ist, das ist kein Ölfleck gewesen, der ist zwar da die Treppe runtergeflogen, aber das war wieder so ein Schwächeanfall. So war das, als er die Grube runtergehen wollte. Dann hat er dadurch 'ne Gehirnblutung bekommen, weil er auf die Steine aufgeknallt ist. Dann ist er nicht zum Arzt gegangen. Ich habe zwar gedrängt . . . auch die Schwiegermutter, ich sag, du weißt genau, was mit ihm los ist, ne. Laß ihn zum Arzt gehen. Er wäre auch gegangen, weil er ja wahnsinnige Kopfschmerzen hatte. Jeden Tag hat er ein, zwei Röllchen Tabletten gefressen vor lauter Schmerzen. Schwiegermutter sagte natürlich, nein, das geht nicht, er kann nicht zum Arzt. Da stehen so viel Autos, können wir uns nicht erlauben, fertig.

M.: Habt ihr denn die ganze Zeit noch da gewohnt?

Erika: Ne. Dat müßte jetzt dazwischenkommen. Wie die Werkstatt praktisch abbezahlt worden ist, haben wir angefangen, dranzubauen, unten ein Wohnhaus.

M.: Jedenfalls ist er nicht zum Arzt gegangen.

Erika: Ne. Ja, und dann . . . zehn Tage später, wollte er morgens auf die Arbeit, er hatte sich schon abends nicht wohlgefühlt, Durchfall, Brechen . . . kein richtiges Brechen . . . alles so Blut und Schleim. Ja, und morgens, ich bin immer vor lauter Nervosität überall nachgegangen, da fing er schon an, alles durcheinander zu reden und zu sagen: ,,Du brauchst nicht auf mich aufzupassen, du brauchst mir nit hinterher gehen", und so. Dann ist er auf die Toilette, ich bin ihm trotzdem nachgegangen, da dachte ich, och, jetzt gehste in die Küche, die Kinder, da hatte ich auch noch was zu tun, der sitzt ja da, es kann ja nichts passieren, ne. Ja, denn hat der sich praktisch da aufgehalten . . . auf einmal hörte ich dann den Knall. Bin ich in den Flur gerannt. In dem Moment kam der Albert auch die Treppe runter und hat das mitbekommen. Er war erst besinnungslos und hatte 'nen Schädelbasisbruch, war er einseitig auch gelähmt dadurch. Dann haben die ja das Nervenzucken . . . und da kam ja auch aus Mund und Ohren überall das Blut, weil er hatte ja ne innere Gehirnblutung die ganze Zeit mitgeschleppt. Dann hatte ich danach viel drunter zu leiden, weil ich nachts nicht schlafen konnte, und immer das Bild vor Augen hatte. Ich bin praktisch immer aufgewacht, ne . . . Er ist dann ins Krankenhaus gekommen und zwölf Tage später ist er gestorben. Er war dermaßen entstellt gewesen, ich durfte gar nicht mehr bei ihn.
Ich weiß nur, jetzt geht es langsam, daß ich das Bild nicht mehr vor Augen hab. Aber dasselbe ist mit dem Albert passiert. Darum schläft er auch so unruhig nachts, und alles. Und der Papa, der war ja sein ein und alles. Sein Herrgott. Und er wußte auch, daß der immer getrunken hat. Ich glaube, der hat noch mehr mitbekommen wie ich, wenn der in der Werkstatt heimlich getrunken hat, weil er sich oft aufhielt da, ne. Ja, wie er dann tot war, sagt er, ohne daß ich überhaupt was veranlaßt hab, hat er in der Öffentlichkeit immer gesagt, wenn mein Papa hier nicht so viel getrunken hätte, dann wäre er noch nit tot. Das meinte er. Ich hab den dann mit Blicken angeguckt und gedacht, Mensch, halt den Mund. Weil ich immer versucht hab, das zu vertuschen, irgendwie.

M.: Hast du dich geschämt?

Erika: Ja.

M.: Warum hast Du Dich geschämt?

Erika: Vielleicht daher, welche Einstellung die da haben. Auf dem Dorf. Ein Alkoholiker ist ein Versager. Ne Niete.

M.: Und die Frau auch?

Erika: Ja, ich wollte das Ansehen, wat die da hatten, nit irgendwie in den Schmutz reinziehen.

Pause

M.: Ich hatte eben so den Eindruck, als Du beschrieben hast, wie seine Mutter mit ihm umgegangen ist, da ist mir so ganz kurz in den Kopf gekommen, hat die Erika versucht, ihm eine bessere Mutter zu sein?

Erika: Ja, das auch. Aber das ist beim Alkoholiker nit dat richtige. Mit Liebe bekommt man dat irgendwie nit. Wenn es vielleicht im Anfangsstadium ist, ja. Dann kann man ihn noch mit Liebe davon abbringen. Er war schon zu weit, um das mit Liebe noch zu schaffen. Was ich dachte, ich könnte das. Aber da mußten damals schon andere Maßnahmen ergriffen werden. Und ich glaube, ich hätte das auch gemacht, wenn ich es gewußt hätte. Ich hätte es gar nicht so weit einreißen lassen.

M.: Dann warst Du ja plötzlich, als Dein Mann tot war, sehr alleine mit den Kindern.

Erika: Ja. Aber dat schlimmste ist ja gewesen, wie er noch gelebt hat, die Zeit, ehe es soweit war. Das mitanzusehen, wie er so langsam zugrunde geht. Ich hab mich in einer Hinsicht . . . Ich hätte hingehen können, wenn man denkt, § 51, ne, den kann auch ne Ehefrau dem Mann geben, d.h. nicht zurechnungsfähig dann. Aber dann hätte ich das so gesehen, ich fall ihm in den Rücken rein. Oder andere hätten das auf jeden Fall so gesehen. Was vielleicht besser gewesen wäre, wenn ich dafür gesorgt hätte, daß er nochmal in ne Kur gekommen wäre.

M.: Habt Ihr darüber gesprochen . . . warum er trinkt?

Erika: Wie er aus der Anstalt kam?

M.: Ja, zum Beispiel.

Erika: Ja, die Probleme, die er hatte. Er sagte selber, ich wußte das auch vom Arzt. Ich wußte es auch schon vorher, weil ich mich damit befaßt hatte, warum. Irgendwie kam es immer zum Ausdruck, was ihm nit paßte. Daß er einfach so abhängig von seiner Mutter war, und daß er von ihr ausgenutzt wurde. Trotzdem konnte er daraus nicht seine Konsequenzen ziehen. Er sagte, das ist immer meine Mutter. Dann bin ich damals sogar hingegangen und hab meinen Stiefvater überredet, dat der dat Haus kauft, daß wir weniger Schulden hatten auf dem Wohnhaus und damit ich das Grundstück bezahlen konnte. Dann habe ich der Schwiegermutter DM 1.750,— gegeben für dat Grundstück. Wie sie das Geld hatte, da war sie so abgebrüht, erst sagte sie, ich überschreibe Euch das, ich habe das Geld ja bekommen, aber ich hab jetzt keine Zeit oder das kostet auch wieder Geld. Ich sage, für dat überschreiben zu lassen, dat bezahl ich auch noch, ne. Und dann habe ich gemerkt, daß sie das gar nicht wollte und habe gesagt, hör mal, verarschen kann ich mich selber. Wat ist los? Ich sag, Du hast dat Geld bekommen; wir möchten jetzt dat Grundstück haben. Dann sagte sie frech, da war auch noch ein Nachbar dabei, da kannste ja mal sehen, wie Du dat bekommst. Weißt Du, das ist die Gutmütigkeit und Gutgläubigkeit hier. Ja, wie er tot war, er war noch nicht kalt, er lag noch nicht unter der Erde, da sagte sie — die Worte werde ich nie vergessen —, ich will Dir den Standpunkt mal klarmachen, was Du noch zu erwarten hast. Überhaupt nix. Was Deine Kinder anbetrifft, da hab ich nix mehr mit zu tun. Guck selber, wie Du damit fertig wirst. Ich hatte sie gefragt, wie das geldlich aussieht, ob sie mir als Überbrückung helfen würde. Und dann bin ich auf'em Sozialamt gewesen. Bis der Antrag da mal durch war, hat praktisch sechs Wochen gedauert, ne. Dann hat mein Stiefvater mir geholfen.

Ich habe erst noch unten in dem Haus gewohnt. Dann hat sich bei mir die Aggression dermaßen angestaut und so, ihr Verhalten, daß sie wirklich zum großen Teil dran schuld ist, daß er wieder angefangen hat zu trinken, was ja praktisch zum Tod geführt hat, ne. Ich habe ihr glatt ins Gesicht gesagt, Du Mörderin. Ich meine, der Haß, der hat sich jetzt ein bißchen gelegt, dadurch, weil ich sie einfach nicht mehr sehe. Deswegen bin ich auch hier runter nach K. gezogen. Ich konnte ihren Anblick einfach nicht mehr ertragen. Ich glaube, ich wäre eines Tages mal auf sie losgegangen. 1975 bin ich nach K. gezogen. 74 ist er gestorben. Und das ist auch der Anlaß, warum ich an so einen geraten bin. Wenn ich nicht in der Situation gewesen wär, wäre mir das vielleicht nicht passiert. Ich brauchte damals einfach einen Menschen hier und hab mich an einen geklammert.

Am Anfang hat er so liebenswert getan und hilfsbereit und alles. Dabei war es bei dem nur Berechnung, daß er gedacht hat, da kannste gut unterkommen hier . . . finanziell und so. So hat er das gesehen.

M.: Wieso? Du warst doch gar nicht reich.
Erika: Ne. Aber er dachte das. Die Werkstatt, das Haus und so.
M.: Wo hast Du den denn kennengelernt?
Erika: Durch ne Freundin, die 'en Imbiß haben, da hab ich ausgeholfen, um auch auf andere Gedanken draufzukommen, ne. Dabei habe ich ihn kennengelernt.

M.: Was macht der? Oder was hat der gemacht beruflich?

Erika: Der war Arbeiter. Zu der Zeit hing der ... der hatte die Scheidung angeworfen und hat nicht gearbeitet.

M.: Du sagst, du hast ihn gebraucht. Du hast einen Menschen gesucht.

Erika: Ja. Vielleicht war es auch nur Überbrückung, um mit der vorigen Situation besser fertig zu werden. Das hat er mir oft zum Vorwurf gemacht, ich würde nicht ihn sehen, sondern nur den Michael.

M.: Und wie war das für dich?

Erika: Ja, ich glaube, es ist wirklich so gewesen. Denn ich hätte niemals akzeptieren können, wie er wirklich ist.

M.: Hast du nochmal 'nen Mann gesucht wie den Michael?

Erika: Ja. Im Wesen ja. Dat der verständnisvoll ist. Dat ich offen reden kann. Auch, wo keiner dahinter guckt, was ich fühle und so. Wie oft hat der gefragt, Mensch, wat denkste jetzt und so. Und wenn dat Fernsehen an war, dann sagte er schon mal, oh, mit der möchte ich auch mal gern zusammen sein. Ich war ihm da auch nicht darüber böse oder eifersüchtig oder so.

M.: Du hast einfach gesehen, daß er ehrlich ist.

Erika: Ja. Die Ehrlichkeit, die fängt ja bei einem selbst an, wenn ich ehrlich zu mir selber bin, ne. Ich könnte ja auch denken, ich kann dem anderen was erzählen und was ich wirklich denke, da guckt der doch niemals hinter, dem kann ich was vormachen, ne. Da fängt die Lügerei doch an.

M.: Was hast du für den, den du da kennengelernt hast, empfunden?

Erika: Der hat viel von der Art, was ich suche jetzt. Aber er hat genauso Schwierigkeiten. Bei ihm sieht dat auch so aus hier, der hat auch ne Mauer gebaut, ne. Und sagt so, dat passiert mir nicht mehr. Denn er ist, glaube ich auch, gutmütig und hilfsbereit. Und die Frau, die kenn ich auch. Zum Teil, hundertprozentig kenn ich die bestimmt nit, da müßt ich ja jeden Tag mit ihr zusammenleben, ne. Aber ich kann mir schon ein Urteil erlauben. Die ist in der Richtung wie mein jetziger Mann, ich bin ja noch nicht geschieden. Sie ist in der Richtung veranlagt wie der Klaus. Ziemlich berechnend, „wo kannste am besten Deine Vorteile bekommen", ne. Ja, der war ... irgendwie habe ich nachher gemerkt, daß er irgendwie noch ziemlich Kind ist, und daß ich vielleicht ne Mutterrolle da übernehmen wollte. Nur bei ihm war es wirklich, der wollte es so haben, einfach auf Kosten anderer gut leben, ne. Der kann sich gut selber helfen, aber dafür war er einfach zu bequem. „Laß andere doch machen."

Weißt du, wenn einer Hilfe braucht, dann sehe ich es als selbstverständlich an, daß ich ihm helfe. Aber, wenn es nicht nötig ist hier, sehe ich das als Ausnutzung. Ganz kraß ist das hier zuletzt gewesen. Die Zeit, wo ich verheiratet war. Drei Monate.

M.: Mit dem Klaus warst du drei Monate? Aber du hast ihn 75 schon kennengelernt.

Erika: Hm. Seit wir verheiratet sind, hat der sich wirklich um 180 Grad gedreht. Da hat er wirklich erst das wahre Gesicht gezeigt, was für ein brutaler Typ er doch ist. Was er sich vorher nie erlaubt hätte. Auch nie die Andeutung gemacht. War er da mit Weibern zusammen und dachte, die mit ihren vier Kindern, die geht mir nit laufen hier, mit der kannste praktisch machen watte willst. Und außerdem wußte er, daß ich nervlich ziemlich . . . daß ich mich nicht mehr groß wehren konnte. Praktisch alles über mich ergehen ließ.

M.: Du sagst vier Kinder.

Erika: Ja. Zwei von ihm aus erster Ehe. Und er wußte auch, wo er mich packen konnte. Das waren die Kinder hier. Die sollten ins Heim kommen, und da habe ich gesagt, ehe die ins Heim kommen, nehm ich sie. Und er hatte keine Lust, zu arbeiten. Und er dachte, für die Kinder sorgt die immer noch, dat Brot auf'em Tisch ist, ne. Deswegen bin ich ja mit vier Kindern noch arbeiten gegangen. Und er hat sich noch mit durchgefressen.

M.: Warum hast Du ihn geheiratet?

Erika: Ja, warum? Die Idee ist mir nicht gekommen bis jetzt. Bin immer noch am überlegen, warum. Eine klare Antwort habe ich noch nicht gefunden. Mein Verstand hat zwar gesagt, dat kann nie gutgehen. Aber ich war wirklich noch nit von ihm los.

M.: Aber als du ihn kennengelernt hast, hast du gesagt, ich habe etwas gesucht als Überbrückung.

Erika: Ja, aber nachher . . . und vielleicht mit dem Michael, wenn ich da einen ziemlichen Abstand gehabt hätte, sagen wir von ein paar Jahren, ich glaube, ich hätte den Klaus von vornherein mit anderen Augen angesehen. Ich habe so . . . einfach nur . . . was habe ich gesucht? . . . Liebe, Geborgenheit. Erst hat er die mir gegeben. Und dann fing et an. Was mich an ihm gestört hat, das war, daß er mich oft belogen hat. Das Vertrauen war dann weg. Ja, Liebe, die ist mir so oft entzogen worden, wenn ich sie gebraucht habe. Zum Beispiel jetzt mit der Stiefmutter, indem sie gestorben ist. Der erste Mann dasselbe. Ich weiß, daß ich irgendwie ein gefühlvoller Mensch bin. Und dat ich ohne dat auch nit leben kann. Und der Dieter, der ist in der Art, wie mein erster Mann, ne. Nur, daß er jetzt auch ne Mauer um sich gezogen hat. Ich hab von seiner Scheidung alles so gelesen, dat die Frau wirklich nur dat Materielle gesucht hat, den Dieter wirklich ausgenutzt hat.

M.: Und mit dem Klaus?

Erika: Ja, der hat mich überwiegend seelisch kaputtgemacht. Für ihn war das einfach. Der Knackser war ja schon mal drin. Daß ich angeknackst war ziemlich. Und irgendwo kommste dann an den Punkt, kommt wohl jeder mal, wo du regelrecht ausgelaugt bist und nicht mehr kannst, wo du dann auf andere Hilfe angewiesen bist. Und beim Klaus hab ich erkannt, ich wollt dat nit für wahr haben, aber ich wußte, dat er dat mit Berechnung machte. ,,Es ging doch nur, wie kommste am besten über die Runden, wie lebst du am besten.'' Das ist so ein Typ: Heute ist heute, wat morgen ist, spielt für den keine Rolle, macht der sich keine Gedanken. Ob Kinder da sind oder nicht. Der kennt überhaupt keine Verantwortung. Der hat sich drauf gestützt, die macht dat, die läßt die Kinder nit im Stich, die sucht ne Möglichkeit, aus der Scheiße rauszukommen. Dann sind es nur drei Monate Ehezeit gewesen, weil dann — schlagartig kam das —, daß ich für den nichts mehr empfand, daß es schon Haß war, daß ich anfing, ihn zu hassen. Da habe ich die Scheidung angeschmissen. Weil ich mich geekelt hab, wenn der mich nur berühren tat.

M.: Und die erste Zeit?

Erika: Ja, vielleicht hab ich mir irgendwie selber was vorgemacht. Weil ich ja damals die Sache gar nicht richtig überblickt habe. Da habe ich geglaubt, ich habe ihn geliebt. Nachher hat's einfach an Kraft gefehlt. Dann war es so weit, daß es bei mir anfing, wofür sollst du dir die Mühe machen. Laß alles so laufen.

M.: Wofür sollste dir Mühe machen, du kriegst ja nix zurück?

Erika: In jeder Hinsicht. Ob das jetzt materiell ist. Wo wir geschuftet haben. Damals der Michael insbesondere. Ich auch. Wie oft hab ich dem damals nachts Frühstück gemacht in der Werkstatt . . .

M.: Jetzt biste wieder beim Michael?

Erika: Ja.

M.: War es dir unangenehm über den Klaus zu sprechen?

Erika: Ja. Ich möchte nit . . . die Zeit möchte ich wirklich gern streichen können. Aber das kann man ja nit.

M.: Streichen kannste nit. Aber wenn du nicht drüber reden willst, o.k.

Erika: Ich weiß nit.

M.: Du hast angefangen vom Michael zu reden, als ich gesagt hab, . . . warum soll ich mir noch Mühe geben, wenn ich nix dafür zurück krieg. . .

Erika: Ja. Das ist so, wirklich. Ich glaube, mehr kann man 'nem anderen gar nicht mehr geben. Das ist ja, was wir heute nachmittag mal angeschnitten haben. Ich sehe doch, Liebe, das ist 'ne Schwäche in der heutigen Zeit — jedenfalls nach meiner Erfahrung — dat die doch ausgenutzt wird. Vom Klaus jedenfalls ganz besonders.

M.: Das heißt, daß er dich auch geschlagen hat . . .

Erika: Ja. Aber die Prügel sind nit dat schlimmste gewesen. Dat schlimmste ist dat Provozieren, immer reizen. Nachher war es mir schon egal, wenn der saufen war oder so. Hauptsache, ich hatte meine Ruhe, ne. Und wenn er dann nachts heimkam, dann hat er mich wachgemacht, dann fing er an zu stänkern. Das war nicht richtig und dieses und jenes, weißte, Kleinigkeiten, irgendeinen Anlaß hatte der immer. Und wenn et nur 'ne Freundin war. ,,Die geht vor. Für die haste mehr übrig." Dann wollt der mir unterstellen, ich wär lesbisch. Dabei war das 'ne Freundin, die ist oft zu mir gekommen, weil die Mutter ist tablettensüchtig, wenn die ihre Anfälle kriegte, kriegte die auch zuviel, kann dat denn auch nicht mitansehen, dann kam die zu mir. Das wußte der Klaus auch. Aber er hat das einfach andersrum gedreht. Er wollte mich einfach nur provozieren. Un deshalb gestern nachmittag, wenn die noch eins oder dat andere gebracht hätte, wär ich auf die losgegangen, weil einfach dat, wie dat zum Ausbruch kommt, vom Klaus auch kommt.

M.: Hast du beim Klaus auch schon mal das Gefühl gehabt, auf ihn losgehen zu wollen?

Erika: Ja, bin ich auch. Dat ging einfach jar nicht mehr anders. Dat ich nachher so fix und fertig war, rumgeschrien hab und Gegenstände geworfen habe.

M.: Womit hat der Mann dich so fertiggemacht?

Erika: Ich weiß es nicht, dat spielt alles 'ne Rolle. Indem ich nicht richtig kapiert habe, daß er mich nit richtig liebt, im Gegenteil, mich sehr gehaßt hat. Und zwar aus dem Grunde, ich war ihm hundertmal überlegen, ich konnt mir ziemlich helfen, darauf war er eifersüchtig, denn er war auf alles eifersüchtig jetzt.

M.: Du warst ihm überlegen, weil du dir besser helfen konntest, als er sich selber helfen kann?

Erika: Hm.

M.: Und du warst ihm unterlegen, weil du ihn geliebt hast?

Erika: Hm. Ja. Und nachher hab ich ihn nicht mehr so geliebt. Ich war zwar noch nicht ganz los oder konnte dat einfach nit begreifen. Aber dat ist — wie gesagt — bei mir dat schlimme, dat ich einfach ohne Liebe hier nit leben kann. Dat ich die einfach mit Gewalt vielleicht haben wollte.

M.: Hast du das Gefühl, daß du ihm gegenüber — ich weiß nicht, in irgendeiner Weise — gewalttätig warst, damit er dich liebt?

Erika: Ja, wie meinste das, gewalttätig?

M.: Ja, du sagst, du kannst ohne Liebe nicht leben . . . und vielleicht wolltest du das unbedingt haben — und sei es auch mit Gewalt . . .

Erika: Ja. Das würde ich schon sagen hier, weil ich einfach nicht dazu fähig war, wie manche Frauen — es wird immer so genannt — zum größten Teil ist es wohl ,,Fremdgehen'', ne. Wenn ich vielleicht die Courage besessen hätte und wäre öfter rausgegangen und hätte es so versucht, irgendwo anders zu bekommen, wo ich et auch bekommen hätte. Aber ich dachte, du bist verheiratet und ich weiß nit . . . ob dat Erziehungssache so tief in einen hineingeprägt ist.

M.: Aber er hat sich geholt, was er brauchte, auch anderswo.

Erika: Ja.

M.: Und 'ne Frau, die tut so was nicht?

Erika: Hm. Ja. Ja — und wie gesagt, vielleicht ist da jetzt auch beim Dieter die Spannung da, daß ich mir sage hier, so, dat passiert mir nit mehr, also, ich laß et nit soweit kommen, dat ich mich wirklich in den verlieben könnte. Et kann gut gehen, aber et kann wieder schief gehen. Und das wird er irgendwie spüren auch, glaube ich jedenfalls. Und ich denke jetzt auch so, ob et dat überhaupt noch gibt? Ich denke, dat man da ziemlich suchen muß. Wirklich . . . die Liebe hier. Ist doch heutzutage 'ne Seltenheit. Ich weiß et nit? Und dat ich jetzt davon ausgehe . . . ich bin zwar noch nit ausgebrochen . . . aber manchmal denk ich auch hier, wenn ich andere sehe, die denken auch so, auch viele aus dem Frauenhaus, ne . . . und wenn et nur für'ne Viertelstunde ist. Liebe hier irgendwie empfangen von 'nem Mann. Die stellen schon gar nicht mehr die Ansprüche hier, auf Jahre hin oder so lange du lebst.

Pause

M.: Du sagst, der Klaus, der war auf dich eifersüchtig. Eifersüchtig . . .

Erika: Eifersüchtig, ja. Neid. Daß ich mir überall helfen kann, ist egal wat. Daß ich ihm auch oft genug . . . vielleicht ist dat auch en Fehler von mir gewesen, daß ich ihm gegenüber zu stark gezeigt habe, so, ich brauch dich nicht. Zwar Liebe . . . aber in anderen Sachen brauch ich dich nicht. Ich kann mir selber helfen. Das habe ich oft genug festgestellt, ob dat jetzt vom Praktischen her gesehen ist . . . z.B. hier, Regale anbringen, Dübel einsetzen und alles, konnte ich besser als der. Hab' ich alles selber gemacht, ne.

M.: Das hat ihn gekränkt?

Erika: Hm. Ich hab ihn auch nit vorher gefragt, denn wenn ich gefragt hab hier, machste mir dat bitte, ich wollte ihm das ja überlassen, aber dann hier war et monatelang noch nit gemacht. Dann bin ich natürlich, weil ich et konnte, selber hingegangen und hab dat gemacht.

M.: Waren das auch die Gründe, warum er dich geschlagen hat?

Erika: Ja, auch.

M.: Was hast du empfunden, wenn er dich aus solchen Gründen schlug?

Langes Schweigen

Erika: Wat ich da empfunden habe . . .! Ja, oft genug, dat ich dachte, hoffentlich . . . wat du jetzt mit mir machst, hoffentlich widerfährt dir das später mal, dat du dat all' zurückkriegst.

M.: Rachegefühle . . .

Erika: Ja. Und dat hab ich auch jetzt noch. Will mal sagen, körperlich bekommt der dat von mir nit wieder jetzt, weil ich mich einfach nit so gegen ihn wehren kann. Aber anders kriegt er dat von mir. Und da würde ich alles für unternehmen. Ich hab mir praktisch geschworen, dat er nicht mehr froh sein wird. Und dafür hab ich auch schon ein Teil gesorgt. Der hat genug Anzeigen. Wat wirklich den Tatsachen entspricht, ohne Lügen. Dat erste Jahr, da war auch dat nit so stark. Da hab ich gesagt, komm, wir versuchen, im guten auseinanderzugehen, ne. Ich wollte dat nit so weit kommen lassen, dat ich so Rache und so Haß auf ihn habe. Aber er hat et wirklich provoziert, indem er hier jetzt dat letztere noch gemacht hat, ne. Mit der Rasierklinge. Ich hatte 'ne eigene Wohnung. Und er hat dafür gesorgt, weil die Wohnung, die lief ja auf mich, ne, die hatte ich schon gemietet, wie wir noch nit verheiratet waren, nachher ist praktisch nur der Name geändert worden. Der Mietvertrag, der lief nicht auf Eheleute, sondern auf mich, dann ist er mehrmals aufgefordert worden . . . der sollte die Wohnung verlassen. Dann hat er sich gedacht, so, wenn du raus mußt, dann sorg' ich dafür, dat du auch raus mußt. Dat war zum Teil der Anlaß hier, wofür der so viel Krach gemacht hat hier. Wenn er getobt hat. Der hat dat regelrecht rausgefordert. Dann hab ich ihm auch gesagt, daß er mir sogar in einer Hinsicht leid tut hier, dat der noch nicht mal in der Lage wäre, Liebe zu geben . . . ihm als Vorwurf gemacht, wat ja eigentlich nicht berechtigt ist. Denn, wenn man seine Kindheit sieht, ne . . . der kann ja anderen keine Liebe geben, der kennt die ja gar nicht, der kennt ja kein Familienleben und Zusammenhalten, Hilfsbereitschaft und so. Der ist ja von einem

Heim ins andere reingeflogen ... und natürlich, wie er 15 oder 16 Jahre alt war, ist er da ausgebrochen, da fingen die Schwierigkeiten an, Automaten knacken, um weiterzukommen, um sich durchzuschlagen.

M.: Was war das für ein Ding, was da noch kam? ... Das letzte Ding, von dem du eben sprachst?

Erika: Ja ... mit der Rasierklinge. Ja, ich hab die Kündigung auch bekommen, nachdem ich nicht in der Lage war, ihn aus der Wohnung zu befördern. Ja, dann hab ich mit Hilfe vom Rechtsanwalt hier, 'ne Wohnung bekommen, auf eigene Kappe. Die hab ich auch heute noch. Und dann hat der mich im Hausflur, unten in so 'ner Nische war dat da, wo et die Kellertreppe runtergeht, da hat der mir aufgelauert. Wie ich die Treppe runterkam, im letzten Moment hab ich ihn gesehen. Da wollt ich wieder hoch, weil ich die Kinder oben alleine hatte. Hat er mich am Arm festgehalten und da hebt der die andere Hand hoch und da hatte er sone ... ich weiß jetzt nit genau, ob et en Rasiermesser war, kann genauso ein Teppichmesser gewesen sein, dann sagt er, dat is en Andenken von mir und dat wär nit dat letzte, er würde mich so zurichten, dat mich überhaupt kein anderer Mann mehr ansieht hier.

M.: Ist das dieser Striemen im Gesicht? Hat er dir ins Gesicht geschnitten?

Erika: Ja. Und der Mann vom Parterre, der konnte die Polizei noch anrufen. Eingreifen konnte der nit, weil er en alter Mann war und gehbehindert, ne. Der konnte sich dat Spiel nur mitansehen.

M.: Jetzt spürst du nur noch Haß ...?

Erika: Ja. Genau.

Längeres Schweigen

Erika: Ja, vielleicht, wenn er sich dat hier nit erlaubt hätte, hätte sich der Haß bei mir noch ... wäre er nicht so zum Ausbruch gekommen, ne. Und die Zeit hier, ich glaube, die hätte ich irgendwie gemacht, wieder vergessen, jedenfalls versucht. Aber jetzt ist et ... dadurch, dat der mich noch nicht in Ruhe läßt, ne, jetzt wo ich alleine bin mit den Kindern, wo ich wirklich viel Kraft brauche und alles.

Längeres Schweigen

M.: Seine Macht über dich ... ich weiß nicht, ich hab das eben nicht richtig verstanden ... die hat der eigentlich nur dadurch gehabt, daß er körperlich stärker war? Oder wodurch?

Erika: Ja. Körperlich. Ich habe nachher angefangen zu begreifen, wie unberechenbar er ist, hier. Da hatte ich Angst vor.

M.: Das heißt, er hat dich auch geschlagen, wenn du gar nicht wußtest, worum es eigentlich ging?

Erika: Ja. Oder er hat auch versucht . . . wo ich auch hier so Schwierigkeiten, so Komplexe hab, hier, dem Mann gegenüber, er sagte, ich sei 'ne Niete und so. Ich bin 'ne Niete.

M.: Jetzt hast du Schwierigkeiten, damit fertig zu werden . . .?

Erika: Ja, ich weiß auch nit, bezüglich dem sexuellen . . . Der war wirklich wie ein Stück Vieh, so ist der.

M.: Du sagst, er ist wie ein Stück Vieh . . . und du hast Komplexe . . .

Erika: Jedenfalls, er geht in dem Bereich hier überhaupt nicht auf 'ne Frau ein. Entweder, er kann dat nit oder er hat et bewußt gemacht.

M.: Er ist nicht auf dich eingegangen. Und du hast das Gefühl, die Niete zu sein?

Erika: Ja, dadurch auch . . . die hatte ich früher schon. Vielleicht dadurch, dat ich nit groß Vergleiche ziehen kann. Ich hab ja praktisch . . . der Michael war der erste Mann und der Klaus der zweite. Und jetzt der Dieter, ne. Hab ja weiter keine Männer in meinem Leben gehabt, ne, womit ich geschlafen hab. Und dat liegt mir auch gar nit so, hier. Ich glaub, dat ich jetzt auf dem Gebiet dem Mann nit so bringen kann, wat der sich wünscht. Dat ich dat nit bringe, weil mir dat einfach nit so liegt. Ist nit so meine Art.

M.: Frag es mal umgekehrt. Hat dir ein Mann das gebracht, was du gerne möchtest?

Erika: Meinst du dat jetzt so, dat dat automatisch kommt, dat 'ne Frau jetzt . . .?

M.: Du hast Angst davor, daß du 'nem Mann nicht genügst sexuell, ja?

Erika: Ja.

M.: Weil der Typ, dieser Klaus, dir gesagt hat, du bist 'ne Niete. Jetzt mißt du das, was du einem Menschen geben kannst, sexuell, an seinem Maßstab. Und er hat das gesagt, um dir weh zu tun. Jetzt könntest du auch fragen, hat er dir genügt, hat er dir was gegeben?

Erika: Nein. In der Beziehung war er ein Ich-Mensch. ,,Hauptsache, ich hab meins gehabt." Und ich bin an und für sich der Überzeugung, dat er dat mit Berechnung gemacht hat. Nicht nur allein Egoismus, sondern absichtlich.

M.: Was hast du fürn Gefühl gehabt, wenn er mit dir geschlafen hat?

Erika: Dat hat mich praktisch angeekelt nachher. Ich war ziemlich verkrampft und alles. Aber ich mein, dat liegt auch en bißchen an der Erziehung. Wie ich erzogen wurde in dem Bereich.

M.: Man muß es dem Mann richtig machen, ja?

Erika: Ja. Und dadurch macht man es genau verkehrt, ne. Zum Teil tu ich mich auch irgendwie genieren und so.

M.: Genieren . . .

Erika: Hm. Ich bin einfach nit in der Lage jetzt, dem Mann zu sagen, ich möcht dat jetzt so und so.

M.: Was kann denn passieren, wenn du das so angehst? Oder, was hätte dir beim Klaus passieren können?

Erika: Ja. Da hab ich mir noch nit so groß Gedanken darüber gemacht. Vielleicht ist mir in der Beziehung noch nit der Richtige begegnet. Vielleicht ist dat en Fehler gewesen, dat ich einfach nit mehr Männer kennengelernt hab. Wodurch ich dat denn hätt ablegen können, die Erziehung zum Beispiel. Ich weiß, die Erziehung von meiner Stiefmutter her, so, dat gehört sich nit und dat gehört sich nit . . . und die Männer hier in der Beziehung, dat sind Schweine, die wollen ja doch nur eins, du bist für die praktisch nur en Gegenstand. Vielleicht hab ich dat dadurch auch so stark als Ausnutzung gesehen. Dat ich denke, hier auf dem Gebiet, kannste mich nit ausnutzen.

M.: Beim Klaus?

Erika: Ja, beim Klaus, auch beim Dieter jetzt, dat ich die Schwierigkeiten hab.

M.: Beim Dieter stärker? Weil, beim Klaus hast du gesagt, du hättest ihm sehr viel gegeben. Hast du ihm auch sexuell viel gegeben?

Erika: Ja, ja. Nur nachher nicht mehr. Und dat der mich anders noch ausnützt. Sei es, daß er es über die Kinder versucht hat, ne, die vorzuschicken.

M.: Wie hat er das denn gemacht?

Erika: Ja. Die Kinder, die waren ja noch bei mir. Dann war er nachher 'ne Zeitlang weggewesen, ne. Dann kam er wieder und dann fing er an, er hätte ein Anrecht, die Kinder zu besuchen. Dann kam er in die Wohnung und hat sich natürlich durchgefressen, auf deutsch gesagt. Wenn er keine Unterkunft hatte, konnte ich den zehnmal auffordern zu gehen, da blieb der einfach und hat da gepennt. Und dann wollt der mit mir noch schlafen, hier. Er sagte, ich wäre ja immerhin noch seine Frau. Da hab ich ihm aber gesagt, dat kannste nur kriegen über meine Leiche.

M.: Hast du dich scheiden lassen, als du das Gefühl hattest, jetzt reichts mir, jetzt hat der mich genug ausgenützt?

Erika: Ja, auch weil ich wußte, dat ich dat nit mehr lang mitgemacht hätte. Dat ich vielleicht irgendwie unüberlegt gehandelt hätte, wat ich vielleicht nachher bereut hätte. Ich weiß nit, wie dat ausgegangen wär. Dat ich vielleicht alles im Stich gelassen hätt und wär abgehauen oder . . . dat einzige . . . dat geb ich auch hier zu . . . ich bin auf den mit dem Messer losgegangen. Ich hätt den auch kalt gemacht. Soweit war ich. Und zwar, wie er sich wieder Zutritt in die Wohnung verschafft hatte und ich komme morgens von der Arbeit und er hat mir die Wohnung leergeräumt, alle Inhalte, außer Möbel, die hat er noch stehengelassen. Und besitzt en paar Tage später noch die Frechheit, dahinzukommen. Hier die ganze Einrichtung . . . ich hab ja vorher gewußt, dat der nix hat, hab dat aber nie irgendwie zum Ausdruck gebracht, hier, du hast nix, dat ich ihm dat fühlen gelassen hab, ne. Weil, dat is doch egal, von wem seiner Seite dat herkommt, oder nit? Spielt doch wirklich keine Rolle, ne. Und dat der dann noch hingeht und nimmt dat einem auch noch weg, ne, weil da ja auch Erinnerungen drinstecken.

M.: Habt ihr euch gegenseitig geprügelt in der Zeit, als ihr zusammen ward?

Erika: Ihn weniger. Wohl oft die Wutanfälle bei mir. Noch nit mal auf ihn. Einfach der Wunsch, wat kaputtzumachen, hier. Dat ich die Luft irgendwie rauslassen mußte. Alles, wat sich in mir reingestaut hat. Es wäre egal, ob dat der oder der oder der gewesen wär. Dat war nit speziell der Klaus, dat ich zielbewußt auf ihn losgegangen bin.

M.: Hast du zurückgeschlagen, wenn er dich geschlagen hat?

Erika: Ne, an und für sich nit. Doch einmal ist dat gewesen. Doch im allgemeinen nit. Ich bin höchstens weggelaufen. Und in der Verfassung . . . ich sag ja, mir ist dat jetzt egal, ob ich auf der Welt bin oder nit auf der Welt bin. Ob ich mich selber kaputtmache oder . . .

M.: Ist dir egal, ob du lebst?

Erika: Ja. Weil ich mich ja sowieso als Versager ansehe. Der Haß, der in mir drin ist . . . wat soll ich den Kindern dann mitgeben? Ich hab einfach keine Lust mehr, da groß zu kämpfen, hier.

M.: Du weißt nicht mehr wofür, ja?

Erika: Ja.

Schweigen

Erika: Genauso ungerecht hier, da der Mietvertrag auf mich lief. Aber wir waren doch verheiratet, und der Mann hat doch genauso dafür aufzukommen, ne. Dat ist doch nicht allein meine Schuld, warum die Miete nicht bezahlt wurde. Woher denn? Es war noch nicht mal so viel Geld da, dat se satt wurden. Wie sollte ich da noch die Miete aufbringen? Und dat Amt sagt sich, so, da is doch en Ernährer da . . . wenn der zu faul zum Arbeiten ist, da können wir doch nichts für. Sowas unterstützen wir nit. Deswegen ist auch dat Wohngeld gestrichen worden. Wenn dat offensichtlich ist, dat der zu faul zum Arbeiten ist, nit irgendwie hilfsbedürftig, ne. Weil et nur Bequemlichkeit und Faulheit von ihm war, haben die dat Wohngeld gestrichen. Habe ich keins mehr bekommen. Wer darf das jetzt ausbaden? Ich! An den treten die nicht heran. Weil auf meinen Namen der Mietvertrag lief. Dadurch war dat auch so schwer, an 'ne Wohnung ranzukommen. Durch den Rechtsanwalt hab ich eine.

Schweigen

M.: Wie lange hast du das Gefühl schon, daß du sagst, es ist egal, ob ich lebe oder nicht?

Erika: Schon lange. Ich lebe einfach so in den Tag hinein. Dat dat Scheiße für die Kinder ist und dat die dat merken, dat weiß ich auch. Die wissen zwar nit, wat in mir vorgeht, aber dat wat nit stimmt, dat wissen die auch.

M.: Was stimmt denn nicht?

Erika: Einfach hier . . . die Kraft, weiterzumachen, weiterzuleben. Ich hab keine Lust mehr. Ich hab mal Lust gehabt. Aber wie dat dann anfing mit dem Klaus, und er konnte sein wahres Gesicht nicht mehr verstecken, da war es auch schon gewesen, daß ich an dem Punkt angelangt bin, hier. Daß ich keine Lust mehr hatte weiterzuleben. Hab ich praktisch nur Schwein gehabt, daß ich überhaupt noch da bin.

M.: Hast du schon mal das Gefühl gehabt, du hast für dich gelebt, ganz allein für dich?

Erika: Nee. Dat kannste doch gar nit. In meiner Situation ist dat doch nit drin. Wat ich am Hals hab, dat ist mir dermaßen über den Kopf gewachsen.

Längeres Schweigen

Erika: Et wird ja einem oft genug klargemacht, erstens aus zeitlichen Gründen . . . Hektik und alles, ne, dann, was die Menschen überwiegend kaputtmacht, dat ist hier, nur nach Macht streben, wenn man sich das alles so anhört, ne. Nur dat Materielle. Ich mein, die Gerechtigkeit hier . . . wenn unsereins dat widerfahren wär, daß wir en 15jähriges Kind totgefahren hätten. . . und der

Mann, der fährt immer noch Auto. Der kann die Hand vor den Augen nicht mehr sehen, der hat so'ne starke Brille, richtig dicke Dinger. . . und trotzdem haben se dem den Führerschein nicht abgenommen, der fährt heute noch und hat en Kind totgefahren. Aber der Mann, der hat zwei Millionen. Der sitzt am Schöffengericht. Also . . . kommt doch von oben runter, wat maßgebend ist. Wirste betrunken am Steuer erwischt, wenn du en paar Scheine hinlegst, haste deinen Lappen wieder. So sieht das heute aus. Die Gerechtigkeit heutzutage . . . die Gerechtigkeit und Ehrlichkeit . . . die mußte dir schon kaufen.

M.: Gerechtigkeit kannste nicht kaufen.

Erika: Über den Rechtsanwalt.
Wenn ich Geld genug für 'nen guten Rechtsanwalt habe. Ich geh' davon aus, ohne Rechtsanwalt, bei dem ersten Termin in S., dat war sinnlos, dat ich überhaupt dahin gegangen bin. Die haben nicht nach Ehrlichkeit gefragt. ,,Dat is von den unteren Schichten eine" — ohne Rechtsanwalt, da war für denen von vorneweg alles klar. Ja, dann hab ich mir en Rechtsanwalt genommen, dat der mich unterstützt. Die haben da reingeschrieben, daß ich freigesprochen wäre, aber dadurch, daß ich einfach zu einem Termin unentschuldigt nit erschienen bin, ist eben dat erste Urteil wieder rechtskräftig geworden.

M.: Wo es um deine Schwiegermutter ging?

Erika: Hm. Sie hätten es en bißchen von der menschlichen Seite her sehen können, ne, dat dat wirklich nicht mutwillig war, den Termin zu versäumen. Einfach die ganze Scheiße und alles, hier. Wie soll dat mal weitergehen und alles, hier? Dat ich mich einfach — wie jetzt — nit richtig konzentrieren kann. Obwohl ich dat schriftlich hatte, dat ich von de Nachtschicht kam, der Umzug stattgefunden hat, weil ich die Räumungsklage bekommen habe und alles. Da fragen die ja nit nach. Der Termin war unentschuldigt — zack. Und noch mal DM 600,— kann ich nit aufbringen. Ich kann mir auch keinen Rechtsanwalt mehr erlauben. Nur für den Termin DM 600,—. Innerhalb acht Tagen konnte ich Einspruch erheben, ne, aber heutzutage — dat is en guter Rechtsanwalt und der will dat Geld direkt haben und dat kann ich nicht bringen.

M.: Hast du nicht Anspruch auf Armenrecht?

Erika: Nein. Mir ist dat Armenrecht noch nicht mal gewährt worden in der Sache mit der Siedlungsgesellschaft. Da ist et ja zum Gerichtstermin gekommen. Räumungsklage und alles. Dadurch, weil es offensichtlich ist, dat die Siedlungsgesellschaft im Recht ist, Punkt 1, dat Mietschulden vorhanden sind und daß der Klaus da randaliert hat und alles, ist mir das Armenrecht verweigert worden. Keine Aussicht, dat ich den Prozeß gewinne. Von vorneherein abgelehnt dat Armenrecht. Dat darf ich dann auch noch bezahlen, ne.

M.: Wenn du könntest, wenn dir das möglich wäre, könntest du dich einfach schütteln und sagen, das kann ich eh nie bezahlen, die können mich am Arsch lecken . . . aber das kannst du nicht, ne?

Erika: Ja, guck mal, der Rechtsanwalt erinnert mich oft genug dran, wat der in der Zeit gemacht hat, ja und die Räumungsklage, die Gerichtskosten, vom Klaus dat Ding. Bis zu der Zeit, wo mir dat Armenrecht gewährt worden ist, da hat ich den Rechtsanwalt, dat dauerte drei Wochen bis dat Armenrecht bewilligt wurde, da hatte der schon Briefe geschrieben, die mußte ich alle aus eigener Tasche bezahlen. Das waren DM 800,—. Die hätte der in dat Armenrecht reintun können, wenn er menschlich gewesen wär. Bares Geld.

Pause

Jetzt hier mit dem Kind. Da erwarte ich auch nichts. Wenn ich ihm jetzt die ganze Liebe gebe, was ich nachher davon habe, dat weiß ich nit. Ob das auch wieder ne Enttäuschung ist?

M.: Was hast du dir erhofft, als du deinem ersten Mann alle Liebe gegeben hast?

Erika: Ja, die hab ich ja auch von ihm zurückbekommen.

M.: Da wußtest du auch, wofür du lebst?

Erika: Ja. Und bei dem Kind gehe ich jetzt von der Voraussetzung aus, dat de nachher 'nen Tritt in den Hintern kriegst. Da stell ich mich ganz und gar drauf ein. Ich denke eben, dann wirste auch nit enttäuscht. Dann ist et jedenfalls nit grad so schlimm. Dann kannste dat besser verkraften.

Längeres Schweigen

Wo ich jetzt den Konflikt habe, dat es einfach, so wie ich gerne leben möchte, wie ich et mir immer vorgestellt hab, ne, dat ich dat gerne möchte, aber einfach durch diese Umstände, Vergangenheit und so, ganz anders drauf reagiere. Ich bin absolut damit nit zufrieden. Ich möchte dat so leben, wie ich dat vor zwölf oder dreizehn Jahren gedacht habe. Daß das so wieder . . . wie soll ich mich ausdrücken?

M.: Was waren das für Wünsche vor zwölf, dreizehn Jahren?

Erika: Ja. Mit den Kindern . . . denen so viel mit auf den Weg geben für das spätere Leben . . . aber jetzt bin ich ja nicht mehr überzeugt. Ich kann den Kindern noch nicht mal sagen, ach, wie schön ist die Welt hier, zu leben hier.

M.: Du wolltest es den Kindern mal ganz schön machen?

Erika: Hm. Ja, ich wollte denen mehr geben.

M.: Deinem Mann und deinen Kindern Schönes geben. Und dann ist es für dich auch schön?

Erika: Ja, ich bin so ein Mensch. Ich bin froh, wenn der andere glücklich ist. Daß ich in der Lage bin, ihn glücklich zu machen. Überhaupt, dat der andere mir dat zurückgibt, dat der sagt, du bist nit sinnlos auf der Welt, du gibst mir was, du gibst mir die Kraft, dat ich dat Leben einfach und schön finde. Ja . . . und den Kindern geb ich dat jetzt nit. Die stellen, glaube ich, größere Ansprüche. Ich fange an, kalt zu werden, weil ich nit mehr so stark bin, dat Gefühl hier, Liebe zu haben. Ich fang an, dat zu unterdrücken, abzubauen. Ich denke auch, dat bringt et nit. Zum Beispiel jetzt die Situation hier mit dem Klaus. Der hat es doch besser. Wenn ich von mir ausgehe, wo ich gefühlvoll bin. Der, der kommt im Leben weiter. Der kommt besser zurecht als ich. Dadurch, daß er keine Gefühle hat. Der quält sich bestimmt nit so rum. Weil er einfach nix empfindet, weil ihm keiner weh tun kann. Dem ist dat all egal, ob er zurecht oder zu unrecht verdonnert wird. Das läßt ihn eiskalt.

M.: Und du kommst schlechter durchs Leben, weil du verletzbarer bist, weil es dir nicht egal ist . . .

Erika: Ja. Und ich glaube, dat ich besser dran bin, wenn ich versuche, dat en bißchen abzubauen.

M.: Und darum bauste zum Beispiel deine Gefühle für die Kinder ab?

Erika: Ja, auch. Auch den Mitmenschen gegenüber. Ich denk gar nit mehr so drüber nach, ob ich dem weh tu oder nit. Auch im Frauenhaus.

M.: Das ist im Moment mal nicht so wichtig . . . die Mitmenschen. Wichtig bist du. Du bist unzufrieden. Ich habe den Eindruck, du tust dir selber weh.

Erika: Ja. Ich glaub auch nit, dat ich dat irgendwie packe. Da steh ich im Moment da, dat ich nit weiß, wat machste.

M.: Wenn du nicht weißt, tut mir jetzt jemand weh, kann der mich verletzten oder nutzt mich sogar aus, tritt mich in den Arsch, dann ist es sicher wichtig, vorsichtig zu sein. Aber, wenn du das zu 'nem Grundsatz machst, glaube ich, tust du dir selber sehr weh.

Erika: Auch, guck mal, wo der Klaus mir weh mit getan hat, ich hatte mal das Bedürfnis drüber zu reden, wie das mit dem Michael war. Ja, dat hat der doch nur ausgespielt. Sagen wir mal, wenn der Albert Widerworte gegeben hat, dann hat der gesagt, Mensch halt doch den Mund, Dein Vater, dat war doch en Säufer. Insbesondere auch, wenn der Albert sagte, meine Papa hat dat gemacht, der hat dat mit mir unternommen. Da war der eifersüchtig drauf.

Dann sagte der, wat willste denn, der hat euch doch im Stich gelassen, der hat doch gesoffen. Da wußte der, dat der damit weh tut. Auch dem Albert gegenüber. Der war nur drauf aus, einem weh zu tun. Da hab ich noch nit mal mit der B. drüber geredet. Dat is jetzt dat zweite Mal, dat ich da drüber rede. Einmal mit dem Klaus und einmal jetzt mit dir.

M.: Hast du Angst, daß ich dir jetzt weh tu?

Erika: Nee, eben nit. Dat du dat auch nit benutzen würdest. Ich könnte auch mit dem Dieter nit drüber reden.

Längeres Schweigen

M.: Womit können dir deine Kinder weh tun? Du hast eben beschrieben, daß du deine Gefühle da zurücktust.

Erika: Wenn ich denen jetzt wat mit auf den Weg gebe . . . die Enttäuschung . . . bei mir ist dat so gewesen, ich kann nur ein Ding und nicht die Gegenseite, dat man so gemein sein kann. Nur eins.

M.: Was, nur eins?

Erika: Ja, wenn man Liebe aufbringt, dat man dat irgendwie . . . zum Teil jedenfalls zurückbekommt. Da bin ich nit drüber aufgeklärt worden, dat et dat auch gibt. Die Stiefmutter hat auch versucht, mich davor zu schützen. Ich war gar nit selbständig. Und dann hat se mich im Stich gelassen, wie se gestorben ist. Und dann mußte ich anfangen, mich auseinanderzusetzen, dat et auch 'ne andere Seite gibt, die ich bis dahin so stark nit erfahren hatte.

M.: Hast du bei deinen Kindern die Befürchtung, daß du nichts zurückkriegst?

Längeres Schweigen

Erika: Ja. Kinder gehen viel hin, dat hab ich gemerkt, dat Kinder versuchen, ihre Vorteile zu suchen, dat auszunutzen.

M.: Was heißt überhaupt ausnutzen?

Erika: Wat dat heißt? Dat ich eins nur kann: nehmen. Nur vom anderen nehmen. Ausnutzen ist auch, wenn ich in der Lage bin, was dem anderen zu geben, einfach nicht bereit bin, zu geben. Das finde ich irgendwie unfair.

M.: Konkret heißt das, daß deine Kinder nicht bereit sind, dir zu geben, was du ihnen gibst? Oder denkst du an jemand anders?

Erika: Ich glaub, da müssen wir bei den Kindern noch unterscheiden. Albert und Petra. Petra ist eher bereit dazu. Im Gegensatz zum Albert. Bei Petra hätte ich weniger Befürchtungen. Aber beim Albert. Der macht viel mit Berechnung jetzt. Dadurch, daß er es vom Klaus mitbekommen hat. Vielleicht ist es das. Dat der sich jetzt so verhält.
Durch die Scheiße hier und alles, hab ich mich auch gar nit mehr so intensiv drum kümmern können, weil ich in der Zeit, die ich habe, versuche, irgendwie abzuschalten. Da hab ich oft genug gemerkt, dat ich gar nit mehr richtig zuhöre. Mit dem Albert jetzt. Dem kannste wat sagen, der hört Dir auch nit zu. Der denkt, ,,wat willste denn, ich mach doch, wat ich will. Noch en paar Jährchen, dann bin ich volljährig", so fühlt der sich schon. Der ist jetzt zwölf Jahre. ,,Und die paar Jahre, kriegste auch noch rum."

M.: Das glaubst du, daß er das denkt . . .

Erika: Ja, so gibt der sich.

M.: Sicher, der wird größer, der wird unabhängiger von dir. Er will erwachsen werden. Damit will er dich sicher nicht verletzen.

Erika: Ich weiß auch, dat kann er mir auch zum Vorwurf machen, dat der mich oft genug gebraucht hat, und ich war nit für ihn da. Und dann denk ich, hätt ich mich nit um den Klaus gekümmert, wo ich nix davon gehabt hab, sondern hätt et dem Albert gegeben.

M.: Hätt ich es dem Albert gegeben, dann hätt ich jetzt was davon?

Erika: Ja.

Längeres Schweigen

Dat vereinbart sich alles nit. Ich weiß auch nit, wat ich will, wat ich jetzt machen soll. Ich wollt einfach nit unnütz auf der Welt sein. Und jetzt hier. . . meine Ziele endlich mal verwirklichen, die ich mir gesteckt hab damals. . . und jetzt hier, meine Scheiß-egal-Stimmung. Dat vereinbart sich ja nit. Ich hab dat Gefühl, ich hab en Wollknäuel in mir . . . und da find ich den Faden nit — wollen wir mal sagen — wie man dat aufrollen tut hier, weißte. Vielleicht sollte ich einfach mal egoistisch werden.

Erika lebt heute mit ihren Kindern in einer eigenen Wohnung.

Lebensgeschichte Anna, 31 Jahre alt

Ich habe die Realschule besucht; meine Eltern hätten gerne gesehen, wenn ich noch auf's Gymnasium gegangen wäre; aber ich hatte keine Lust mehr, weiterzumachen. Ich wollte Maskenbildnerin werden, und dazu mußte ich eine Friseurlehre machen.
Darum verließ ich nach dem 8. Schuljahr die Schule und begann eine Lehre als Friseuse.
Heute finde ich das negativ. Hätte ich das Gymnasium weiter besucht, wäre ich nun besser dran. Mein Berufsziel, Maskenbildnerin zu werden, habe ich ja auch nie erreicht.
Meine Freundinnen fingen damals auch alle eine Lehre an. Und — obwohl meine Eltern dagegen waren — ließen sie mich in Ruhe.
Bei meinem um sieben Jahre jüngeren Bruder war das ähnlich. Er hatte auch keine Lust, aufs Gymnasium zu gehen, sondern wollte arbeiten.
Zu meinem Bruder hatte ich immer ein gutes Verhältnis; wir verstehen uns heute noch prächtig. Sicher deshalb, weil ich ihn großgezogen habe; ich weiß es nicht genau. Jedenfalls habe ich mich immer um ihn gekümmert, so wie ich zu Hause überhaupt alles gemacht habe.

Ja; meine Lehre war mehr als beschissen. Ich war Mädchen für alles und habe vor allem Putzen gelernt. Putzen, Aufräumen, Waschen, Putzen, Putzen — den ganzen Tag — oft bis abends halb neun Uhr. Dagegen habe ich mich gewehrt, zusammen mit ein paar anderen Lehrlingen. Wir haben zum Teil unsere Rechte regelrecht durchgeboxt. Das war schwer; meine Eltern meinten zum Beispiel immer nur: ,,Lehrjahre sind keine Herrenjahre; das mußte dir merken!"
Aber ich konnte das nicht einsehen. Abends bis halb neun Uhr putzen. Und dagegen konnte ich mich nicht einmal wehren. Deshalb wollte ich meine Lehre schon früh abbrechen. Aber meine Eltern sagten: ,,Da machst du weiter und damit basta."

Während der Lehre hatte ich bereits meinen jetzigen Mann als Freund. Ich konnte gerade die Lehre machen, da kam das erste Kind. Aus der Traum . . . Wir mußten zusehen, daß wir Geld bekamen. Damals habe ich gedacht, ich geh' solange arbeiten, bis wir alles haben, was wir brauchen — und dann ziehe ich mein Kind selber groß. Der Junge kam zu meiner Schwiegermutter.
Mein Mann ist von Beruf Lokomotivführer.
Es war immer wenig Geld da. Die Finanzen habe ich geregelt — auch Ämtergänge und alles mögliche. Es gab öfter Streit; aber ich habe mich durchgesetzt.

Früher gab es zwischen uns beiden keine Gewalt. Ich hatte auch eine ganz andere Vorstellung von dem Mann. Vielleicht weil ich so jung war.

Mit meiner Schwiegermutter hatte ich einen harten Kampf. Sie war so herrisch und wollte auch mich beherrschen. Wir wohnten anfangs im gleichen Haus. Ständig kam sie in unsere Wohnung und räumte auf und um. Das hab' ich mir nicht gefallen lassen und sie eines Tages rausgeschmissen. Es gab Streit mit meinem Mann, wie ich denn seine Mutter behandeln würde . . .? Ich wollte ihm klarmachen, daß das unsere Ehe sei und seine Mutter sich da raushalten solle. Ich glaube, er ist ein Muttersöhnchen.

Er war mein erster Mann; ich habe auch später keinen anderen gehabt. Nach meiner ersten Scheidung hatte ich zwar einen Freund, es ist jedoch nie zu einer sexuellen Beziehung gekommen; ich wollte das nicht.

Als wir damls unsere Wohnung endlich komplett eingerichtet hatten, fing mein Mann eine neue Beziehung an.
Das war die schlimmste Enttäuschung meines Lebens, wohl auch deshalb, weil es erst mal hinter meinem Rücken geschah. Ich fühlte mich belogen und gedemütigt. Und die Frau kannte ich auch noch.

Mit allen Mitteln versuchte ich, mich zu wehren: Liebesentzug — völlige Verweigerung — schlafen in getrennten Zimmern — es half alles nichts. Aus Wut und Enttäuschung habe ich mir unheimlich viele Klamotten gekauft — Sachen, die ich gar nicht gebrauchen konnte. Einmal sogar für DM 400,—. Ihm habe ich das nie gesagt.

Als ich dann hörte, daß mein Mann mit der Frau in einer naheliegenden Kneipe war, bin ich hingegangen und habe ihr seine schmutzige Wäsche gebracht. Er hat uns auf vornehme Weise beide in der Kneipe stehen lassen. Zu Hause hat er kein Wort gesagt.
Damals hat er noch nicht so viel getrunken. Ich bekam noch keine Prügel.
Dann sollte angeblich Schluß sein — was allerdings nicht stimmte. Wir verbrachten einen gemeinsamen Urlaub, um es noch einmal zu versuchen; es hat nicht geklappt. Ich konnte auch irgendwie nicht mehr mit ihm; ich fühlte mich ständig hintergangen.

Mein Mann willigte schnell in die Scheidung ein; er verhielt sich damals sehr großzügig. Der Junge blieb bei der Schwiegermutter. Ich war froh, die Verantwortung loszuwerden. Ich hatte nie eine richtige Beziehung zu ihm — so wie heute zur Silvia (das zweite Kind). Vielleicht sollte das nicht sein, daß eine Mutter sowas sagt, aber es war halt so — und warum sollte ich lügen? Das Kind ist ja auch nicht bei mir großgeworden.

Mit dem Jungen — das wirft er mir heute noch vor: daß ich mich nie um ihn

gekümmert habe und mir das Kind egal sei. Aber was will er? Der Junge ist ihm selbst egal. Er hat nie Zeit für ihn gehabt. Lieber war er mit seiner Freundin zusammen. Sie war ihm wichtiger. Und warum sollte ich alleine mit dem Jungen was machen? Das konnte ich nicht einsehen. Ich sollte mit dem Jungen was machen, während er sich ein schönes Leben machte.
Nee, so nicht.
Als wir dann geschieden waren, habe ich meine Freiheit in vollen Zügen genossen. Keiner konnte mir was sagen, niemand mich kontrollieren — wann ich nach Hause komme. Ich konnte nachts in Kneipen gehen, solange ich wollte — und mit Männern flirten — einfach nur aus Spaß. Ich wollte nichts von diesen Männern, aber ich habe sie als ,,Ausgehfreunde" benutzt, weil man als Frau so schlecht alleine in die Kneipe gehen kann. Ja.
Ja, und dann passierte das mit dem Jungen. Er war schwer verunglückt und lag im Krankenhaus.
Plötzlich fühlte ich mich wieder sehr stark mit meinem Mann verbunden. Mag sein, daß es die gemeinsame Sorge um das Kind war.
Wir sind uns wieder nähergekommen. Nach einer Aussprache haben wir uns eine größere Wohnung genommen.
Zu der Zeit war er ein lieber Mann. Er hat mir im Haus geholfen und hatte keine andere Beziehung mehr. Das war eine schöne Zeit. Wir verstanden uns sehr gut und haben wieder geheiratet.
Ich bestand darauf, in meinem Beruf zu bleiben, weil ich mich zu Hause eingeengt fühlte. Wenn ich arbeiten ging, marschierte er in die Kneipe.
Er hat dann seinen Führerschein verloren und bekam eine Geldstrafe. Dann ist er im betrunkenen Zustand ohne Führerschein gefahren und baute einen Unfall. So mußte er für drei Monate in den Knast. Mir hat das nichts ausgemacht. Es war still in der Wohnung, und ich war wieder mein eigener Herr (Frau!). Endlich konnte ich wieder Kollegen zu mir nach Hause einladen. Wenn er da war, ging das schwer. Er guckte immer doof und die Leute merkten das.
Dann kam er aus dem Knast zurück — das schlimme Dilemma fing an. Er soff unheimlich viel und hatte zunehmende Schwierigkeiten mit seiner Arbeit. Vielleicht machte das der Knast?
In der Zeit war ich mit Silvia schwanger. Ich wurde dicker; er nahm sich eine andere Frau. Wieder versuchte ich mich zu wehren. Und da hat er mich zum ersten Mal geschlagen, weil ich mich über die andere Frau beschwerte. Ich gebe zu: ich habe sie beschimpft. Er war betrunken und hat wild zugeschlagen. Ich war im fünften Monat schwanger und völlig am Boden zerstört. Er blieb drei Tage weg, und ich steckte voller Angst. Ich bestand nur noch aus Angst. Als er wiederkam, fragte ich ihn, wo er gewesen sei; und er meinte, daß ginge

mich einen Dreck an. Ich sagte, daß ich mich wieder scheiden lassen wolle. Er meinte, daß das nun gar nicht mehr ginge; ich sei schon wieder schwanger und nun richtig von ihm abhängig. Ich sagte, wenn er mich in meinem Zustand noch mal schlagen würde, würde ich ihn anzeigen.

Ich habe mich so geschämt. Früher habe ich über andere Frauen, die geschlagen wurden, nur gelacht. Daß mir das passieren würde . . .!

Wir haben uns während der Schwangerschaft noch viel gestritten. Es machte mich rasend, daß er sich nächtelang rumtrieb und ich nicht wußte wo. Als ich ihn dann mal in der Kneipe mit einer Freundin fand, sagte er: ,,Hau ab, oder ich tret' dich in den Bauch, daß du dein Kind verlierst.''

Ich konnte nichts mehr sagen, auch nicht schreien. Mein Körper war wie gelähmt und ich fühlte mich dem Ersticken nahe. Wie kann ein Mensch so gemein sein? Diese Situation habe ich nie verwunden. Nie. Da bin ich zu meiner Mutter gegangen, und die sagte: ,,Wie konntest du nur deine Wohnung und deinen Mann im Stich lassen?'' Das mußte ich mir dann auch noch anhören.

Aber ich hatte immer noch Mut. Ich freute mich so sehr auf das Kind. Ich wollte ein Kind, das ich alleine erziehen kann, um das ich mich richtig kümmern kann.

Schlimm war: das Mitleid der Leute um mich herum. Sie sagten, die arme Frau und so. Das war beschämend für mich. Vielleicht hätte ich damals gleich ein Zimmer nehmen sollen, aber ich hatte Existenzangst. Angst nicht durchzukommen. Die habe ich auch heute manchmal noch.

Dann kam Silvia — vierzehn Tage zu früh — eine Sturzgeburt.
Ich war froh, daß es ein Mädchen war, obwohl ich einen Jungen wünschte. Aber mein Mann wollte eine Tochter haben, und nun dachte ich: vielleicht wird die Beziehung dadurch besser. War aber nicht.

Er ging immer noch zu der Freundin. Andererseits verlangte er von mir, als ich eine Woche aus dem Krankenhaus war, ehelichen Verkehr, was unmöglich war. Und dann sagte er: ,,Siehste, du kannst es ja nicht; da muß ich ja fremdgehen.'' Dann ging er wieder weg. Ich war immer mit dem Kind alleine.

Plötzlich traute ich mich nicht mehr auf die Straße. Meine Beine zitterten ständig und gingen unter mir weg. Ich hatte unheimliche Angst. Auch wegen dem Kind. Was sollte aus Silvia werden, wenn ich sterben würde?

Nichts, gar nichts konnte ich tun. Nicht einmal zum Fernsehen reichte die Konzentration. Ich zitterte und ängstigte mich Tag und Nacht.

Zu sämtlichen Ärzten bin ich gegangen. Alle konnten nichts feststellen. Bis mir ein Internist sagte, ich sei körperlich völlig gesund, ich hätte eine schwere Depression. Er schickte mich zu einem Psychotherapeuten. Da ging ich viermal hin. Hinterher traute ich mich nicht mehr, weil mein Mann drohte, mich in eine Heilanstalt zu stecken. Doch ich wußte nun, woher meine Ängste kamen. Ich hatte herausgefunden, daß ich nur Angst vor meinem Mann hatte, und daß sich diese Angst auf meine ganze Lebenssituation ausdehnte, auf alles, was ich tat, so daß mir ständig die Knie zitterten.

Ich hatte immer Angst, eine Niete zu sein. Er verlangte die unmöglichsten Sachen von mir sexuell — und dann sagte er, ich sei eine Niete und keine Frau. Ich mag darüber nicht sprechen.

Die Dinge, die er forderte, lehnte ich ab, trotzdem hatte ich immer Angst, er könne mich als Niete bezeichnen.

Dadurch, daß ich wußte, woher meine Angst kommt, ging es mir körperlich besser. Die Beine gingen nicht mehr weg, die Magenkrämpfe waren verschwunden, und ich konnte wieder besser atmen. Diese Zeit möchte ich nie mehr erleben.

Dann kam die Taufe. Auch so was Furchtbares. Er schlug mich total zusammen, weil ich ihn bat, wenigstens am Tag der Taufe zu Hause zu bleiben. Ich sah aus wie eine Achterbahn. Ich habe versucht, mich zu wehren, aber ich kam nicht gegen ihn an. Er ist halt viel kräftiger als ich. Ich sah ganz schlimm aus und traute mich überhaupt nicht mehr vor die Tür.

Den Leuten, die ich so kannte, traute ich mich nicht, von meiner Misere zu erzählen. Ich dachte, daß die über mich quatschen könnten. Das ging die ja auch nichts an.

Zwischendurch hatte ich immer wieder die Hoffnung, daß alles besser werden würde mit uns. Aber nach drei bis vier Wochen gab es jedesmal einen großen Knall. Ich habe gezittert, wenn er wegblieb und mir Sorgen gemacht. Doch wenn er nachts kam, das wollte ich auch nicht. Er holte mich aus dem Bett, und ich mußte für ihn kochen. Steaks oder Schnitzel — nur keine Butterbrote. Am besten noch mit Salat und Pommes Frites. Wehe, wehe; ich tat das nicht. Innerlich habe ich gebebt und gezittert und für ihn gekocht. Dann mußte ich neben ihm sitzen, wenn er seine Freundin anrief. Ich zitterte vor Wut und konnte diese Wut nicht loswerden. Ich hätte den kürzeren gezogen. Buh, das war alles so entwürdigend. Ich fühlte mich wie der letzte Dreck.

Dann mußte ich mal über mich reden. Ich habe einer Freundin in der Kneipe alles erzählt.
Ja, das weiß ich noch gut, in der Kneipe.
Während der ganzen Zeit hatte ich Angst, daß mein Mann nach Hause kommt und mich nicht vorfindet.
In der Kneipe lernte ich auch einen Mann kennen, der mir Komplimente

machte. Das war so angenehm. Ach, ich hab' das richtig genossen. Ich hatte das Gefühl, doch eine Frau zu sein. Das war alles.

Mein Mann erfuhr das drei Tage später von anderen Männern. Die halten ja alle zusammen. Die haben gesagt zu ihm: ,,Nun biste die Alte los, die hat jetzt einen, jetzt kannste die Neue nehmen." Er hat mich total zusammengeschlagen und als Hure beschimpft, die mit jedem Typ ins Bett geht.

Kurz darauf hatte ich ein Treffen mit Arbeitskollegen — und er kam und beschimpfte mich vor den anderen als Hure, die ein Verhältnis mit einem verheirateten Mann habe. Dann ging er wieder. Ich habe mich so geschämt. Ich ließ mich von Kollegen nach Hause bringen, weil ich Angst hatte. Er schlief bereits.

Am anderen Morgen hat er mich dann so verprügelt, daß mein Nasenbein gebrochen war. Anschließend hat er mich vergewaltigt, denn ich war ja nichts besseres für ihn als eine Hure. Dann ging er in die Kneipe.

Ich bin zur Erziehungsberatungsstelle gegangen, was anderes fiel mir nicht ein. Mit denen habe ich dann gesprochen und gesagt, daß ich nicht mehr nach Hause wolle.

Sie erzählten mir vom Frauenhaus und haben für mich angerufen. Eine Frau aus dem Verein kam zum Beratungsgespräch. Mir war egal, wo ich hinkam. Hauptsache, ein Dach über dem Kopf.

Im Frauenhaus lernte ich eine neue Art von Freiheit kennen — mit den anderen Frauen. Das Haus war wirklich nicht schön. Darüber brauchen wir nicht reden. Ich fühlte mich ganz gut im Haus. Aber dann kam das Dilemma mit dem Jungen. Meine Schwiegereltern machten mir Vorwürfe. Das war eigentlich wirklich kein Grund zurückzugehen, aber es hat eine Rolle gespielt. Mein Mann hat mir goldene Berge versprochen: Nie mehr Alkohol, keine andere Beziehung mehr usw. . . .

Ich ging zurück. Drei Wochen ging es gut.

Eine Frau aus dem Bekanntenkreis meines Mannes war in Not und wollte ins Frauenhaus. Sie rief mich an, als mein Mann da war. Ich verriet die Adresse des Hauses nicht, sondern nur die Telefonnummer — und mein Mann war schockiert, daß ich seiner Bekannten nicht helfen wollte.

Es gab Streit. Ich bekam eine auf's Auge. Er schloß mich aus der Wohnung aus und meinte, den Verein könne er ja nicht schlagen, aber mit mir würde er immer noch fertig werden. Irgendwie mußte ich da lachen.

Am anderen Tag kam eine Frau aus dem Haus mich besuchen. Mein Auge sah schlimm aus. Ich habe meine Sachen gepackt. Vor der Bahn fing er mich ab. Er riß das Kind an sich und sagte: ,,Das nimmste nicht mit, eher drück ich es tot?" Ich hatte Angst, überhaupt was zu sagen. Ich bin dageblieben, und er gab mir viel Geld und machte Versprechungen. Zum Schein ging ich darauf ein — und wartete auf eine Gelegenheit. Aber ich wurde immer mürber.

Nachts konnte ich nicht mehr schlafen. Es war, als säße ich ständig auf einem Pulverfaß. Auch noch, als ich wieder im Haus war.

Er war entsetzlich gemein. Jetzt beschimpfte er mich als Drecksfeministin — und daß ich doch wieder zu den anderen Scheiß-lesbischen-Weibern gehen solle, da gehörte ich hin. Manchmal habe ich ihm eine Antwort gegeben, weil ich die Provokationen nicht aushalten konnte. Er schlug mir die Zähne aus — haute für vierzehn Tage ab.

Ich war kaputt und hatte Angst.
Als er zurückkam, sagte er, die andere Frau könne nicht kochen, er bliebe jetzt hier.

Weihnachten und Sylvester ging er saufen und kam voll nach Hause. Sylvester habe ich mir alleine zugeprostet. Meine Nerven wurden immer schlechter. Ich habe oft im Haus angerufen, um mit jemandem reden zu können. Ich mußte viel nachdenken — und dann hab' ich mir Mut angetrunken, mich mit Kind und Gepäck in ein Taxi gesetzt und bin wieder ins Haus gefahren.

Ich bin froh, daß ich das gemacht habe.
So langsam finde ich zu mir selbst. Das Kind ist jetzt bei mir. Er kann es nicht mehr wegnehmen, wie er das schon mal nachts im besoffenen Kopf gemacht hat. Eine ganze Nacht mit dem Kind weg. Ich war total verzweifelt. Die Polizei wollte ich auch nicht anrufen, weil ich Angst vor Prügel hatte.

Ich glaube, daß ich keine Bindung mehr eingehen kann. Die Angst vor der Enttäuschung ist sehr groß, ebenso meine Scheu Männern gegenüber. Sicher gibt es auch gute Männer. Aber vorerst will ich selber leben.

Wenn ich das mit dem Kind organisiert hab' — und arbeiten gehen kann, wird es schon klappen.

Im Moment fühle ich mich finanziell noch abhängig von meinem Mann. Auch, wenn ich das Geld vom Sozialamt kriege, die holen es ja doch von ihm. Das will ich nicht.

Wie konnte ich nur zum zweiten Mal denselben Mann heiraten? Sowas nennt man große Liebe. Das war er halt für mich. Und ich konnte das nicht auslöschen. (Lachen)

Anna ging wieder zu ihrem Mann zurück, bekam wieder Prügel. Heute lebt sie bei ihrer Mutter.

Lebensgeschichte Heike, 24 Jahre alt

Wo soll ich anfangen? Meine Kindheit war hart. Ich denke, ich habe gar keine gehabt.

Schon sehr früh mußte ich arbeiten gehen — bereits mit sieben Jahren beim Bauern. Mein Vater war selten zu Hause — entweder saß er wegen Wilderei im Gefängnis oder er war auf Montage. Meine Mutter arbeitete in einer Wäscherei. Um meine fünf Geschwister mußte ich mich kümmern. Ein paar davon hatte ich immer dabei — sowohl in der Schule — als auch auf der Arbeit. Wenn ich nachmittags zum Bauern arbeiten ging, nahm ich immer noch zwei Geschwister mit. Nach der Arbeit mußte ich schnell nach Hause wetzen und noch alles in Ordnung bringen, bevor meine Mutter kam. Das war natürlich nervend. Ich hatte keine Freunde und keine Spielkameraden. Einige Male bin ich mit Klassenkameraden ins Kino gegangen; aber wir verstanden uns schnell nicht mehr. Ich hatte ganz andere Sorgen.

Das Verhältnis meiner Eltern?
Ich glaube, anfänglich war es gut. Jedenfalls bis zu meinem 12. Lebensjahr etwa. Zu der Zeit fing es an, in der Familie zu kriseln. Unter anderem hängt das zusammen mit einem Erlebnis, das ich mit meinem Bruder hatte. Wir hatten auf dem Dachboden zusammen gespielt. Irgendwo haben wir dann angefangen, uns intim zu streicheln, und er hat sich auf mich gelegt. Jedoch die Kleider behielten wir an. Wir haben ein wenig miteinander geschmust. Am anderen Tag hat er kein Wort mehr mit mir gesprochen. Das machte sich für die Atmosphäre in der Familie bemerkbar. Er sprach zwei Jahre lang kein Wort mit mir. Die Familie war kaputt. Auch weil mein Vater immer mehr krank wurde und meine Mutter schlug.

Nach zwei Jahren hab' ich meinen Bruder mal gefragt, warum er nicht mehr mit mir reden würde. Ich sagte ihm, daß er keine Angst zu haben brauche, daß ich den Eltern was erzähle. Von dem Zeitpunkt an haben wir wieder miteinander gesprochen.
Durch vieles Arbeiten habe ich versucht, mich von meinem kaputten Elternhaus zu lösen. Ich war nur noch zum Schlafen zu Hause, weil es schlecht auszuhalten war.

Ja, und mit 15 Jahren hatte ich ein gravierendes Erlebnis. Mit 15 Jahren bin ich vergewaltigt worden. Damals hatte ich einen Job im Blumenladen, wo ich immer nach der Schule hinging. Der Laden war etwas entfernt von dem Dorf, in dem wir wohnten. So gegen 7.00 Uhr fuhr ich mit dem Fahrrad von der Arbeit nach Hause. Unterwegs hielt mich jemand von hinten fest. Ich dachte

erst, es sei mein Bruder. Das Fahrrad kippte und, und ich wollte gerade losschreien: ,,Du Idiot, guck, was du gemacht hast,'' da hielt der Mann mir schon den Mund zu — und zerrte mich die Böschung hinunter. Er befahl mir, daß ich die Schnauze halten solle. Ich mußte mich setzen. In einer Zeitung hatte ich gelesen, daß man solche Männer beruhigen solle, indem man von irgendwas redet. Ich versuchte das. Aber er zischte: ,,Halt die Schnauze!'', und fing an, mich zu würgen. Als ich wieder zu mir kam, kniete er über mir und machte sich gerade die Hose zu. Ich trat so fest ich konnte in seine empfindliche Stelle und lief schnell die Böschung rauf. Die Kleider waren zerrissen und ich blutete stark. Zum Glück kam mir ein Auto entgegen. Eine Frau und ein Mann saßen drin. Der Mann hat den Kerl gefunden, während die Frau die Polizei anrief. Aus Angst sagte ich, nein, der war es nicht — und er tat dann so, als würde er den Täter mitsuchen. Erst als die Polizei kam, schrie ich, der da, der war es, haltet ihn fest. Wir fuhren alle ins Polizeirevier — und als die Polizisten mich anschließend nach Hause brachten, empfing mein Vater mich mit Schlägen. ,,Zu spät kommen und auch noch die Polizei mitbringen.'' Die Klamotten, die mir die Kripo gegeben hatten, versuchte er wegzureißen. Die Polizisten hielten ihn fest und redeten mit ihm. Danach kam er dann und strich mir übers Haar und sagte: ,,Warum bist du nicht auch ein Junge geworden?'' Und meine Mutter, die Geburtstag hatte, meinte, ich hätte ihr den ganzen Tag versaut. In der Nacht konnte ich nicht alleine im Bett liegen. Ich flüchtete mich zu meiner Schwester.
Und am anderen Tag gaben die mir auf der Arbeitsstelle die Papiere. Die Polizei hatte angerufen. Ich bekam noch DM 160,— und konnte gehen.

Zum ersten Mal in meinem Leben habe ich mich dann besoffen. Ich trank so lange Cola und Korn, bis ich betrunken war.

Eine Freundin, die Liebeskummer hatte, war bei mir. Es ging uns beiden so schlecht, und wir schmiedeten den Plan abzuhauen. Damals war ich 15 Jahre alt. Wir brannten durch nach M.

Mein Vater hat mich allerdings schnell wieder gefunden und nach Hause zurückgeholt. Mein Vergewaltiger wurde zu sieben Jahren verurteilt. Wegen Vergewaltigung und versuchten Mordes. Ich erinnere mich gut an den Gerichtstermin. Seine Verteidigung hat alles so hingestellt, als hätte ich mich auf der Straße angeboten. Die Verteidigung war eine Frau!

Von dem Tag an war ich nicht mehr wie vorher. Ich dachte ständig, daß alle mir was wollen. Ich begann zu trinken. Abends lief ich von zu Hause fort in irgendeine Discothek. Da ich kein Geld hatte, ließ ich mich von Kerlen aushalten. Ich trank nur noch Asbach — und davon sehr viel. Die Kerle versprachen sich natürlich was davon. Ich habe ungefähr so gerechnet: ein Asbach = ein Kuß.

Wenn die mich nach Hause brachten und was wollten, habe ich mich losgerissen und gesagt: ,,Du bist auch nur ein Kerl mit einem Pimmel."

In dieser Verfassung lernte ich meinen Mann kennen. Ich war gerade 17 und glaubte schon fast, Alkoholikerin zu sein.

In dem Ort, in dem ich wohnte, machte er eine Discothek auf. Ich ging oft abends hin und war auch oft besoffen.

Eines Tages fragte er mich, ob ich nicht Lust hätte, ihm hin und wieder hinter der Theke zu helfen. Ich hatte ein Glas Asbach in der Hand, als er das fragte. Er machte zur Bedingung, daß ich keinen Alkohol mehr trinke. Ich sehe ihn noch heute vor mir stehen. Keinen Alkohol mehr . . . Ich sehe seine Augen noch vor mir — ganz klar und blau — das Bild hat sich in mein Herz eingegraben. Später habe ich es in Gedichten festgehalten. Ich weiß nicht, ob ich in dem Augenblick nicht schon in ihn verliebt war? Aber eines ist sicher, er hat mich vom Alkohol befreit. Allerdings habe ich an dem Abend noch getrunken. Am anderen Tag bekam ich eine Heidenangst, weil ich getrunken hatte, und ich fieberte und fragte mich, ob er sein Angebot wohl ernst gemeint hatte. Keinen Alkohol mehr . . .

Ich fuhr zu ihm hin. Er hatte es ernst gemeint. Zum ersten Mal im Leben nahm mich jemand ernst. Das war eine wichtige Erfahrung. Ansonsten hatten mich die Leute nur verarscht — so wie ich sie. Verstehst Du?

Ich fing an, bei ihm zu arbeiten. Ich arbeitete gut und völlig ohne Alkohol.

Unsere Beziehung fing so an, daß wir uns nach der Arbeit unsere Probleme erzählten. Oft erzählten wir die ganze Nacht durch — bis zum frühen Morgen. Später, als ich verzweifelt und traurig war wegen ihm, mußte ich oft zurückdenken an die Nacht, in der er sich in meinem Schoß ausgeweint hat.

Zum ersten Mal hatte ich das Gefühl, mit einem Menschen wirklich reden zu können. Wir verstanden uns, obwohl er soviel älter war als ich. Wir haben uns mit dem Kneipendienst abgewechselt. Eine Woche er — eine Woche ich. Bis er dann eines Tages verlangte, ich müsse auch anwesend sein, wenn er in der Disco sei. Da fing es schon an. Einmal, als ich die Disco gerade hinter den letzten Gästen schloß, kam er besoffen an. Er war gereizt und jähzornig, wie später immer, wenn er Alkohol trank. Zu mir sagte er: ,,Hau ab, besoffenes Flittchen." Ich mußte weinen, und es tat ihm leid, und er schlug vor, noch einen trinken zu gehen. In der Wohnung eines Freundes wollte er dann mit mir schlafen. Er legte sich ins Bett — aber ich blieb im Wohnzimmer bei einer Freundin. Als er aufstand und mich schlug, bin ich abgehauen. Am anderen Tag bin ich wieder zu ihm gegangen. Nicht nur wegen dem Nebenverdienst. Ich hatte meine Lehre als Verkäuferin bereits beendet und die Prüfungen mit sehr gut bestanden; ich konnte arbeiten.

Vielleicht fing damals schon dieser Widerspruch an. Ich wollte nicht von ihm gedemütigt werden und geschlagen und immer eine Stufe unter ihm sein, aber immer suchte ich einen Weg zu ihm.

Ich habe diesen Mann sehr geliebt. Du kannst meine Gedichte und Briefe lesen, wie meine Gefühle miteinander gerungen haben.

Aber gerade mit dieser Liebe hat er mich fertiggemacht. Er merkte, daß er mit mir machen konnte, was er wollte. Ich hätte ihm nicht nachgeben dürfen. Schon damals nicht, als er redete und redete, um mich von meinen Eltern wegzukriegen. Mein Vater sagte: ,,Bleib hier'', aber Paul hat mich solange in Gespräche verwickelt, bis mein Vater mich rausschmiß.

Ähnlich verhielt es sich mit der Freundesclique. Er hat meinen Freundeskreis kaputtgemacht. Ich durfte keinen Bekannten mehr bedienen. Das machte er, weil er dachte, ich würde denen die Getränke umsonst geben. So hatte ich eines Tage nur noch ihn. Ich war von ihm abhängig. Als er kein Geld hatte, um einen Wechsel zu bezahlen, gab ich ihm DM 2.000,—, die ich gespart hatte, und er überschrieb mir die Hälfte von dem Laden. Das hatte ich verlangt. Bald darauf hatten wir uns pro forma verlobt. Wir hatten noch nicht einmal zusammen geschlafen — und bis auf das eine Mal hat er mich auch nicht mehr geschlagen. Wohl war er oft gereizt und böse.

An unserem Verlobungstag haben wir die Disco wegen ,,Familienfeier'' geschlossen. Wir sind rausgefahren und abends in eine Disco gegangen. Plötzlich hatte er eine andere Frau im Arm, an unserem Verlobungstag. Mir hat er ein Taxi bestellt, ich sollte nach Hause fahren. Als mir während der Heimfahrt sein Spiel bewußt wurde, befahl ich dem Taxifahrer umzukehren. Mein Mann saß in der Ecke und knutschte mit der anderen Frau. Ich bin hin und habe ihm eine gescheuert. Dann bin ich wieder gefahren. Morgens kam er dann an und hat mich richtig zusammengeschlagen.

Ich bin zu meinen Eltern zurück, aber die ließen mich nicht rein. Auch eine Freundin wies mich ab. In einer Bahnhofsgaststätte habe ich das Blut abgewaschen und mich verbunden. Dann mußte ich zurückgehen.

Es tat ihm leid — und dennoch kriegte ich von dem Tag an regelmäßig meine Prügel. Ich habe auch geglaubt, daß es ihm hinterher leid tat.

Nicht immer sah ich Paul wie ich ihn heute sehe. Damals kam er mir manchmal vor wie ein billiges Abziehbild eines Zuhälters aus Kitschromanen. Aber das habe ich immer wieder vergessen wollen; ich wollte nicht an die Gemeinheiten denken. Denn ich dachte, dieser Mann, der mich schlägt, ist nicht der Mann, den ich liebe, sondern ein Mensch, der in seinem Leben nie erfahren hat, was Liebe und Vertrauen ist. Er ist zu oft enttäuscht worden und seine Gefühle haben sich deswegen aufgestaut und brechen in ihrer Brutalität heraus. Schuld daran ist seine Erziehung und seine Umwelt. Nicht er, nicht der Mann, der auch so lieb und zärtlich sein kann. Ich dachte damals noch, daß Liebe solche Wunden heilen kann, daß meine Liebe ihm helfen kann. Immer wieder habe ich daran geglaubt, auch wenn ich vor ihm weggelaufen bin.

Einmal hat mich ein Mann in der Disco ununterbrochen schwärmerisch angestarrt. Mein Mann hat das beobachtet, ohne daß ich es merkte. Die Blicke des Mannes haben mich ein wenig unsicher gemacht, ich bin wohl rot geworden — aber ich habe nicht einmal mit ihm gesprochen, ihm nur das Getränk hingestellt.

Da kam er plötzlich hinter die Theke und meinte, ich hätte was mit dem Mann; ich solle meine Koffer packen. Ich wurde böse und schrie ihn an, daß das nur Vermutungen seien. Er zischte: ,,Ruhe, sonst hau ich dich vor den Leuten zusammen." Doch ich konnte nicht den Mund halten. Da hat er mich verprügelt. Ein paar Jungs, die mir helfen wollten, kamen gegen ihn nicht an. Er ist ein kräftiger Koloss. Alle Leute hauten ab. Sie wollten das Spiel nicht mitmachen. Auf der Theke stand eine halbvolle Flasche Weinbrand — er soff sie in einem Zug aus und zerschlug sie in meinem Gesicht. Mein Nasenbein war gebrochen, die Augenbraue geplatzt. Ich blutete überall — aber er schlug weiter auf mich ein — bis zum anderen Morgen um 6.00 Uhr.

Als er seinen Rausch ausgeschlafen hatte, holte er mich aus dem Bett. Ich mußte mit ihm durch den ganzen Ort — so wie ich aussah — einen Freund in einer Disco besuchen. Ich bat ihn, mich nach Hause zu fahren, und als er es tat — und wieder abhaute, bin ich zu meinen Eltern zurück. Als meine Mutter mich so sah, hat sie mich doch reingelassen. Doch als mein Vater abends kam, setzte er mich vor die Tür.

Ich bin zu einer Freundin gefahren, die abends in einer anderen Disco arbeitete. Mein Mann hat sie abends angerufen und ihr gedroht. Sie bat mich, ins Big Ben zu kommen. Als ich dann ankam, wartete er schon auf mich. Er schrie: ,,Komm raus!" Und draußen schlug er mich wieder zusammen.

Nun hatte ich nur noch Angst, daß er mich totschlägt und war ganz klein und gefügig. Komischerweise mußte ich an meinen Vater denken, während er mich prügelte, und ich spürte zum ersten Mal Haß in mir.

Als Kind hatte ich meiner Mutter geraten, sich von meinem Vater zu trennen, weil er sie schlug. Nun stand ich selber da. Ich liebte und haßte den gleichen Mann.

Als er mich am anderen Tag wieder schlug, bin ich zu einem Taxi gelaufen und habe mich ins Krankenhaus fahren lassen. Der Taxifahrer hatte Mitleid mit mir. Er wartete, bis ich wieder aus dem Krankenhaus rauskam, und ich erzählte ihm alles. Er riet mir, aus Deutschland zu verschwinden. Ich konnte bei ihm übernachten und suchte mir eine Stelle als Hausmädchen in der Schweiz. Zufälligerweise kannte er da was. Innerhalb einer Woche war alles perfekt. Mit Hilfe meines Bruders holte ich meine Sachen ab. Paul ließ mich gehen. In der Schweiz habe ich zwei Wochen bei einer Familie gearbeitet, bis Paul mich wieder holen kam. Er sagte, daß er sich ändern wolle und daß er mich liebe. Ich müßte ihm nur helfen, dann könne er sich ändern. Doch im Hotel ging es wieder los. Er schloß mich drei Tage ein. Meine Sachen hatte er bereits geholt. Ich hatte meine Stelle gekündigt. Am vierten Tag durfte ich eine Stunde raus; ich hatte vorher Geld in meinen Mantelsaum genäht und bin zum Bahnhof gewetzt.

Ich mußte auch nicht lange auf einen Zug nach Deutschland warten. Gerade saß ich eine Stunde im Zug, da betrat er das Abteil. Er lächelte und sagte, das habe er sich gedacht. Er sei die ganze Zeit hinter mir her gewesen.

Nun war er mit der Trennung einverstanden. Er sagte, er sähe nun auch, daß es nicht ginge. Wir sind dann wieder zurückgefahren, um alle Sache zu holen und um uns endgültig auszusprechen. Zuerst war er ruhig und einsichtig. Doch dann drehte er durch, als mir beim Zusammenpacken ein Bild von meinem Bruder aus der Tasche fiel. Er brüllte: ,,Mit dem haste auch gefickt. Dann kann ich auch noch mal." Nachdem er mich vergewaltigt hatte, stopfte er mir das Bild von meinem Bruder in die Scheide. Das war in der Schweiz.

Von da aus bin ich zu einer Tante nach E. gefahren. Ich habe dort gewohnt und gearbeitet. Weihnachten bin ich dann nach Hause zu meinen Eltern gefahren. Mein Mann erfuhr das durch Freunde, die mich gesehen hatten. Er kam und wollte mit mir reden. Ganz freundschaftlich, weil er nicht wollte, daß ich ein schlechtes Bild von ihm zurückbehalte. Wir trafen uns mehrere Male und versöhnten uns wieder. Seine Disco hatte er verkauft. Wir zogen beide zu seiner Mutter. Seine Mutter und ich, wir arbeiteten. Er nicht. Wir fanden heraus, daß er nur schlagen muß, wenn er trinkt. Und er bemühte sich sehr, nicht mehr zu trinken. Das ging 1/2 Jahr gut. Bei einer Feierlichkeit passierte es dann wieder. Er schlug mich danach zusammen.

Meine Eltern waren im Begriff, nach F. zu ziehen, und ich entschloß mich mitzuziehen. Er sagte nicht viel, beschimpfte mich nur, als ich die Koffer packte.

Das was 1974. Ich bekam eine Stelle im Flughafen als Verkäuferin. Beruflich hatte ich Erfolg. Aber ich litt sehr unter der Trennung. Ich begann, Tagebuch zu führen, um meinen Kummer ein wenig loszuwerden. Du kannst nachlesen, wie furchtbar die Trennung für mich war — und wie ich all die Widersprüche nicht verarbeiten konnte.

Zitat aus dem Tagebuch:
Was wird aus mir, was fange ich ohne ihn an? Ich habe gesagt: Ich gehe Don-

nerstag. Er hat gesagt: Ja, du gehst Donnerstag. Ja, ich bin gegangen, denn ich bin keine Kreatur, die man mit Gewalt dressieren kann. Du bist eine Herrschernatur, und du machst mir Angst. So kann ich dich als meinen Mann nicht akzeptieren. Ich muß mit meinem Mann reden können, ohne Angst zu haben und ohne aufpassen zu müssen, was ich sage.

So ging es nicht mehr — und so will ich es auch nie mehr, auch nie mehr, wenn wir wieder zusammenkommen. Ich kann dich nicht vergessen, und jetzt träume ich von dir. Von deiner Zärtlichkeit, Träume sind Schäume, ich weiß. Aber die Wirklichkeit heißt: 3 Wochen Glück und dann wieder Mord und Totschlag. Und ich bin dann wieder die Unterlegene, ob schuldig oder nicht schuldig. Du stehst immer über mir.''

Nach einem halben Jahr bekam ich Herzstiche. Durch diese Herzstiche, die psychische Ursachen hatten, war ich eine Zeitlang halbseitig gelähmt. Ich lag in der Uni-Klinik. Er hat mir viel geschrieben — in den unterschiedlichsten Stimmungen. Einmal von Liebe und Treue — und dann wieder lauter Demütigungen und Verzweiflung. Der Arzt verbot mir dann die Post, weil es mir nur schadete.

Nach einiger Zeit kam er mich besuchen. Er war lieb wie nie zuvor. Als ich aus dem Krankenhaus entlassen wurde, bin ich mit ihm zurückgefahren. Wir haben geheiratet. Er war rührend um meine Gesundheit besorgt. Wir zogen nach O. und übernahmen eine Gaststätte. Ich wurde schwanger.

Und am Eröffnungstag unserer Gaststätte schlug er mich wieder.

Dann habe ich zweimal die Scheidung eingereicht, aber sie jedesmal zurückgezogen. Durch Verschulden meines Mannes brannte die Gaststätte ab. Er wollte mich mit dem Kind umbringen, ich war im 8. Monat. Er hat das Feuer selbst gelegt und es hinterher als Brandstiftung von außen dargestellt. Wir nahmen eine andere Gaststätte. Aber die brachte keinen Umsatz. Wir machten Schulden über Schulden. Dann kam das Kind. Dirk war 3 Tage alt, als mein Mann mich besuchen kam. Er sagte, der Hund sei krank, ich solle nach Hause kommen. Ich ging nach Hause — auf eigene Verantwortung. Er wollte Sex. Dirk war kaum geboren, da wurde ich wieder schwanger.

Auf seinem Geburtstag wollte er sich scheiden lassen. Er ging weg, kam jedoch abends zurück und randalierte in der Gaststätte so sehr, daß ich die Polizei rief. Das hat er mir nie verziehen. Er schlug mich. Nach einem Monat ging ich weg zu meiner Schwiegermutter. Sie redete mit ihm, daß es sinnvoll sei, die Gaststätte aufzugeben. Wir mieteten eine Wohnung. Nach einem Jahr mußten wir raus, weil mein Mann zuviel Lärm machte. Wir mieteten in I. ein Haus. Dann kam Tina zur Welt.

3 Tage vor der Geburt hat er mich so verprügelt, daß ich 3 Rippen in der Lunge hatte. Damit meinem Mann nichts passierte, habe ich Theater gespielt. Wir haben im Wald ein paar Äste durcheinandergewühlt, und ich habe mich dahingelegt, bis jemand kam. Ich sagte, ich sei überfallen worden. Dann kam mich eine alte Freundin in I. besuchen. Sie kriegte das ganze Theater mit und sagte: ,,Du mußt weg, du mußt endlich selbständig werden." Ich redete noch einmal mit meinem Mann. Er war verständig — doch als ich dann mal allein mit meiner Freundin wegging, schlug er mich wieder. Ich reichte die Scheidung ein — und meine Freundin unterstützte mich moralisch.

In einer Zeitung, Beilage NRW, fand ich einen Artikel über Frauenhäuser: Geschlagene Frauen brauchen keine Angst mehr zu haben. B. war noch nicht weit genug war; ich fuhr nach K.

Nun bin ich wieder weg von Zuckerbrot und Peitsche. Ich war wie Wachs in seinen Händen. Wenn mein Mann die geschlagenen Stellen streichelte, schmolz ich förmlich dahin. Ich saugte seine Zärtlichkeit auf, wie ein Schwamm das Wasser saugt. Ich habe ihn geliebt und verwöhnt, von hinten bis vorne. Sogar die Zahnpasta habe ich ihm auf die Bürste getan, damit er es nicht tun mußte. Nun ist es vorbei. Der Mann hat seine Tochter auf dem Gewissen. Tina hat einen Schwamm im Kleinhirn, es besteht Gefahr für ihr Wachstum. Das kommt durch äußere Einwirkungen während der Schwangerschaft. (Hiebe und Schläge auf den Leib). Sobald ich das Gutachten habe, zeige ich ihn an.

Ähnlich war es ja bei dem Jungen. Er hat mich so geschlagen, daß bei dem Ungeborenen durch Stromstöße Herzmassagen gemacht werden mußten. Der hat schon viele Anzeigen wegen Körperverletzung am Hals. Das macht ihn nur wütend, sonst nichts.

Ich stehe heute Männern sehr mißtrauisch gegenüber. Obwohl sicher nicht alle gleich sind. Aber ich habe das Gefühl, auch einmal an so einem Typ meinen Haß auslassen zu müssen. Weißt du, so ein Mann, den ich aus der Klause kenne (Kneipe) fängt mit mir was an — und ich erfahre von seinen Freunden, daß er kurz vor der Hochzeit steht. Ich habe mich regelrecht mit ihm geprügelt. Dieser Haß ist vielleicht auch nicht gut für mich; ich bin im Grunde sehr anlehnungsbedürftig.

Meinem Mann kann ich keine Chance mehr geben, nachdem ich das mit der Tina weiß. Er hat mir alles kaputtgemacht. Meine Jugend, was könnte ich beruflich schon alles gemacht haben. Wenn ich jetzt einen Menschen höre, der ganz naiv vom Glück in der Familie redet, dreh ich durch. Das passiert im Haus schon mal.

Verdammt; ich hatte nie Minderwertigkeitskomplexe, aber durch meinen

Mann bin ich nur noch ein Komplex. Neben ihm war ich ein Nichts. Vielleicht kann ich durch beruflichen Erfolg wieder zu mir finden und meine Komplexe überwinden.

Ich habe, verdammt noch mal, DM 38.000,— Schulden, die auf meinen Namen laufen, denn er hätte für die Gaststätte gar keine Konzession mehr gekriegt. Ich hatte oft vor, mich umzubringen, oft.

Aber über diesen Gedanken werde ich wütend, und diese Wut gibt mir Kraft. Dann renne ich z.B. wie wild los — und suche eine Wohnung. Wenn ich eine Wohnung habe, richtet sich meine nächste Wut auf das Sozialamt. Von denen will ich nicht leben. Ich werde Arbeit finden. Und vielleicht kann ich dann eine Abendschule besuchen. Ich wollte schon immer eine Hotelfachschule besuchen. Jetzt kann ich es schaffen, weil er mir nichts mehr kaputtmachen kann.

Mein 18jähriger Bruder kommt vielleicht zu mir und kümmert sich um die Kinder, wenn ich arbeite. Vielleicht, wenn nicht, finde ich andere Wege. Ich muß aufpassen, daß ich die Gewalt, die mir mein Mann angetan hat, nicht an die Kinder weitergebe. Der Gedanke kommt mir, wenn ich Dirk schlagen möchte, daß ich nur weitergeben will, was Paul mir angetan hat.

Ich werde niemals mehr von einem Mann Vorschriften annehmen, geschweige denn Schläge. Schade, daß mein Vertrauen so kaputt ist. Mein Wunsch nach Zärtlichkeit und Anlehnung und meine Erfahrungen — das widerspricht sich total.

Heike nahm sich eine eigene Wohnung, ging dennoch nach einiger Zeit zu ihrem Mann zurück. Sie bekam wieder Schläge und lebt zum jetzigen Zeitpunkt in einem anderen Frauenhaus.

Analyse der Lebensgeschichten

Die Einzelschicksale von Gisela, Maria, Erika, Anna und Heike sind das Frauenschicksal

Eine verwegene Behauptung? Nein.

Niemand kann sich angesichts dieser Lebensgeschichten dem Gefühl der Beklemmung entziehen. Wir wissen, daß viele Frauen sich beim Lesen beruhigen werden mit Sätzen wie: Gott sei Dank, mir ist so etwas nicht passiert — Mir könnte das nicht passieren — Mein Mann würde das nicht wagen — Ich würde mir das nicht gefallen lassen — usw. usw.

Die Analyse der Lebensgeschichten wird diesen Leserinnen jedoch zeigen, daß sich keine Frau von diesen fünf Schicksalen distanzieren kann. Sie werden sich darin wiedererkennen. Die Tatsache, daß sie selbst von ihren Männern nie geprügelt wurden, verliert an Bedeutung.

Dem ,,typischen'' Frauenschicksal entgeht heute keine Frau. Wir müssen ihm auf die Spur kommen, um für uns Frauen einen menschenwürdigen Weg zu finden. Es wird ein harter Weg. Niemand wird uns dabei helfen. Im Gegenteil. Die, die in unserer Gesellschaft die Macht haben, arbeiten gegen uns. Noch finden sie auch die Unterstützung vieler Frauen. Dafür mag ein beliebiges Beispiel stehen, das wir einer rheinischen Tageszeitung entnommen haben:

,,Die Katholische Frauengemeinschaft Dekanat. . . lädt ein zur Stunde der Frau. . . Pfarrer . . . spricht zu dem Thema ,,Opfer und Verzicht''. . .

An dieser Stelle wollen wir uns jeden Kommentar ersparen.

Wir haben aus den Lebensgeschichten die im Folgenden ausgeführten Thesen entwickelt. Diese Thesen sollen zum Nachdenken und Weiterentwickeln anregen.

Frauen ertragen Gewalt, weil sie immer wieder auf eine Verbesserung der Beziehung hoffen

Das Verhalten des Mannes, das die Frau als ,,Fehlverhalten'' erlebt, löst das Leid der Frau aus. Fehlverhalten ist für die Frau außer der körperlichen Mißhandlung auch das Fremdgehen, Trinken oder wenn der Mann gar nicht oder nur unregelmäßig arbeitet. Durch dieses Fehlverhalten fühlt sich die Frau körperlich und seelisch bedroht, und zwar in ihrem persönlichen Selbstverständnis und in ihren Erwartungen an Ehe und Familie. Trotzdem versucht sie ständig, eine Erklärung für das Verhalten ihres Mannes zu finden, um ihn zu verstehen. Immer wieder hat sie Hoffnung, bleibt bei ihrem Mann, hält aus. Sie bleibt gefangen in dem Ghetto, das sich Liebe nennt.

Eine kleine Geste, ein freundliches Wort läßt Frauen die erfahrene Gewalt vergessen.

Selbst Frauen, die über viele Jahre regelmäßig die Gewalttätigkeit ihrer Männer erduldeten, sind davon überzeugt, daß es sich dabei nur um vorübergehende, außergewöhnliche Ausnahmeerscheinungen handelt. Sie führen seine Gewalttätigkeit auf Ursachen wie unglückliche Kindheit, Heimerziehung, schlechten Umgang oder Alkoholeinfluß zurück. Wenn sie nur immer zu ihm stehen, so hoffen sie, wird er sich im weiteren Verlauf der Ehe schon ändern.

Diese nahezu unerschütterliche Hoffnung ist der Grund, warum Frauen die Gewalttätigkeiten ihrer Männer so lange ertragen. Sie hoffen, daß der Mann sich ändert, wenn
— sie erst eine größere Wohnung haben,
— er nicht mehr trinkt,
— er einen besseren Umgang hat,
— erst einmal ein Kind da ist,— er mehr verdient.

Auf diese und ähnliche Hoffnungen, die sich nie erfüllen, stützen sich die Frauen immer wieder, um sich dann neue Hoffnungen zu machen, an die sie sich verzweifelt klammern. Darum sagen uns die meisten Frauen auf unsere Frage, warum sie nicht schon viel früher auf und davon gegangen sind: ,,Ich hatte immer wieder die Hoffnung, daß mein Mann sich doch noch ändert.''

So wie Anna: ,,Zwischendurch hatte ich immer wieder Hoffnung, daß alles besser werden würde mit uns. Aber nach drei bis vier Wochen gab es jedesmal einen großen Knall.''

Frauen suchen und finden die Bestätigung ihrer Hoffnungen in kleinen Gesten, Äußerungen und Versprechungen des Mannes. Ein nebenbei ausgesprochenes Kompliment, ein kleines Lob oder das durch den morgendlichen Kater ausgelöste Versprechen des Mannes, sich zu ändern, läßt die Frauen immer wieder aufs neue ausharren.

Die überwiegende Mehrheit der Frauen hat die gesellschaftlich verankerte Forderung, daß sie für das Funktionieren der Ehe verantwortlich sind, so stark verinnerlicht, daß sie die gegen sie gerichtete Gewalt des Mannes zu allem Überfluß auch noch als ein Zeichen seines Leidens empfinden. Das führt zu der masochistisch anmutenden Forderung der Frauen an sich selbst: ,,Ich muß ihm da raushelfen."

Immer wieder beziehen Frauen das Verhalten ihrer Männer auf sich. Das zeigen ihre Reaktionen, ihre Gefühle der Minderwertigkeit, des Selbstzweifels.

Mit dem ersten Schlag beginnt der Mann seine Gewaltkarriere.

Nur in den seltensten Fällen reagieren sie mit energischer Zurückweisung, wenn sie von ihren Männern angegriffen werden. Die Ursache für diese Angriffe suchen sie bei sich. Sie sind die Versagerinnen, die Nieten, die, die alles falsch machen.

Unserem niederschmetternden Forschungsergebnis, daß Frauen sich an die Hoffnung klammern, das Verhalten des Mannes könnte sich ändern, steht die Beobachtung gegenüber, daß bei nahezu allen Männern eine Hemmschwelle besteht, die sie zunächst daran hindert, ihre Frauen körperlich zu mißhandeln. Ist aber diese Hemmschwelle erst einmal überwunden — und sei es unter Alkoholeinfluß — schlagen die Männer immer häufiger. Aus jeder, von uns gemeinsam untersuchten Lebensgeschichte läßt sich die Gewaltkarriere der Männer ablesen. Die zeitlichen Abstände zwischen den einzelnen Mißhandlungen werden immer kürzer, und die Art der Mißhandlungen wird immer brutaler. Es wird für die Männer immer selbstverständlicher, ihren Frauen gegenüber gewalttätig zu sein. Es erweckt den Anschein, als empfänden Männer geradezu Lust an der Gewalt gegen ihre Frauen. Sie suchen geradezu nach Gründen, um ihre Frauen mißhandeln zu können.

,,Mit jedem Kind gab es mehr Prügel. Die Abstände, wo es keine Prügel gab, wurden immer geringer."

,,Ich mußte alles machen. Er hatte wichtigere Sachen im Kopf. Ob er da war oder nicht. Er hat mich hinterher ununterbrochen geschlagen."

,,Nach der ersten Mißhandlung wurd's dann mit der Zeit immer schlimmer."

,,Er soff nur noch. Arbeiten mußte ich, während er trank. Und wenn ich nach Hause kam, mußte ich alle Arbeiten für ihn tun. Schlagen tat er mich dann immer regelmäßiger."

,,Dann kam die Taufe. Er schlug mich total zusammen, weil ich ihn bat, wenigstens mal am Tag der Taufe zu Hause zu bleiben."

Eine Frau erträgt Gewalt aus Sehnsucht nach Liebe und Geborgenheit

Gisela: ,,Das wird mir wohl erhalten bleiben: die Sehnsucht nach einem Zuhause. Ich suchte immer jemand, der mich gern hat."

Heike: ,,Wenn mein Mann die geschlagenen Stellen streichelte, schmolz ich förmlich dahin. Ich saugte seine Zärtlichkeit auf wie ein Schwamm das Wasser."

,,Du bist eine Herrschernatur, und du machst mir Angst. Ich bin keine Kreatur, die man mit Gewalt dressieren kann. Ich kann dich nicht vergessen, und jetzt träume ich von dir, von deiner Zärtlichkeit."

Anna: ,,Wie konnte ich nur zum zweiten Mal den gleichen Mann heiraten? So was nennt man wohl große Liebe, und das war er halt für mich."

Im Namen der Liebe opfern Frauen ihre Menschenwürde, ihr Selbst, so lange, bis ihr Leid ein nicht mehr zu ertragendes Ausmaß angenommen hat. Und dennoch hoffen wie weiter auf die ,,große Liebe". Immer und immer wieder. Immer und immer wieder werden sie enttäuscht.

Die ausschließliche Hoffnung auf die große Liebe ist der Irrweg der Frauen.

Eine Frau erträgt Gewalt, weil sie keine Alternative hat

Die hier vorgelegten Lebensgeschichten ebenso wie die Gespräche mit den vielen anderen Frauen im Frauenhaus belegen, daß viele Frauen die Gewalttätigkeiten ihrer Männer 20, 30 Jahre und mehr aushalten. Warum? Die Hoffnung auf eine Änderung im Verhalten des Mannes ist es nicht allein. Sie sehen für sich und ihre Kinder keinen Ausweg. Sie sehen einfach keine Möglichkeit, aus diesem Leben auszubrechen.

,,30 Jahre meines Lebens habe ich darauf gewartet, endlich wegzukommen von meinem Mann. Wenn es damals schon ein Frauenhaus gegeben hätte,

---

Frauen, die ihre schlagenden Männer verlassen, gehen ins gesellschaftliche Abseits.

---

wäre ich keine Stunde länger bei ihm geblieben. Aber wo sollte ich denn hin? Sollte ich mit den Kindern auf die Straße gehen?"

,,Doch, also ich wollte schon öfters weg, wenn ich gewußt hätte, wohin. Also ich war praktisch in der Beziehung ziemlich abhängig. Denn er wußte ganz genau, daß ich nicht weiß, wohin."

Die meisten Frauen, die zu uns ins Frauenhaus kommen, sind Hausfrauen. Vielfach haben sie keine abgeschlossene Berufsausbildung. Die wenigsten verfügen über ein eigenes Einkommen. Fast alle sind finanziell von ihrem Mann abhängig. In der Regel haben sie noch unmündige Kinder. Sie fühlen sich dadurch zusätzlich an den ,,Wohnungsinhaber und Ernährer der Familie" gebunden.

Frauen mit mehreren Kindern, denen die finanziellen Mittel fehlen, für sich und ihre Kinder eine neue Existenz aufzubauen, haben kaum eine Möglichkeit, aus dem bestehenden Gewaltverhältnis auszubrechen. Tun sie es dennoch, bietet ihnen unser Wohlfahrtsstaat nur zwei Möglichkeiten: entweder ins Obdachlosenasyl oder ins Heim zu gehen. Ihr Ausbruch aus dem Gewaltverhältnis würde ihr gesellschaftliches Ansehen katastrophal verschlechtern.

Gewalt macht Frauen mutlos, hilflos, ängstlich und krank

Erika: ,,Einfach hier. . . die Kraft weiterzumachen, weiterzuleben. Ich hab keine Lust mehr."
,,Mir ist dat jetzt egal, ob ich auf der Welt bin oder nit auf der Welt bin."
,,Wenn ich noch son paar Niederschläge krieg; ich weiß nit, wie sich dat auswirkt."
,,Ich war nervlich ziemlich am Ende. . . Dat Menschliche sehen die doch da nit."
,,Wat ich am Hals hab, dat is mir dermaßen über den Kopf gewachsen."
,,Und dann kommt sowas, wo du praktisch keine Macht drüber hast. . . oder durch Unerfahrenheit, daß ich nit wußte, wie kannste ihm helfen."

Anna: ,,Ich war kaputt und hatte Angst."
,,Meine Nerven wurden immer schlechter."
,,Ich konnte nichts mehr sagen, auch nicht schreien. Mein Körper war gelähmt, und ich fühlte mich dem Ersticken nahe. Wie kann ein Mensch so gemein sein? Diese Situation habe ich nie verwunden."
,,Ich war im fünften Monat schwanger und war völlig im Boden zerstört."
,,Er blieb drei Tage weg, und ich steckte voller Angst. Ich bestand nur noch aus Angst."
,,Ich hatte Existenzangst. Angst, nicht durchzukommen."
,,Zu sämtlichen Ärzten bin ich gegangen. Alle konnten nichts feststellen. Bis mir ein Internist sagte, ich sei körperlich völlig gesund, ich hätte eine schwere Depression. Er schickte mich zu einem Psychotherapeuten. Da ging ich viermal hin. Hinterher traute ich mich nicht mehr, weil mein Mann mir drohte, mich in eine Heilanstalt zu stecken."
,,Ich hatte herausgefunden, daß ich nur Angst vor meinem Mann hatte und daß sich diese Angst auf meine ganze Lebenssituation ausdehnte, auf alles, was ich tat, so daß mir ständig die Knie zitterten."
,,Ich hatte immer Angst, eine Niete zu sein."

,,Nichts mehr, gar nichts mehr konnte ich tun; ich zitterte und ängstigte mich Tag und Nacht."
,,Nachts konnte ich nicht mehr schlafen. Es war, als säße ich ständig auf einem Pulverfaß."
Heike: ,,Nach einem halben Jahr bekam ich Herzstiche. Durch diese Herzstiche, die psychische Ursachen hatten, war ich eine zeitlang halbseitig gelähmt."
,,Ich hatte oft vor, mich umzubringen, oft."

Gewalt gibt Frauen das Gefühl, minderwertig zu sein und versagt zu haben

Heike: ,,Verdammt; ich hatte nie Minderwertigkeitskomplexe, aber durch meinen Mann bin ich nur noch ein Komplex. Neben ihm war ich ein Nichts."
,,Ich wollte nicht von ihm gedemütigt und geschlagen werden und immer eine Stufe unter ihm sein."
,,Ich hatte nur noch Angst, daß er mich totschlägt und war ganz klein und gefügig."
Anna: ,,Dann mußte ich neben ihm sitzen, wenn er seine Freundin anrief. Ich zitterte vor Wut und konnte diese Wut nicht loswerden. Ich hätte den kürzeren gezogen. Buh — das war alles so entwürdigend. Ich fühlte mich wie der letzte Dreck."
,,Ich hatte immer Angst, eine Niete zu sein. Er verlangte von mir die unmög-

**Beschimpft, vergewaltigt, abgewertet, allein gelassen –
Hure und Niete, je nach des Mannes Lust**

lichsten Sachen sexuell und dann sagte er, ich sei eine Niete und keine Frau."
,,Die Dinge, die er forderte, lehnte ich ab, obwohl ich immer Angst hatte, eine Niete zu sein."
,,Am anderen Morgen hat er mich dann verprügelt, daß mein Nasenbein gebrochen war. Anschließend hat er mich dann vergewaltigt, denn ich war ja nichts besseres für ihn als eine Hure."
Erika: ,,Hier. . . die Kraft weiterzumachen, weiterzuleben. Ich hab keine Lust mehr."
,,Und in der Verfassung. . . ich sag ja, mir ist dat jetzt egal, ob ich auf der Welt bin oder nit auf der Welt bin, weil ich mich ja sowieso als Versager ansehe. Der Haß, der in mir drin ist, wat soll ich den Kindern denn mitgeben? Ich hab keine Lust mehr, da groß zu kämpfen."
,,Ich weiß auch nit, wat ich jetzt will, wat ich jetzt machen soll. Ich wollt einfach nit unnütz auf der Welt sein."
,,Ich sehe doch, Liebe, dat is ne Schwäche in der heutigen Zeit."

Warum haben Frauen Minderwertigkeitsgefühle? Warum haben sie Angst und Komplexe? Warum fühlen sie sich wie der ,,letzte Dreck", wie ein ,,Nichts", als Versagerinnen? Die Zitate machen es deutlich. Sie sind in ihrem Selbstwertgefühl, in ihrer von der Gesellschaft verlangten Frauen-Existenz als Person bedroht. Sie sind in ihrer Identität angegriffen. Sie sind auf brutalste Art gedemütigt worden. Die Frage, was es für das Selbstwertgefühl eines Menschen bedeutet, so behandelt zu werden, beantwortet sich selbst.

Wir Frauen stehen nicht nur eine ,,Stufe unter den Männern", wir werden darüber hinaus als Nieten und Huren beschimpft, vergewaltigt, abgewertet, alleingelassen.

Gewalt erzeugt bei Frauen zunächst Widerstand und dann nur noch Angst

Die Lebensgeschichten zeigen, daß Frauen nicht nur Angst haben, sondern sich anfangs auch zu wehren versuchen.

Diese beiden Reaktionen wechseln einander zunächst ab, vermischen sich und münden letztlich in die Ausweglosigkeit.

Anna: ,,Mit allen Mitteln versuchte ich, mich zu wehren: Liebesentzug, völlige Verweigerung, schlafen in getrennten Zimmern. Es half alles nichts."

Dieses ,,Es hilft alles nichts" ist eines der Gefühle, das Frauen dazu verleitet, in der gewalttätigen Situation zu verharren und ihren Widerstand letztlich bricht.

Manchmal wagen sie den Absprung. Sie gehen zu ihren Eltern, zu einer Freundin. Meistens müssen sie wieder zurück, weil sie dort keine Bleibe finden — aus Platzmangel. Viel häufiger jedoch gehen sie zurück, weil sie hier keine Hilfe und Unterstützung finden, sondern sogar auf Ablehnung stoßen.

Heike: ,,Dann mußte ich wieder zurückgehen."

Anna: ,,Wir verbrachten einen gemeinsamen Urlaub, um es noch einmal zu versuchen. Es hat nicht geklappt. Ich konnte auch irgendwie nicht mehr mit ihm. Ich fühlte mich ständig hintergangen."

Dennoch bleibt sie bei ihm, heiratet ihn nach der Scheidung wieder. Zweimal kommt sie ins Frauenhaus, zweimal geht sie zu ihm zurück.

Auch bei Heike wechseln das Hinnehmen von Gewalt und der Widerstand gegen die Gewalt einander ab. Sie sagt, sie will nicht von ihm gedemütigt und geschlagen werden. Dennoch sucht sie immer wieder ,,einen Weg zu ihm". Als ihr Mann ihr Vorwürfe macht, sie hätte was mit einem anderen, wird sie böse und schreit ihn an. Sie ,,scheuert" ihm eine, als er in der Discothek eine andere Frau ihm Arm hat. Da wehrt sie sich. Wenn er sie brutal zusammenschlägt, wehrt sie sich nicht.

Als sie sich längere Zeit von ihrem Mann trennt — auch dies ist Widerstand — leidet sie sehr unter der Trennung. Sie wirk krank, bekommt Herzstiche und ist eine zeitlang halbseitig gelähmt. ,,Als ich aus dem Krankenhaus entlassen wurde, bin ich mit ihm zurückgefahren. Wir haben geheiratet. Er war rührend um meine Gesundheit besorgt." Sie stellt die vorherige Situation, unter der sie leidet, wieder her.

Auch Erikas Reaktionen sind widersprüchlich. Sie hat Haß- und Rachegefüh-

---

Trotz der Widersprüchlichkeit ihrer Gefühle beweisen Frauen durch den Schritt ins Frauenhaus Mut und Stärke.

---

le, wenn ihr Mann sie schlägt. Gleichzeitig wird sie kraftlos und gleichgültig. Sie verliert den Mut zu leben. Sie weiß nicht mehr, wofür sie lebt. ,,Oft genug, dat ich dachte, hoffentlich . . . wat du jetzt mit mir machst, hoffentlich widerfährt dir das später mal, dat du dat all zurückkriegst."
,,Ich wußte, dat ich dat nit mehr lang mitgemacht hätte hier, wat ich vielleicht nachher bereut hätte. Ich weiß nit, wie dat ausgegangen wär. Dat ich vielleicht alles im Stich gelassen hätt und wär abgehauen. . . oder dat einzige — dat geb ich auch zu hier — ich bin auf den mit dem Messer losgegangen. Ich hätt den auch kalt gemacht. Soweit war ich."

Auf die Frage, ob sie zurückgeschlagen hat, wenn er sie schlug, sagte sie: ,,Ne, an und für sich nit. Doch einmal ist dat gewesen. Doch im allgemeinen nit. Ich bin höchstens weggelaufen. Und in der Verfassung. . . ich sag ja, mir ist dat jetzt egal, ob ich auf der Welt bin oder nit auf der Welt bin." — ,,Aber die Prügel sind nicht das Schlimmste gewesen. Dat Schlimmste is dat Provozieren, immer reizen. Nachher war es mir schon egal, wenn er saufen war oder so. Hauptsache, ich hatte meine Ruhe."

Es sind also nicht in erster Linie die Prügel, die sie so schlimm empfindet, daß sie nicht mehr weiß, wofür sie lebt. Es sind nicht nur die Prügel, die sie ihn hassen lassen. Da ist etwas, das schlimmer ist, schmerzhafter, demütigender, verletzender. . .

Außenstehende fragen immer wieder: ,,Warum löst sich die Frau nicht aus einer so gewalttätigen, unerträglichen Beziehung?" Diese Frage läßt sich mit der finanziellen und objektiven Abhängigkeit — z. B. durch Kinder — nicht hinreichend beantworten. Es gibt noch andere Gründe für den immer wieder in sich zusammenbrechenden Widerstand der Frauen, für die Widersprüchlichkeit ihrer Gefühle.

Was hat Heike erlebt, daß sie immer wieder „einen Weg zu ihm suchte?" Was ist bei Anna passiert?

Die hier wiedergegebenen Lebensgeschichten stehen für viele andere Frauenschicksale. Sie sind typisch für die meisten Frauen, die schließlich ins Frauenhaus flüchten.

Diese Frauen beweisen mit dem Schritt ins Frauenhaus Mut und Stärke. Wir Mitarbeiterinnen bewundern sie oft geradezu. Wir sind uns keineswegs sicher, ob wir in der gleichen Situation weggegangen wären.

Sie wagen nach vielen Ehejahren mit dem Bewußtsein der Verantwortung für ihre Kinder den Schritt ins Ungewisse. Sie kommen und haben nichts — keinen Beruf, kein Geld, keinerlei Sicherheit. Sie haben nur eins: Viele Sorgen.

Sie kommen aus einem Leben ohne Hoffnung, und sie gehen in ein Leben ohne Hoffnung, doch sie hoffen dennoch weiter. Und dann engagieren sie sich

---

Frauen kommen aus der Hoffnungslosigkeit und gehen in die Hoffnungslosigkeit.

---

im Frauenhaus, gestalten das Alltagsleben aktiv mit, beteiligen sich an Gruppenarbeiten, an Aktionen außerhalb des Hauses, schmieden Zukunftspläne. Für uns immer wieder unfaßbar: Gerade die aktivsten Frauen gehen zurück zu ihren prügelnden Männern.

Andere Frauen wiederum zeigen sich im Frauenhaus apathisch. Es scheint, als würde der Tag ohne sie vergehen. Sie kommen nur schwer aus dem Bett. Die notwendigen Dienste im Haus machen sie nur auf Drängen der anderen Frauen. Sie „flüchten" früh am Abend in irgendwelche Kneipen. Auch diese Frauen gehen oft in die mißhandelnde Beziehung zurück — resigniert und deprimiert. Sie tun es in dem Bewußtsein, daß sie wieder geschlagen und gedemütigt werden. Doch das scheint ihnen das „kleinere Übel" zu sein.

Wir Frauen sind „die da unten"

Unsere Gesellschaft hat ihr eigenes Aussagesystem über uns Frauen. Sie sagt uns, was wir von uns zu halten haben. Sie lehrt und sehr früh, mit der Gewalt zu leben. Sie lehrt uns von klein auf: Eine Frau zu sein, das ist beinahe wie „Nichts" zu sein.

Es geht nicht darum, daß die Gesellschaft uns direkt sagt: Du bist nichts, du kannst nichts. Es geht um die Erfahrung, die wir in allen gesellschaftlichen Bereichen machen — Erfahrungen der Minderwertigkeit, der Nichtachtung. Sei es, daß wir in der nach amerikanischem Vorbild orientierten Schmuddelsexwerbung zum Objekt männlicher Gelüste werden. Sei es, daß wir von Generation zu Generation zu unbezahlten Reproduktionsarbeiterinnen erzogen werden. Sei es, daß wir im Berufsleben permanent erfahren, daß der Mann der Boß ist. Sei es, daß wir in der Mehrzahl nur frauenspezifische Berufe erlernen können. Sei es, daß keine Frau über die Straße gehen kann, ohne Gefahr zu laufen, von einem Mann angefaßt, mit Worten ,,angemacht" oder sogar vergewaltigt zu werden. Sei es, daß wir schön sein müssen, um zu gefallen. Sei es, daß wir sozialen Status, soziale Sicherheit und Anerkennung nur über den Mann bekommen können. Sei es die Tatsache, daß jeder Mann — ob arm oder reich — sich zu jederzeit eine Frau aneignen kann (Prostitution). Sei es, daß mißhandelte Frauen zu ihren gewalttätigen Männern zurückgehen müssen, weil sie alleine mit ihren Kindern keine Wohnung finden. Und sei es, und sei es, und sei es...

Auch wenn dies alles einzeln betrachtet geradezu lächerliche Kleinigkeiten sein mögen. Diese Kleinigkeiten zusammengenommen bestimmen unser Bild in dieser Gesellschaft und damit natürlich auch das Bild, das wir von uns selbst haben. Eben diese ,,Kleinigkeiten" sind es, die es dem Mann leicht machen, Frauen so zu behandeln, wie es in den Lebensgeschichten beschrieben wird.

Es geht nicht darum, daß eine Frau vergewaltigt werden muß, um diese Gewalt zu erfahren. Es geht darum, daß wir in einer Gesellschaft leben, in der wir jederzeit vergewaltigt werden können.

Für unser Frausein müssen wir der Gesellschaft einen hohen Preis zahlen. Selbst Frauen, die offenbar zufrieden, frei und glücklich leben, müssen bezahlen. Sie zahlen mit der Verleugnung ihres Geschlechts. Sie zahlen den Preis der Anpassung. Es ist der Preis für die Anpassung an die Männergesellschaft. Sie müssen ihn zahlen, wenn sie nicht ,,unten stehen" wollen, wenn sie vergessen wollen, was in der Welt, in der sie leben, mit ihrem eigenen Geschlecht passiert.

Unsere Kultur neigt dazu, Menschen zu Objekten zu machen, sie zu behandeln, als wären sie Dinge. Wenn man wie ein Ding behandelt wird, muß sich das auch psychisch niederschlagen. Dann muß es zu Gefühlen kommen wie dem der Minderwertigkeit, der Schwäche, des Versagthabens, des ,,Unnütz-auf-der-Welt-seins".

Auch Arbeiter mögen ähnliche Gefühle haben, denn sie stehen ebenfalls ,,unten", haben wenig bzw. gar keine gesellschaftliche Macht.

Aber es sind immer wieder die Frauen, die in erster Linie als Objekt, als Gegenstände behandelt werden. Die Frau ist das Objekt des Objekts Arbeiter. Ihre Entmenschlichung reicht bis in die intimste Beziehung, der Beziehung zu ihrem Mann, der sie zu ,,lieben" gelobte. Frauen haben keine Macht. Sie sind ein gesellschaftliches Nichts. Sie sind die Frau von Herrn. . . Man definiert sie über ihre Männer, und sie lernen früh, es selbst ebenso zu tun.

Und dann ist es ausgerechnet der Mensch, der ihnen an nächsten steht, der ih-

Dank der öffentlichen Meinung wissen wir Frauen, wie verblödet wir sind.

nen zeigt und ihnen sagt, was die Gesellschaft nicht offen ausspricht: Du bist eine Niete. Du bist nicht mehr als eine Hure.

Welche Erniedrigung das für eine Frau bedeutet, machen die Lebensgeschichten deutlich. Viele Frauen, die ins Frauenhaus kommen, fühlen sich wie ein Nichts.

Denn sie haben ihre Lektion gelernt. Sie sind für das Funktionieren der Ehe verantwortlich. Sie müssen die Entfremdung der Männer aufheben. Das ist ihr Aufgabengebiet. Sie kommen ins Frauenhaus mit dem Gefühl, es nicht geschafft zu haben. Sie sind dafür geschlagen und gedemütigt worden. Ganz offensichtlich sind sie Nieten. Sie können ja nur versagt haben.

Viele Frauen schämen sich auch noch für die Gewalttätigkeit ihrer Männer. Anna: ,,Ich habe mich so geschämt, daß mit das passieren würde."

Wir fragen uns, wieviel grausamer noch müssen Frauen leiden, die nicht den Mut finden wegzugehen, die täglich bedroht, geschlagen und gedemütigt werden? Denn die Frauen, die ins Frauenhaus kommen, beweisen Mut und Bewußtsein für ihre eigene Menschenwürde — allen Gefühlen der Minderwertigkeit und des Versagthabens zum Trotz. Haben alle die Frauen, die nicht kommen, sich als Mensch aufgegeben?

Tagtäglich erfahren wir Frauen es aus Rundfunk, Fernsehen und Presse: Ihr seid zu blöd, selbst zu wissen, was richtig ist. Ihr seid die Nieten der Nation.

Dazu bedarf es nicht einmal der direkten Sprache. Wir brauchen das Fernsehen nur einzuschalten, und es ,,rieselt uns ins Gemüt": Wie die ,,anderen" Frauen strahlen — wie sie glücklich ihren Männern zuprosten, perfekt gestylt, knackig frisch nach perfekt gemachter Hausarbeit. . . Stereotype Frauenbilder, wohin unser Auge auch blicken mag. Die Werbung für unser Klischee ist überall, an jedem Kiosk, in jedem Geschäft, Film, Kino, in jeder Zeitschrift, im Funk, in der Zeitung: Frauenschönheiten, adrette Sexbomben, Zierden der Männer, perfekte Hausfrauen, umsorgt von liebenden Ehemännern und selbst

Mann, Kinder und Küche umsorgend. Lauter glückliche Familien beim Frühstück ins Margarinebrötchen beißend, der Stolz der Hausfrau.

Die Waschmittelwerbung suggeriert: Ihr müßt noch sauberere Wäsche waschen. Die blinkende Wohnung, über die der nach Hause kehrende Gatte das Strahlen kriegt und seiner Frau einen anerkennenden Kuß gibt: Werbung für irgendein Möbelblankputzmittel. Für Frauen ist das Wirklichkeit — aber nicht die ihre. Sie haben all das nicht geleistet. Sie haben keine strahlenden Männer, keine frohen Kinder, bekommen keine dankenden Küsse nach Feierabend, haben kein Geld mehr für den Friseur, ihre Hüften sind zu breit für den neuesten Modehit, ihre Busen zu flach für die neuen modischen Sommerblusen, und und... Ihre Psyche geht dabei kaputt. Aber wen interessiert das schon! Darum geht es in unserer Gesellschaft ja auch gar nicht. Hauptsache, die Gewinn- und Verlustrechnung der Industrie stimmen.

Sind wir denn verrückt?

,,In der Religion des Ostens, dem Zen-Buddhismus, ist Erleuchtung das angestrebte Ziel. Der Meister des Zen versucht auf verschiedene Weise, in seinem Schüler Erleuchtung zustande zu bringen. Zu dem, war er tut, gehört, daß er dem Schüler einen Stock über den Kopf hält und grimmig sagt: ,,Wenn du

---

Die Frau sieht den Mann nicht so brutal, wie er wirklich ist, weil er sie angeblich liebt.

---

sagst, dieser Stock sei wirklich, werde ich dich damit schlagen. Wenn du sagst, dieser Stock sei nicht wirklich, werde ich dich damit schlagen.'' (aus ,,Schizophrenie und Familie'' von Bateson, Jackson, Laing, Lidz u.a., 1978)

Frauen befinden sich in einer ähnlichen schoziphrenen Situation wie der oben beschriebene Schüler. Es gibt nur einen Unterschied, die Frauen werden nicht ,,erleuchtet'', sondern desorientiert.

In den Lebensgeschichten der Frauen wird deutlich, daß Frauen aufgrund ihrer schizophrenen Situation handlungsunfähig werden. Sie fühlen sich darin gefangen wie eine Fliege im Netz der Spinne.

Den Zustand, ständig sich widersprechenden Gefühlsäußerungen ausgesetzt zu sein, nennt man Doppelbindung.

Die Doppelbindung entsteht unter folgenden Voraussetzungen:

1. Die Frau ist in eine intensive Beziehung (Ehe) verstrickt, die für sie seelisch und körperlich lebensnotwendig ist.

2. Die Frau ist in einer Beziehung gefangen, in der ihr der männliche Partner einander widersprechende Mitteilungen macht.
3. Die Frau ist nicht in der Lage, sich durch kritische Auseinandersetzung mit diesen Mitteilungen, für eine dieser Mitteilungen zu entscheiden. Obwohl also die Mitteilungen eigentlich sinnlos sind, sind sie für die Frau Realität: Sie ist außerstande, darauf zu reagieren. Andererseits kann sie sich diesen Mitteilungen gegenüber auch nicht angemessen verhalten, da sie sich gegenseitig aufheben, einfach paradox sind.

In der Lebensgeschichte von Heike wird die Situation der Doppelbindung besonders deutlich. Die ,,Mitteilung'' ihres Mannes an sie ist paradox. Einerseits ist er lieb und zärtlich zu ihr und sagt ihr damit: Du bist für mich der Mensch, für den ich Liebe und Zärtlichkeit empfinde. Andererseits schlägt, vergewaltigt und beschimpft er sie und widerruft damit die erste Aussage, indem er ihr die ,,Mitteilung'' macht: Ich verachte dich. Du bist mir so wenig wert, daß ich dich schlage, vergewaltige, beschimpfe.

Für welche Mitteilung soll sich Heike entscheiden? Sie beschreibt diesen Widerspruch selbst sehr klar: ,,Vielleicht fing damals schon dieser Widerspruch an. Ich wollte nicht von ihm gedemütigt und geschlagen werden und immer eine Stufe unter ihm sein, aber immer suchte ich einen Weg zu ihm.'' Und: ,,Ich habe diesen Mann sehr geliebt. Du kannst meine Gedichte und Briefe lesen, wie meine Gefühle miteinander gerungen haben.''

Auch in ihrem Tagebuch setzt sie sich verzweifelt mit ihrer widersprüchlichen Situation auseinander: ,,Was wird aus mir? Was fange ich ohne ihn an? Ich habe gesagt: Ich gehe Donnerstag. Er hat gesagt: Ja, du gehst Donnerstag. Ja, ich bin gegangen, denn ich bin keine Kreatur, die man mit Gewalt dressieren kann. Du bist eine Herrschernatur, und du machst mir Angst. So kann ich dich als meinen Mann nicht akzeptieren. Ich muß mit meinem Mann reden können, ohne Angst zu haben und ohne aufpassen zu müssen, was ich sage. So ging es nicht mehr. Und so will ich es auch nicht mehr, auch nie mehr, wenn wir wieder zusammenkommen. Ich kann dich nicht vergessen, und jetzt träume ich von dir, von deiner Zärtlichkeit. Träume sind Schäume, ich weiß. Aber die Wirklichkeit heißt: drei Wochen Glück und dann wieder Mord und Totschlag. Ich bin dann wieder die Unterlegene, ob schuldig oder nicht schuldig. Du stehst immer über mir.''

Alles, was sie tut, ist falsch. Geht sie von ihrem Mann weg, leidet sie, denn sie will ja eigentlich bei ihm sein. Bleibt sie bei ihm, leidet sie auch, denn er schlägt und demütigt sie. Die kritische Auseinandersetzung mit dieser Widersprüchlichkeit hilft ihr nicht viel. Sie kann sich nicht entscheiden, ebensowenig, wie sie sich aus der Beziehung zu diesem Mann zurückziehen kann.

Was macht Heike also? Sie will den Mann, der sie schlägt, nicht mit dem

---

Frauen reagieren auf das widersprüchliche Verhalten des Mannes auch wieder widersprüchlich.

Mann in Verbindung bringen, den sie liebt. Sie weigert sich, an die Gemeinheiten zu denken: ,,Dieser Mann, der mich schlägt, ist nicht der Mann. . .''.
Diese Art von Wirklichkeitsverleugnung ist für das ,,Opfer'' von Doppelbindungen typisch. Doppelbindungen bedingen widersprüchliche Verhalten.
Heike teilt ihren Mann in zwei Teile: Der Mann, der sie schlägt und der Mann, den sie liebt. Sie reagiert widersprüchlich: sie reagiert ,,angebracht'' auf Mitteilungen, auf die es keine angebrachte Reaktion gibt. Die Mitteilungen selbst sind so widersprüchlich und dennoch, sie muß darauf reagieren. Heike flüchtet sich in Träume.
Es ist leicht, sich vorzustellen, daß Heikes Mann, konfrontiert mit ihrer paradoxen Reaktion, auch wieder paradox reagiert. Ihr Versuch, ihn in zwei Personen aufzuteilen, veranlaßt ihn wiederum, diese beiden widersprüchlichen Personen auch auszuleben. Schließlich ist er für Heike ,,ein Mann, der schlägt und ein Mann, der liebt.''
Heikes Doppelbindung verstärkt das widersprüchliche Verhalten ihres Mannes. Die durch Doppelbindungen verursachten Rückwirkungen können so weit gehen, daß sie zur Gewohnheit werden und nicht mehr zu beeinflussen sind.

Machen uns die Männer so verrückt?

Heikes Situation erklärt sich nicht nur aus ihrer materiellen und seelischen Abhängigkeit von ihrem Mann. Es ist ebenso die ihr von der Gesellschaft zugedachte Rolle als Frau. Heikes Abkehr von den wirklichen Gegebenheiten, die sie durch Träume, Wirklichkeitsverleugnung und Krankheit vollzieht, ist eine ,,typische'' weibliche Reaktion. Ebenso wie ihre Opferhaltung, durch die sie sich zu einer ,,Leidenden für einen ebenfalls Leidenden'' macht. Würde sie ihren Mann nicht in zwei Teile aufteilen (in den Mann, der sie liebt und den, der sie schlägt. . . und dem sie deshalb helfen muß, weil er ,,in seinem Leben nie erfahren hat, was Liebe. . .''), müßte sie eine Entscheidung treffen. Eine Entscheidung für sich selbst, indem sie sich auf den Standpunkt stellt ,,Du bist du mit deinen Schwierigkeiten, und ich will sie nicht ausbaden''. Ihre typisch weibliche Opferhaltung verhindert, daß sie sich aus diesem Dilemma löst, verhindert jeden länger anhaltenden Widerstand.

Heikes Doppelbindung wird also nicht in erster Linie durch ihren Mann verursacht, sondern durch ihre Rolle, ihre Opferhaltung, ihre „Liebe". Heike fühlt sich zu diesen Gefühlen verpflichtet. Als Frau darf sie nicht egoistisch handeln, wie sie meint. Bei Heike liegt also eine Doppelbindung auf dem Gebiet der Gefühle vor. Es ist ihre Rolle, ihren Mann zu lieben und ihm zu helfen.

Bei Anna wird es noch deutlicher, daß die Doppelbindung der Gefühle nicht durch ihre körperliche und seelische Abhängigkeit von ihrem Mann vollzogen wird: „Ich habe gezittert, wenn er wegblieb und mir Sorgen gemacht. Doch wenn er nachts kam, das wollte ich auch nicht." Auch hier wieder: Anna wirft ihre paradoxe Reaktion auf ihren Mann zurück. Was er tut, kann nur falsch sein.

Anna geht es nicht um ihren Mann, sondern um ihre Anerkennung als Frau. Es geht ihr um den Erhalt ihrer Ehe. Auch dies bewirkt eine Situation der Doppelbindung: Bleibt er weg, ist sie gedemütigt (er zieht eine andere vor). Kommt er zurück, wird sie auch gedemütigt (durch Schläge und Beschimpfungen).

Anna hat in dieser Situation keine Möglichkeit, sich aus ihrem Dilemma zu entfernen. Das Bild, das sie von sich als Frau hat, ist gesellschaftlich fixiert. Sie erfährt ihre Identität über ihren Mann. Dieses Bild hat ihr bisheriges Leben bestimmt. Wie könnte sie es dann so einfach über Bord werfen?

Wie bewältigen Frauen dieses Leben?

Ein Zitat:

„Unsere Gesellschaft betrachtet die Frau nicht als Wert an sich, sondern als Mittel zur Befriedigung männlicher Bedürfnisse. Aber einen Menschen in dieser Weise als Mittel und nicht als selbständiges Subjekt zu behandeln bedeutet, diesem Menschen das Recht auf eigene Existenz zu verweigern. Durch einen anderen als Mittel zum Zweck des Geschlechtsverkehrs gebraucht zu werden, wenn dieser andere einem zugleich die Existenz als Subjekt vorenthält, muß für jedes menschliche Wesen unerträglich sein. Wenn der Frau bewußt wird, daß sie so behandelt wird, muß sie sich entweder selbst verachten oder sie muß rebellieren. . . Die materiellen Voraussetzungen zur Rebellion sind nur wenigen Frauen gegeben. Verachten sich die Frauen also? Keineswegs: sie betrügen sich selbst, indem sie sich einreden. . . daß die reine und erhebende Qualität der Liebe . . . das Leben der Frau exaltiert. . . Diejenigen, die Ideale zerstören wollen, werden meist als Feinde der Gesellschaft denunziert, aber in Wirklichkeit reinigen sie die Welt von Lügen."

George Bernard Shaw

Weil Frauen mutlos und hilflos sind, flüchten sie sich in Krankheiten und haben Selbstmordgedanken

Viele Frauen, die ins Frauenhaus kommen, haben bereits einen oder mehrere Selbstmordversuche hinter sich. In nahezu allen Lebensgeschichten reagieren Frauen auf die erlittene Gewalt mit Krankheit und Selbstmordgedanken.

Erika erscheint das Leben sinnlos. Sie hat ,,keine Lust und keine Kraft mehr weiterzuleben''. Sie sagt: ,,Da hab ich praktisch nur ‚Schwein' gehabt, daß ich überhaupt noch da bin.'' Anna geht zu mehreren Ärzten und zu einem Psychotherapeuten. Heike reagiert mit psychosomatischen Störungen.

Diese Reaktionen erscheinen uns für Frauen typisch. Und nicht nur uns: ,,Wenn das Gefühl der Nicht-Kontrolle über ihre Situation zunimmt — sei es, weil sie sich an zu hohen Normen, unerfüllbaren Erwartungen (glückliche Ehefrau, erfolgreiche Mutter, perfekte Hausfrau) orientiert; sei es, weil sie zu wenig soziale Kompetenzen hat (sparsam haushalten können, Konfliktfähigkeit); sei es, weil ihre Situation tatsächlich kaum zu schaffen ist (extrem: Unterschichtsehe — Hausfrau mit mehreren Kindern ohne Unterstützung durch den Ehemann) — dann wird jede Aktivität, auch gerade die im Haus, zur

---

Frauen hören auf zu kämpfen, weil ihr Kampf keine Veränderung ihrer individuellen Situation bewirkt.

Last, tendenziell sinnlos, die Handlungsunfähigkeit breitet sich aus, alltägliche Routinearbeiten bleiben liegen, evtl. kommt die Frau ein paar Tage nicht aus dem Bett.'' (Psychologinnengruppen München, Spezifische Probleme von Frauen und ein Selbsthilfeansatz, Keupp, H. Zaunseil ,,Die gesellschaftliche Organisierung psychischen Leidens'' 1978)

Das Zitat schildert eine im Frauenhaus alltägliche Situation. Die Frauen sind des Kämpfens müde. Jede Anstrengung, ihre Situation zu verändern, erscheint sinnlos. Sie bleiben im Bett, sind depressiv, flüchten in Kneipen. Sie sind mutlos, hilflos. Sie wissen nicht mehr, was sie tun können, was sie tun wollen. Erika: ,,Da steh ich im Moment da, dat ich nit weiß, wat machste?''

Die Psychologinnengruppe München bezeichnet dieses Verhalten als ,,gelernte Hilflosigkeit''. Sie verwenden diesen Begriff ,,zum Verständnis der massenweise verbreiteten alltäglichen depressiven Verhaltensweisen wie für die häufigen schweren Depressionen von Frauen, ob ‚neurotisch' oder ‚psychotisch', die vielen Suizidversuche.''

Weil Frauen ihre Wut unterdrücken müssen, werden sie ängstlich und passiv

Der weiblichen Hilflosigkeit liegt ein Aufbegehren zugrunde. Das Aufbegehren, mit der sich die Frau gegen ihre Situation wehrt. Das Aufbegehren aus der Erkenntnis, daß dies doch kein freudvolles Leben ist.

Was machen Frauen mit der Verachtung, der Demütigung, der sie ausgesetzt sind? Eine Möglichkeit damit umzugehen, ist die Autoaggression. Die Gewalt wird nach innen verlegt und richtet sich gegen das eigene Ich. Es ist ,,normal'', daß sich weibliche Aggressivität nach innen richtet. Frauen haben gelernt, ihre Aggressionen zu zügeln, sie gar nicht erst haben zu dürfen. Aggression empfinden Frauen als etwas Männliches. Aggression kann mit ihrer Weiblichkeit nichts zu tun haben.

Anna beschreibt, wie wütend die Demütigungen ihres Mannes sie machten (z. B. als sie neben ihm sitzen mußte, während er seine Freundin anrief). Sie konnte ihre Wut nicht loswerden: ,,Ich hätten den kürzeren gezogen.''

Karen Horney (Der neurotische Mensch unserer Zeit) schreibt über den Zusammenhang von unterdrückter Wut und Angst: ,,Diese durch unterdrückte Feindseligkeit hervorgerufenen Vorgänge lösen den Angsteffekt aus. In der Tat erzeugt die Unterdrückung genau den Zustand, der für die Angst typisch ist: Das Gefühl der Hilflosigkeit gegen eine als überwältigend empfundene, von außen drohende Gefahr.''

Anna spricht auffallend viel von Angst. Es ist zu vermuten, daß zwischen der Unterdrückung ihrer Wut auf und Feindseligkeit gegen ihren Mann und ihrer Angst, die sich ,,auf alles, was sie tat'' auswirkte, ein Zusammenhang besteht.

Die Angst der Frauen wird durch die offensichtliche Bedrohung von außen erzeugt. Diese angsterzeugende Bedrohung ist der prügelnde Ehemann, aber ebenso sind es die uns von der Gesellschaft auferlegten Zwänge und Normen. Sie machen uns ängstlich und hilflos.

Unterdrückte und unterprivilegierte Menschen haben sich zu allen Zeiten ängstlich und passiv verhalten. Mit diesem Verhalten holen Frauen sich Sicherheit, Anerkennung, Hilfe, Zuwendung und Liebe. Man nennt es: charmante Beeinflussung des Mannes, weibliche List. (Er ist der Herr im Hause, aber was die Frau sagt, wird gemacht.) Jede Münze hat zwei Seiten. Dies ist die aktive Seite, der die passive der Hilflosigkeit und Unterordnung gegenübersteht.

Männern bringt dieses Verhalten Vorteile. Für die meisten Frauen ist es lebensnotwendig. Es mangelt an Alternativen. Wollen Frauen nicht am Rande, außerhalb der Gesellschaft stehen, müssen sie sich arrangieren, sich anpassen.

Weil Frauen in ihrem eigenen Ich gestört sind, verleugnen sie die Wirklichkeit

Während der Auseinandersetzung mit den Lebensgeschichten stellten wir eine ,,Gewaltkarriere" der Männer fest. Ist die Hemmschwelle, eine Frau zu schlagen, erst einmal überwunden, kommt es immer häufiger zu Gewalttätigkeiten. Die Lebensgeschichten zeigen auch, die zunehmende Gewalt macht die Frauen immer unfähiger, sich zu wehren. Sie sehen, daß Widerstand ihnen nicht hilft. Anna: ,,Es half alles nichts." Heike stellt fest, daß er mit ihr machen kann, was er will. Und Erika: ,,. . . der dachte. . . mit der kannste praktisch machen, waste willst. Der wußte, dat ich nervlich ziemlich. . . daß ich mich nicht groß wehren konnte."

Schwäche, Hilflosigkeit und Krankheit helfen den Frauen nicht, ihre Situation zu verändern. Das Gegenteil ist der Fall. Die Männer werden immer brutaler.

Wenn Frauen also ihre Aggressionen nicht nach außen ausleben können, sie sich nicht gleich umbringen wollen, was bleibt ihnen dann, um ihr Geschick zu meistern? Sie verleugnen die Wirklichkeit.

Heikes Lebensgeschichte beweist diese Verleugnung der Wirklichkeit in hohem Maße. Sie will den Mann, der sie schlägt, nicht mit dem Mann in Verbindung bringen, den sie liebt. ,,Aber das habe ich immer vergessen wollen. Ich wollte an die Gemeinheiten nicht denken. Denn ich dachte, dieser Mann, der mich schlägt, ist nicht der Mann, den ich liebe. So ein Mensch, der in seinem Leben nie erfahren hat, was Liebe und Vertrauen ist. Er ist zu oft enttäuscht worden, und seine Gefühle haben sich deswegen aufgestaut. . . Ich dachte damals noch, daß Liebe solche Wunden heilen kann, daß meine Liebe ihm helfen kann. Immer habe ich daran geglaubt, auch wenn ich vor ihm weggelaufen bin."

Heike bastelt sich ein Bild von ihrem Mann, das der Wirklichkeit nicht entspricht. Dieses Bild hilft ihr jedoch, seine Gewalttätigkeiten zu ertragen. Heike erträgt dieses Leben, indem sie ihrem Mann hilft, ihn versteht. ,,Aus Liebe" will sie seine Gemeinheiten vergessen.

,,Ich sehe seine Augen noch vor mir — ganz klar und blau — das Bild hat sich

---

Verlangt das Leid der Männer, daß Frauen sich opfern?

---

in mein Herz eingegraben. Später habe ich es in Gedichten festgehalten." Heike flüchtet sich in Träume. Sie träumt von ihm, von seiner Zärtlichkeit. ,,Später, als ich verzweifelt und traurig war wegen ihm, mußte ich oft zurückdenken an die Nacht, in der er sich in meinem Schoß ausweinte." Heike denkt an angenehme, an schöne Dinge, um das Ausmaß der Gewalt nicht spüren zu müssen. Träume und Gedanken, die sie in ihr Tagebuch schreibt, erinnern an Kitschromane. Gerade dies macht deutlich, was Heike damit für sich erreichen will: Abwenden von der Wirklichkeit, Hinwenden zu Erlebnisinhalten, die ihr Leben ihr vorenthält: ,,Einen Weg zu ihm finden", ,,Liebe", ,,Vertrauen", ,,Zärtlichkeit".

Sie macht sich zu einer Leidenden für einen ebenfalls Leidenden. Damit ihrem Mann nichts passiert, täuscht sie einen Überfall vor. Als ,,Belohnung" saugt sie ,,seine Zärtlichkeit auf wie ein Schwamm das Wasser saugt".

Anna opfert sich nicht in dieser Weise. Sie erzählt nichts von Träumen. Sie macht keine Anstrengungen, um ,,das Leid ihres Mannes" zu verstehen. Aber sie hat ,,immer wieder Hoffnung". Sie versucht es wieder und wieder. Sie fährt mit ihm in Urlaub. Nach zweimaligem Aufenthalt im Frauenhaus geht sie zu ihm zurück. Was veranlaßte sie, den gleichen Mann ein zweites Mal zu heiraten? Lachend sagt sie dazu, daß ,,man sowas wohl Liebe nennt".

,,Und wenn er hinkt und wenn er spinnt und wenn er ihr Schläge gibt: Es fragt die Hanna Cash mein Kind doch nur, ob sie ihn liebt."

Bertolt Brecht

Sowas nennt man wohl große Liebe

Heike will ihrem Mann mit ihrer Liebe helfen. Sie versucht, die Demütigungen, die sie ,,klein und minderwertig" machen, durch die sie ,,eine Stufe unter ihm" steht, zu vergessen. Sie will vergessen durch ihre Liebe zu ihm, indem sie ihm hilft.

Damit hat sie eine Aufgabe. Sie fühlt sich wichtig. Ja, sie ist sogar stärker als er. Denn er hat es ja nie gelernt, er hat ,,in seinem Leben nie erfahren, was Liebe und Vertrauen ist".

Anna begründet ihre Handlungsweise damit, ,,daß man sowas wohl große Liebe nennt".

Erika sagt, daß sie ohne Liebe nicht leben kann, daß sie ,,die vielleicht mit Gewalt haben wollte". Das Zusammenleben mit ihrem zweiten Mann funktionierte so lange, bis sie spürte, daß er sie nur benutzen will, auf ihre Kosten gut leben will und sie dafür ,,nicht einmal liebt". Sie gibt ihm alles (,,Ich glaub, mehr kann man nem anderen gar nit mehr geben"), bis sie merkt, daß er nur nimmt, ihr aber nichts gibt. Sie fühlt sich jedoch erst benutzt, als sie erkennt, daß er sie nicht liebt.

Sie macht ihm Vorwürfe: ,,Dann hab ich auch gesagt, daß er mir sogar in einer Hinsicht leid tut hier, dat der noch nicht mal in der Lage wäre, Liebe zu geben. . . ihm als Vorwurf gemacht, wat ja eigentlich nicht berechtigt ist."

Das ungleiche Machtverhältnis zwischen Männern und Frauen läßt Frauen in der „großen Liebe" das höchste Ideal sehen. Sie erscheint ihnen sogar als der einzige Lebensinhalt. Wenn Frauen keine gesellschaftliche Macht, keine gesellschaftliche Anerkennung, keinen sozialen Status genießen, müssen sie all dies über ihre Männer beziehen. Demzufolge muß es der Mann seine Liebe sein, muß es die Eroberung des Mannes sein, die der Frau in ihrer Indentität, ihrem Ich einen Halt gibt.

In ihrem Buch „Häutungen" schreibt Verena Stefan: „Die Betrachtung der Dinge hängt sehr von den Umständen ab. Liebe ist oft nichts anderes als eine Schreckreaktion, eine Reaktion auf den Schreck, daß die Wirklichkeit so brutal anders ist als die Vorstellung von ihr. Durch Liebe läßt sich Brutalität eine Weile vertuschen. Liebe ist oft nur die Beschichtung von Abhängigkeiten aller Art, von der Abhängigkeit beispielsweise, die Bestätigung durch einen Mann zu brauchen, eine Schicht Liebe kann Abhängigkeit eine Weile verbrämen. Liebe ist eine tausendfache Verwechslung von begehrt-sein und vergewaltigt-werden. Eine Frau allein kann kaum überleben, wenn sie sich nicht verleugnen will. Unter der Schirmherrschaft eines einzelnen Mannes kann sie die Bedrohlichkeit der anderen für die Dauer der Schirmherrschaft vergessen."

Liebe soll die Frauen also befreien, soll die große Leere füllen. Aber der Mann, beladen mit einem Berg weiblicher Sehnsüchte, Hoffnungen und Träu-

---

Liebe ist eine tausendfache Verwechselung von Begehrtsein und Vergewaltigtwerden.

---

me, entpuppt sich als „Abziehbild eines Zuhälters aus Kitschromanen" (Heike) als gewalttätig, liebesunfähig, gemein und ausbeuterisch.

Warum verhalten Frauen sich so?

Die Lebensgeschichten zeigen, wie Frauen Gewalt erleben und was sie getan haben, um ihre Situation zu bewältigen.

Damit wissen wir aber noch nicht, wie solche Verhaltensweisen entstehen. Wir wissen auch noch nichts über die Bedingungen, unter denen sich diese Gewaltverhältnisse immer wieder entwickeln können.

Bei der Beschäftigung mit dieser Frage drängte sich uns diese These auf: Gewalttätige Verhaltensweisen entstehen auf dem Hintergrund gesellschaftlicher Gewaltstrukturen.

Diese gesellschaftlichen Gewaltstrukturen wollen wir näher erläutern. Wir stellen dar, in welchem Umfang Frauen von Kindheit an den herrschenden Gewaltbedingungen ausgeliefert sind.

Wie Frauen zu Unterlegenen gemacht werden
Geschlechtsspezifische Verhaltensweisen lassen sich bereits in frühester Kindheit beobachten. Häufig wird dies als Beweis für den natürlichen Unterschied zwischen Mann und Frau benutzt.

In jüngster Zeit durchgeführte Untersuchungen zeigen jedoch, daß biologische Faktoren nur einen geringen Einfluß auf das geschlechtsspezifische Verhalten haben. Dieses Verhalten wird vielmehr angelernt. Wir zitieren Simone de Beauvoir: ,,Man wird nicht als Frau geboren, man wird es.''

Direkt nach der Geburt hat das Mädchen mit der ersten Benachteiligung zu kämpfen. Die Eltern wünschten sich einen Stammhalter, und nun ist es nur ein Mädchen. Ein Mädchen ist nur als Zweitkind erwünscht.

Auch die Umwelt zeigt von Anfang an reges Interesse am Geschlecht des Kindes: ,,Na, was ist es denn? Ein Junge oder ein Mädchen?'' Damit der ,,kleine Unterschied'' auf Anhieb erkennbar ist, gibt es rosa und blaue Babywäsche. Auch das Verhalten des Babies wird flugs nach Geschlecht beurteilt. Wenn es schreit, lebhaft ist und strampelt: ,,Ach, so ein richtiger Junge.'' Ist das Baby ruhig und liegt zufrieden in seinem Bettchen, kann es nur ein Mädchen sein. Schon zu diesem Zeitpunkt bestehen konkrete Vorstellungen, wie ein Mädchen oder ein Junge zu sein hat.

Die geschlechtsspezifische Erziehung beginnt bereits kurz nach der Geburt. Vom Säuglingsalter an werden den Mädchen spezielle weibliche Eigenschaften anerzogen.

Untersuchungen mit ca. drei Monate alten Jungen und Mädchen zeigen, daß Mädchen stärker auf akustische Reize reagieren. Die Zeitschrift ,,Eltern'' schließt aus diesem Ergebnis: ,,Das weibliche Interesse an Sprechlauten hat sehr wahrscheinlich mit dem besonderen Interesse der kleinen Mädchen für Menschen zu tun.'' Die Studien des Amerikanern H. A. Moss ergaben jedoch, daß dieses Verhalten bereits durch das unterschiedliche Verhalten der Mutter gegenüber Jungen und Mädchen geprägt wird.

Die genannten Untersuchungen ergaben, daß Mädchen bereits im Alter von drei Wochen mehr auf akustische und Jungen mehr auf optische Reize reagieren. Das Interesse an Sprechlauten und dadurch — wie ,,Eltern'' sicher richtig feststellte — das größere Interesse an Menschen, wird sehr früh gelernt.

Die größere Personenbezogenheit, ja sogar Abhängigkeit von Menschen bei Mädchen ergaben auch andere Untersuchungen. So hat Ursula Scheu 12 bis 13 Monate alte Mädchen bei ihrem Spielverhalten beobachtet und festgestellt, daß sie viel häufiger und schneller zur Mutter zurückkehren als gleichaltrige Jungen. Frau Scheu erklärt dieses Verhalten damit, daß Mädchen von ihren Müttern verschärft zur Abhängigkeit erzogen werden.

Schon in dem Stadium der Entwicklung, in dem die Kinder krabbeln und laufen lernen, werden Mädchen enger an die Mutter gebunden, Jungen dagegen eher von der Mutter wegerzogen.

Frauen werden zum Leben aus zweiter Hand erzogen

Frauen werden auf ihre Rolle als Frau vom Tag ihrer Geburt an vorbereitet. Sie werden mit entsprechenden Eigenschaften ,,versehen'', ja sogar mit ,,passenden'' seelischen Grundstrukturen ,,ausgestattet''. Sie lernen früh, stets für die Ansprüche anderer verfügbar zu sein, ihre Aufgabe (wie beispielsweise Erika) darin zu sehen, andere glücklich zu machen. Bei diesen ,,anderen'' handelt es sich jedoch nicht um x-bliebige Menschen, sondern um die Familie, um ihren Mann. Es ist der Mann, auf den sie gelernt hat zu warten, auf den ihr Leben hinorientiert wird: ,,Du heiratest ja doch''.

Während die Aufgabenstellung für den Mann lautet: ,,Erobere dir die Welt!'', lautet sie für die Frau: ,,Erobere dir einen Mann!'' — Natürlich nicht so direkt, denn er soll es schließlich nicht merken. — Der Wert einer Frau mißt sich also nicht an der Lösung konkreter Aufgaben, an der Beherrschung technischer Dinge, am gekonnten Umgang mit Dingen und Vorgängen, am Verstehen von Natur und Welt. Ihr Wert ergibt sich aus ihrer Fähigkeit, anderen ,,Gutes zu tun'', auf Menschen einzugehen, den Mann und die Kinder glücklich zu machen.

Benard und Schlaffer schreiben in ihrem 1978 erschienenen Buch ,,Die ganz gewöhnliche Gewalt in der Ehe'': ,,Die Daseinsberechtigung der Frau leitet sich von ihrer Fähigkeit ab, die vom Mann (Anm. d. Verf.: Männer sind die Beherrscher und Erklärer der Welt, sie sagen, was sein soll.) und der Gesellschaft definierte Weiblichkeit in ihren essentiellen Bestandteilen zu erfassen und zu imitieren.''

Das Glück der Frau und ihr Selbstwertgefühl sind also in hohem Maße davon abhängig, den Mann glücklich zu machen und darin anerkannt zu werden. Es ist weiblich, den Mann in allem zu unterstützen, was er zu seinem Glück braucht — beruflichen Erfolg, einen netten Bekanntenkreis, usw. Von diesem Verhalten ,,profitieren'' Frauen natürlich auch, schließlich ,,dürfen'' sie am Status des Mannes teilhaben.

Frauen verbinden das, was für den Mann wichtig ist, so sehr mit sich selbst, daß sie sich dabei ,,vergessen". Sein ,,Sein" wird zu ihrem. Das tut zum Beispiel Erika, indem sie ihren Mann bei seiner beruflichen Karriere unterstützt, für ihn mit der Schwiegermutter kämpft. Auch Heike macht es so, indem sie die durch ihn erlittenen Mißhandlungen in sein seelisches Leiden ,,umdeutet".

Die Mißachtung durch den Mann führt dazu, daß Frauen ihre Selbstachtung aufgeben.

Dies geschieht nicht freiwillig, sondern unter dem hohen gefühlsmäßigen Leistungszwang, der Frauenrolle gerecht zu werden und eine funktionierende Ehe zu führen. Der Platz der Frau, der Ort, an dem sie ihre Weiblichkeit beweisen muß, ist die Ehe. Und der Beweis für ihre Weiblichkeit liegt in der Hand des Mannes. Er ist ihre wichtigste und häufig einzige Bezugsperson. Er bestimmt durch sein Verhalten, ob sie eine gute Frau oder eine Versagerin ist.

In Annas und Erikas Lebensgeschichte wird dies besonders deutlich. Annas Mann zeigt ihr durch Mißhandlungen, Fremdgehen und Demütigungen, was er von ihr hält, nämlich nichts. Sie übernimmt sein Urteil. Sie drückt es aus, nachdem ein anderer Mann ihr Komplimente gemacht hat: ,,Ich hatte das Gefühl, doch eine Frau zu sein. Überhaupt jemand zu sein." Das, was sie ist, bestimmt der Mann. Auch Erikas Selbstwertgefühl wird angegriffen, weil ihr zweiter Mann sie sexuell für eine Niete hält. Sie empfindet ihn zwar sexuell wie ein ,,Stück Vieh", sagt aber gleichzeitig: ,,Ich glaub, dat ich jetzt auf dem Gebiet dem Mann nit so bringen kann, wat der sich wünscht." Sie empfindet sein Verhalten als schlimm. Gleichzeitig aber kommen ihr Zweifel an ihrem eigenen Verhalten. Sie fragt sich, ob sie ,,auf dem Gebiet dem Mann nit so bringen kann, wat der sich wünscht".

Hängt die Identität von Frauen schon vor der Ehe vom Wohlwollen anderer Menschen ab, so verstärkt sich dies in der Ehe. Ihre Identität ist abhängig von einem Menschen, und dieser eine Mensch ist mächtiger als sie. Dazu noch ein Zitat aus dem Buch ,,Die ganz gewöhnliche Gewalt in der Ehe": ,,Die Isolierung im Haushalt schränkt ihre Möglichkeit, das eigene Realitätsbild von anderen bestätigen zu lassen, drastisch ein, so daß der Mann, der mit der Außenwelt in viel intensiverem Kontakt steht, ihr mit Einschätzungen und Werturteilen die Normalität bescheinigen kann. . ." Ja, es kann soweit gehen (gerade auf sexuellem Gebiet, das trotz ,,sexueller Befreiung" immer noch tabuisiert ist und die Regel für die Frau immer noch Monogamie heißt) daß ,,Er . . . in der Lage (ist), der Frau selbst Zweifel an der Richtigkeit ihrer Wahrnehmungs-, Interpretations-, Verhaltens- und Reaktionsformen einzuflößen, wenn ihre sozialen Kontakte begrenzt sind, so daß sie keine Korrektur- und Vergleichsmöglichkeiten hat."

Aus dieser Situation gibt es für die einzelne Frau kein Entrinnen. Denn Ehe ist ja „Privatsache". Sie leidet unter ihrem Mann, zweifelt aber gleichzeitig an ihrem Leiden. Sie weiß nicht, ob sie überhaupt leiden darf. Und sie weiß darüber hinaus, daß sie ohne Mann nicht mehr als eine geschiedene Frau ist, die sich zudem mit erheblichen finanziellen Nöten, besonders wenn Kinder da sind, herumschlagen muß.

Die jahrelange finanzielle und gefühlsmäßige Abhängigkeit von ihrem Mann nährt in ihr das Gefühl, es allein nicht schaffen zu können, allein nicht existieren zu können. Deshalb versuchen Frauen immer wieder, sich zu arrangieren, anzupassen. Sie sind dabei den widersprüchlichsten Gefühlen ausgesetzt. Ihrem Haß und ihrer Aggressivität stehen ihre Geduld und Hoffnung gegenüber.

Wie Frauen strukturelle Gewalt erfahren

Von Geburt an ist die Frau den verschiedenen Formen von Gewalt in allen gesellschaftlichen Bereichen ausgeliefert. Es fängt an mit der unterschiedlichen Erziehung von Mädchen und Jungen, geht über ihre begrenzten Berufschancen bis hin zu ihrer festumrissenen Rolle als Ehefrau, Hausfrau und Mutter.

Unter welchen Bedingungen erneuern sich die Gewaltverhältnisse, von denen wir Frauen seit über 100 Jahren beherrscht werden, immer wieder? Um diese Frage zu beantworten, müssen wir uns mit dem Begriff der strukturellen Gewalt noch näher befassen.

Johan Galtung, ein norwegischer Gesellschaftswissenschaftler und Friedensforscher, definiert den Begriff der Gewalt so: „Gewalt liegt dann vor, wenn Menschen so beeinflußt werden, daß ihre aktuelle, somatische und geistige Verwirklichung geringer ist als ihre potentielle Verwirklichung."

Dieser Unterschied zwischen der aktuellen Verwirklichung und den potentiellen Möglichkeiten des einzelnen Menschen wird erst in einer Gesellschaft möglich, in der die Einsichten und Hilfsmittel, die zur potentiellen Verwirklichung nötig wären, nicht allen Menschen zugänglich sind oder ihnen vorenthalten bleiben.

Diese Gewalt, die als strukturell bezeichnet wird, ist also in ein gesellschaftliches System eingebaut. Im Gegensatz zur direkten Gewalt gibt es bei der strukturellen Gewalt keinen Akteur. Sie äußert sich in ungleichen Machtverhältnissen und folglich in ungleichen Lebenschancen.

Wir haben uns an die Gewaltbedingungen und -strukturen in dieser Gesellschaft derartig gewöhnt, daß wir sie scheinbar als natürlich empfinden. Schließlich sind wir in sie hineingeboren worden und in ihnen aufgewachsen. Sie sind so fest in unserem Fühlen, Denken und Handeln verankert, daß wir die strukturelle Gewalt kaum noch als solche erkennen können.
Die Erfahrungen mit unserer Benachteiligung und Unterdrückung, denen wir täglich ausgesetzt sind, geben uns Frauen das Gefühl der Minderwertigkeit. Diese Gesellschaft sagt uns Frauen nicht direkt: Du bist nichts, du bist minderwertig. Wir lernen es aus unseren Erfahrungen in allen gesellschaftlichen Bereichen:

— durch Schmuddelsexwerbung werden wir zum Objekt männlicher Gelüste gemacht,
— von Generation zu Generation werden wir zu unbezahlten Reproduktionsarbeiterinnen erzogen,
— im Berufsleben erfahren wir permanent, daß der Mann der Boß ist,
— wir können nur eine beschränkte Anzahl von typisch weiblichen Berufen lernen,
— wir können nicht auf die Straße gehen, ohne Gefahr zu laufen, von einem Mann angemacht zu werden,
— unseren sozialen Status, unsere soziale Sicherheit erhalten wir fast ausschließlich über den Mann,
— jeder Mann kann sich jederzeit eine Frau aneignen (Prostitution),
— allein oder noch schlimmer, allein mit Kindern finden wir keine Wohnung und müssen deshalb zu unseren prügelnden Männern zurück.

Diese Gewalt ist nicht direkt. Es zwingt uns niemand. Wer zwingt uns dazu zu heiraten? Weibliche Berufe zu lernen? Uns für die Kinder allein verantwortlich zu fühlen? Niemand. Es ist die Macht der kulturellen Normen, der Institutionen, der Rollenklischees. Es ist die Gewalt, die unser tägliches Leben ordnet. Es sind die Bedingungen, die zwar von Menschen geschaffen wurden, aber nicht mehr als solche erkennbar sind.
Es ist nicht schwer, diese aufrechtzuerhalten. Denn die meisten Frauen nehmen es als natürlich hin, daß Männer klüger und stärker sind, die sind, die die Recht haben.
Ausdruck dieser Gewalt sind all die typischen weiblichen Normen, die wir Frauen verinnerlicht haben, die uns befehlen, uns zu fügen, unterwürfig und masochistisch zu sein. Strukturelle Gewalt ist alltäglich und normal. Sie ist viel wirkungsvoller als die direkte, körperliche, brutale Gewalt.
Diese Normen sind ein Herrschaftsinstrument unserer Gesellschaft. Sie sind ein Teil der Gewalt, die wir strukturelle Gewalt nennen. Es sind die Normen,

die uns zwingen, uns für unsere Kinder allein verantwortlich zu fühlen, zu heiraten, usw. usw. Wir fühlen uns gezwungen, uns den gesellschaftlichen Normen entsprechend zu verhalten, weil wir keine Außenseiter sein wollen.

Diese Gewalt ist auch der Nährboden, auf dem sich alle anderen Formen der Gewalt entfalten können und gedeihen. Und zwar ist dies einerseits die direkte, gesellschaftliche Gewalt (Polizei, Militär, Gefängnisse, die derzeitige geschlechtsbezogene Arbeitsteilung) und andererseits die direkte, persönliche Gewalt und Herrschaft des Mannes über die Frau.

Die Lebensbedingungen in der Kleinfamilie begünstigen die Gewaltverhältnisse

Die Rahmenbedingungen des täglichen Lebens der Kleinfamilie setzen sich aus verschiedenen Komponenten zusammen. Da sind einmal die unterschiedlichen, anerzogenen Verhaltensweisen von Frauen und Männern. Da sind gleichermaßen die vorherrschenden gesellschaftlichen Normen und Gewaltstrukturen, die im Bewußtsein der Frauen und Männer verankert sind. Dies alles zusammen schafft die Voraussetzungen, unter denen das „gemeinsame Leben" stattfindet.

Oft beginnt es damit, daß der Mann den ursprünglichen Freundeskreis der Frau aus dem gemeinsamen Leben hinausdrängt. Da werden die Gespräche mit der Freundin lächerlich gemacht. Da stört es den Mann, daß fremde Leute herumsitzen, wenn er abends nach Hause kommt. Da unterhalten sich diese Fremden mit seiner Frau und hindern sie daran, sich ihm voll zuzuwenden. Da regt er sich auf, wenn seine Frau abends nicht zu Hause ist, wenn er kommt, denn sie hat schließlich für ihn allein da zu sein.

Diese systematische Isolation der Frau wird durch die erste Phase der Beziehung, durch die Liebe und Zuneigung, die sie füreinander empfinden, begünstigt. Beide sind bestrebt, ihre freie Zeit gemeinsam zu verbringen. „Ich habe diesen Mann sehr geliebt. Aber gerade mit dieser Liebe hat er mich fertiggemacht. Ich hätte ihm nicht nachgeben dürfen. Schon damals nicht, als er redete und redete, um mich von meinen Eltern wegzukriegen... Ähnlich verhielt es sich mit der Freundesclique. Er hat meinen Freundeskreis kaputtgemacht. Ich durfte keinen Bekannten mehr in der Kneipe bedienen. Das machte er, weil er dachte, ich würde denen die Getränke umsonst geben. So hatte ich eines Tages nur noch ihn. Ich war von ihm abhängig." So Heike.

„Meine Bekannten und Freunde, die ich früher hatte. Ja, da durfte ich hinterher nicht mehr. Das waren ja auch, ach ich weiß nicht. Wenn da mal eine besonders nett war, da gab es Unruhe. Er beschimpfte sie mit Wörtern, auch zu mir." (Maria)

,,... und da fing es an: Ich mußte den ganzen Tag zu Hause bleiben und nur tun, was er wollte. Abends durfte ich Fernsehen gucken. Wenn ich nicht gehorchte, bekam ich Prügel, ebenso wie seine Tochter... Er wollte seine Freiheit. Ich brauchte keine. Ich durfte nicht einen Schritt alleine tun. Ich gehörte ihm, und damit war das selbstverständlich. Eine Zeitlang habe ich zweimal in der Woche mit seiner Tochter Tischtennis gespielt. Dann mußte er abends das Essen selber warm machen. Er meinte, sowas dürfe es gar nicht geben. Das sei eine Unverschämtheit, unzumutbar. Dabei mußte er das Essen nur warm machen. Ist denn das Arbeit?'' (Gisela)

Und dann kommen die Kinder. Die Gesellschaft erwartet — und damit selbstverständlich auch der Mann — daß die Frau die Kinder betreut, versorgt und die damit verbundene Hausarbeit leistet. Alles Arbeiten, für die sie nicht bezahlt wird. Das heißt für die Frau: Entweder ihre berufliche Tätigkeit einschränken beziehungsweise aufgeben oder doppelte Arbeitsbelastung durch Beruf und Haushalt.

Die Frauen, die im Frauenhaus Zuflucht suchen, haben zumeist den ersten Weg gewählt. Oftmals brechen sie auch bereits am Tag der Eheschließung eine begonnene Berufsausbildung ab. Der Mann meint, da er ja jetzt für die Familie sorgt, daß seine Frau keine Berufsausbildung braucht.

,,Ja, dann habe ich meinen Mann kennengelernt, da war ich 20, und dann habe ich gar nicht mehr das Examen gemacht. Ich bin dumm, das hätte ich durchhalten sollen. Nach drei Monaten habe ich das aufgegeben.''

,,Doch, ich habe als Frau die Lehre abgeschlossen. Wollt er auch nicht haben, wollt mit aller Gewalt nicht haben, daß ich die Prüfung mach. Brauchst keine Prüfung, wenn wir verheiratet sind.''

Fehlt der Frau eigenes Einkommen aus beruflicher Tätigkeit, so ist das Haushaltseinkommen im Vergleich zu den Ausgaben für die notwendigen Anschaffungen äußerst knapp. Meistens hat der Mann noch kein hohes Einkommen, oftmals auch nur unregelmäßige Arbeit.

Die Wohnung ist für die Familie meistens viel zu klein. Weder für die Frau noch den Mann oder die Kinder gibt es einen eigenen Raum, in den sie oder er sich zurückziehen kann, in dem die Kinder ungestört spielen können.

,,... wenn man 'n kleines Kind hat, dat will ja auch spielen, dat will auch beschäftigt werden. Da kann man nit immer alles aufräumen. Ich kann ja nicht, wenn 'n Kind spielt, nachher immer alles wegräumen, ich kann ja nicht sagen, hör mal, paß auf, mach nit so viel Unordnung, und so, das kann ich nicht. Gerade, wenn man nur zwei Zimmer hat, da sieht et manchmal sowieso drunter und drüber aus, obwohl et gar nich is. Bloß weil irgendwo mal wat rumsteht.''

Frauen erlauben sich selbst den Anspruch auf ein eigenes Zimmer erst gar nicht. Ein solches Bedürfnis wird gar nicht ausgesprochen. Stattdessen ist die erzwungene Enge Anlaß zu Streitereien. Ihre finanzielle Abhängigkeit empfindet die Frau mit zunehmender Dauer des Zusammenlebens als Beherrschung.

In vielen Fällen ist der Mann arbeitslos. Oder er versäuft das verdiente Geld. Dann ist die Frau gezwungen, unter denkbar miserablen Bedingungen Geld hinzuzuverdienen, um Schulden zu bezahlen oder das Nötigste für Essen und Trinken herbeizuschaffen. Für sie selbst bleibt dabei meistens nichts übrig. Viele Männer geben ihen Frauen aus Eifersucht und Mißtrauen keinen Pfennig. Manche Männer erlauben ihren Frauen nicht einmal, allein einkaufen zu gehen.

Die Frau ist für die Versorgung und Betreuung der Kinder allein verantwortlich. Sie hat kein eigenes Geld, keinen Raum und keine Zeit zur eigenen Entfaltung. Sie ist isoliert von der Außenwelt. Das sind die Bedingungen in der Kleinfamilie. Diese Bedingungen begünstigen die Gewalttätigkeiten des Mannes, die die Frau gefügig machen, hilflos. In dieser unterdrückten Situation wagt die Frau nicht, den Wunsch nach Änderung hochkommen zu lassen. Und wenn dieser Wunsch sich nicht mehr unterdrücken läßt, schiebt sie ihn immer wieder hinaus auf einen späteren Zeitpunkt.

,,Vielleicht hätte ich damals gleich ein Zimmer nehmen sollen, aber ich hatte Existenzangst. Angst, nicht durchzukommen. Die habe ich auch heute manchmal noch.''

,,Ich sagte, daß ich mich wieder scheiden lassen wolle. Er meinte, daß das nun gar nicht mehr ginge, ich sei schon wieder schwanger und nun richtig von ihm abhängig.

Die Lebensbedingungen der Frau in der bundesdeutschen Kleinfamilie schaffen die Voraussetzungen für ihre emotionale Abhängigkeit von ihrem Mann. Der menschliche Wunsch nach Liebe, Wärme und gegenseitiger Anteilnahme stößt auf wirtschaftliche und situative Zwänge. Dadurch werden weitere Konflikte, Widersprüche und Zwänge unter den Partnern geradezu programmiert.

Erika heiratet sehr früh, weil sie von zu Hause weg will. Auch wenn sie ihre damalige Lebenssituation — Schwierigkeiten mit dem Stiefvater, große Arbeitsbelastung durch die Lehre, Nebenverdienste, Arbeit im Haushalt — nicht als Gewalt versteht, so ist sie doch der Grund ihrer frühen Heirat: ,,Weil ich einfach da raus wollte.'' Weggehen kann Erika scheinbar nur durch eine Heirat. Sie lernt Michael kennen, mag ihn, findet ihn sympathisch, heiratet ihn, obwohl es nicht ,,Liebe auf den ersten Blick war''. Es war die Notwendigkeit zur Liebe. Auf den zweiten Blick wird Michael in ihrem Leben der Mittelpunkt, die zentrale Figur, dessen Wünsche und Bedürfnisse wichtiger sind als ihre eigenen.

Erikas Lebensinhalt wird die Liebe zu ihrem Mann. Damit ihr eigenes Leben einen Sinn hat, macht sie ihn zu ihrem Lebensinhalt. Als er stirbt, steht sie zwangsläufig vor dem Nichts. Um diese Leere zu füllen, beginnt sie, Klaus zu lieben. ,,Ich brauchte damals einfach einen Menschen hier und hab mich an einen geklammert." ,,Vielleicht war es auch nur Überbrückung, um mit der vorigen Situation besser fertig zu werden." ,,Vielleicht hat ich mir selber was vorgemacht. Weil ich damals die Sache gar nit richtig überblickt habe. Da habe ich geglaubt, ich habe ihn geliebt."

Es geht Erika nicht um Klaus, sondern um Klaus als Objekt ihrer Wünsche. Klaus mag das gefühlsmäßig durchschaut haben. Er macht ihr Vorwürfe, daß sie nicht ihn, sondern nur Michael sehe. Sie sagt dazu: ,,Ja, ich glaube, es ist wirklich so gewesen." Daß sie in Klaus nur ihre Sehnsucht nach Liebe geliebt hat, sieht sie erst, als es zwischen ihnen nicht mehr funktioniert. Das Tauschgeschäft erweist sich als Fehlschlag. ,,Beim Klaus hab ich erkannt, ich wollt dat nit für wahr haben, aber ich wußte, dat er dat mit Berechnung machte. Es ging doch nur, wie kommste am besten über die Runden, wie lebst du am besten. Das ist so ein Typ: Heute ist heute, wat morgen ist, spielt für den keine Rolle, macht der sich keine Gedanken. Ob Kinder da sind oder nicht. Der kennt überhaupt keine Verantwortung. Der hat sich drauf gestützt, die macht dat, die läßt die Kinder nit im Stich, die sucht ne Möglichkeit, aus der Scheiße rauszukommen." ,,Dann schlagartig kam das, daß ich für den nichts mehr empfand, daß es schon Haß war." ,,Nachher hats einfach an Kraft gefehlt. Dann war es so weit, daß es bei mir anfing, wofür sollst du dir die Mühe machen? Laß alles so laufen."

Die Mühe lohnt sich nicht mehr. Klaus hat sie offensichtlich benutzt, ihr nichts zurückgegeben. . . und sie gab ihm alles: ,,Ich glaub, mehr kann man nem anderen gar nicht mehr geben." Sie machten sich beide zu Objekten. Doch Erika spürt nur auf seiner Seite den Widerspruch zwischen Liebe und Benutzen.

Sie durchschaut nicht, daß sie sich aus ihrem überhöhten Bedürfnis nach Liebe zu seinem Objekt macht. Sie kann es auch gar nicht, denn sie liebt Klaus auch nur als Objekt ihrer eigenen Wünsche. ,,Ich hätte niemals akzeptiert wie er wirklich ist." Sie kann es auch deshalb nicht, weil dieses Verhältnis der Geschlechter zueinander durch die Ehe legitimiert und damit normal ist.

Oder Gisela: ,,Irgendwie mag ich ihn immer noch. Ich weiß nicht genau warum. Vielleicht, weil es jetzt so beschissen ist alleine. Auch wenn er mich nie verstand. Er hörte mir nie zu, wenn ich von früher erzählte. Aber wenn ich weinte, tröstete er mich." ,,Doch wir sind oft gemeinsam vor dem Fernseher eingeschlafen. Es war schön. Dann war jemand bei mir. Einfach da. Bei mir."

Die Ausdrucksmöglichkeiten für die Wünsche nach emotionaler Zuneigung, Anerkennung, Sicherheit beschränken sich bei Männern oftmals auf die sexuelle Beziehung zur Frau. Frauen wiederum machen sich diese Einstellung zu eigen. Sie entwickeln sehr häufig das Gefühl, sie seien sexuell nicht attraktiv genug für ihren Mann.

Haben wir als Frau versagt, wenn wir im Bett nicht den Erwartungen des Mannes entsprechen?

Damit wird die sexuelle Beziehung des Mannes zur Frau für ihn zu einem hervorragenden Macht- und Unterdrückungsmittel. Wenn Frauen in ihren Lebensgeschichten von Demütigungen und Herabsetzungen durch ihren Mann oder Freund berichten, sind es fast immer Herabsetzungen ihrer Sexualität.

Anna: ,,Er verlangte die unmöglichsten Sachen von mir sexuell, und dann sagte er, ich sei eine Niete und keine Frau." ,,Er ging immer noch zu der Freundin. Andererseits verlangte er von mir, als ich eine Woche aus dem Krankenhaus war, ehelichen Verkehr, was unmöglich war, und dann sagte er: Siehste du kannst es ja nicht, da muß ich ja fremdgehen."

Auch körperliche Schläge des Mannes richten sich oft auf die Frau als bloßes Sexualobjekt. In vielen Lebensgeschichten gehen Schläge und Beschimpfungen einher mit anschließenden Vergewaltigungen.

Anna: ,,Er hat mich total zusammengeschlagen und beschimpft. . . Anschließend hat er mich vergewaltigt, denn ich war ja nichts besseres für ihn als eine Hure."

Heike: ,,Er brüllte: Mit dem haste also auch gefickt. Dann kann ich auch noch mal. — Nachdem er mich vergewaltigt hatte, stopfte er mir das Bild von meinem Bruder in die Scheide."

Betrachten wir das, was da passiert und versuchen wir . . . es kostet wahrhaftig Mühe und Überwindung . . . uns vorzustellen, daß dies Ehe, Liebe, Glück zu zweit genannt wird, dann stellt sich aufs neue und noch dringlicher die Frage: Wie funktioniert so etwas?

In den Lebensgeschichten legen die Frauen Zeugnis davon ab, wie sehr sie unter der Gewalt gelitten haben. Heike, die ,,dahinschmolz", wenn ihr Mann die geschlagenen Stellen streichelte, leistet wiederholt Widerstand.

Es muß für beide Geschlechter eine ungeheure Anstrengung sein, mit dieser Entmenschlichung zu leben. Dies sogar noch für ihre Lebensform, für Liebe,

für Ehe zu halten, d. h., diese Gewalt auch moralisch zu begründen.
Frauen, so mag es Männern vorkommen, sind nichts anderes als die Objekte männlicher Bedürfnisse. Ihre Körper dienen dazu, Männern zu gefallen, sie zu erregen, sie zu gewinnen. Auch wenn das kein Mann so ausspricht. Sie haben dieses Frauenbild oft so vollständig verinnerlicht, daß sich ihre sexuellen Handlungen in nichts von der in dieser Gesellschaft üblichen Rollenaufteilung und der damit vollzogene Reduktion der Frau auf ihr Geschlecht unterscheiden.
Heike: ,,Er sagte, der Hund sei krank. Ich solle nach Hause kommen... Er wollte Sex.''
Der Mann muß in unserer Kultur als der Sieger, der sexuelle Überwinder auftreten. Wir kennen es alle aus persönlichen Erfahrungen, aus Filmen (oh, Humphrey Bogart!), aus Presse, Werbung, aus der Trivial- und der sogenannten besseren Literatur und, und, und.
Frauen sind weit davon entfernt, sich als begehrende Subjekte zu entfalten. Ständig mit der Erniedrigung ihres Geschlechts konfrontiert, angesichts der

---

Frauen täuschen im Bett einen Orgasmus vor, weil der Mann sonst seines Siegergefühls beraubt würde.

---

aggressiven sexuellen Forderungen ihrer Männer, werden sie in die Verteidigung gedrängt. Sie sind Tag für Tag damit beschäftigt, das ,,begehrte Objekt'' auch darzustellen, daß man(n) von ihnen erwartet.
In dem Buch ,,Die ganz gewöhnliche Gewalt in der Ehe'' liest sich das so: ,,Das Spezifische an der Situation der Frau leitet sich von der gesellschaftlichen Reduktion von Frauen auf ihr Geschlecht ab.''
Germaine Greer zitiert in ihrem Buch ,,Der weibliche Eunuch'': ,,Die Vagina ist so künstlich gewirkt, daß sie sich jedem Penis anpassen kann; sie kann wohl einen langen aufnehmen, einen kurzen empfangen, sich für einen dicken erweitern, für einen schmalen zusammenziehen: so daß denn freilich jeder Mann jedem Weibe und jedes Weib jedem Manne beiliegen mag.''
Die weibliche Vagina ist eben nur ein Loch. Wird die Frau in der Gesellschaft auf ihr Geschlecht reduziert, folgt daraus, daß auch sie ein Loch ist. Das ist nichts weiter als die präzise, wenn auch schmerzhafte Logik der Unterdrückung.
Frauen sind der Besitz der Männer. Die hier vorgelegten Lebensgeschichten lassen daran keinen Zweifel. Vor allem im sexuellen Bereich sind sie der Besitz des Mannes. Die Sexualität der Frau gehört dem Mann. Sie besitzt nicht einmal das Recht auf ihren eigenen Körper. Das zeigt sich auch in der Ablehnung der Fristenregelung durch das Bundesverfassungsgericht. Es besteht — natür-

lich — aus Männern. Die höchsten Richter dieses Staates beriefen sich bei ihrer Entscheidung (über den Körper der Frau) auf den Art. 1 Abs. 1 des Grundgesetzes: Die Würde des Menschen ist unantastbar. Hier erübrigt sich jeder Kommentar!

In dem Buch „Die ganz gewöhnliche Gewalt in der Ehe" zitieren die Autorinnen Lida Gustava Heymann: „Jung verheiratete Frauen suchten Rat und Trost in ihrer maßlosen Verzweiflung. Sie empörten sich, daß sie jetzt nicht einmal mehr — wie der Mann ihnen einzureden wußte — über den eigenen Körper zu verfügen hätten. Ausbeutung durch den Arbeitgeber war wenig erfreulich, aber die durch den Ehemann geradezu verzweiflungsvoll. Was ich früher nur instinktiv ahnte, wurde hier zur lebendigen Erkenntnis; nur von Ausnahmen abgesehen, besteht zwischen Männern und Frauen in den wichtigsten Dingen intimer Lebensgemeinschaft ein abgrundtiefer, kaum zu überbrückender Zwiespalt."

Cheryl Benard und Edit Schlaffer stellen in ihrer Untersuchung über Gewalt in der Ehe fest, daß die Beschreibung von Lida Gustava Heymann nach wie vor zutreffend ist. Auch wir können uns dieser Feststellung nur anschließen. Die Lebensgeschichten der Frauen zeigen es in brutaler Deutlichkeit. Während die Frauen der Monogamie verpflichtet sind, praktizieren die Männer die Polygamie. Nicht nur in den hier abgedruckten Lebensgeschichten, sondern in allen, die wir bisher erstellten, nimmt sich der Mann eine Freundin. Während dem Mann gesellschaftlich die Möglichkeit gegeben ist, seine körperlichen und emotionalen Bedürfnisse voneinander zu trennen, bleibt die Frau in ihrer Rolle als Ehefrau, Mutter, Geliebte eines Mannes gefangen. Nicht nur, daß die Frauen die gesellschaftliche Norm, nur einem Mann zu „gehören", verinnerlicht haben. Der Mann reagiert auf jegliche Bedrohung seines „Besitzes" eifersüchtig, ja ausgesprochen aggressiv.

Heike wird auf die bloße Vermutung ihres Mannes hin, etwas mit einem anderen zu haben, eine Flasche Whisky im Gesicht zerschlagen.

Auch Anna bezieht brutale Prügel von ihrem Mann, als ihr ein anderer Mann in einer Kneipe Komplimente macht. Er beschimpft sie als dreckige Hure, die mit jedem Typ ins Bett geht. Erikas Mann wird auf eine ihrer Freundinnen eifersüchtig: „Dann wollt der mir unterstellen, ich wär lesbisch."

Die Männer nehmen für sich selbst das Recht des Fremdgehens in Anspruch. Das hält sie jedoch nicht davon ab, ihre Frau als ihr Eigentum zu betrachten. Männliche Eifersucht — so zeigen die Zitate — bezieht sich sofort auf den Körper der Frau.

Der Mann ist der Privateigentümer „der Mittel" zur eigenen Reproduktion, d. h. er ist der Besitzer seiner Frau . . . und die Frau . . . das ist ihre Weiblichkeit . . . und ihre Weiblichkeit . . . das ist ihr Körper.

Leben wir in einer Drei-Klassen-Gesellschaft?

Die Funktion der Familie und damit die Aufgabe der Frau ist die Produktion und Reproduktion der menschlichen Arbeitskraft. Subjektiv ist das für die Beteiligten anders. Was für sie Sinn und Erhaltung ihres Lebens ist, ist aus der Sicht des Kapitals die Erhaltung (Reproduktion) von Arbeitskraft. Die seelische und körperliche Versorgung von Menschen als spezifisch weibliches Arbeitsvermögen ist von unschätzbarem Wert für das Funktionieren der kapitalistischen Produktionsweise. ,,Als Produktion und Reproduktion des dem Kapitalisten unentbehrlichsten Produktionsmittels, des Arbeiters selbst, ist die Hausarbeit der Frau unmittelbare Voraussetzung der Lohnarbeit." (Aus S. Kontos, K. Walser, 1978, Hausarbeit ist doch keine Wissenschaft, in: Beiträge zur feministischen Theorie und Praxis, Erste Orientierungen)

Die Arbeit der Frau und ihr Verhältnis zum Mann ist vergleichbar mit der Art der Beziehungen zwischen Entwicklungsländern und Industrieländern. Die Industrieländer beuten den Reichtum der Entwicklungsländer aus — ihre Rohstoffe und auch zunehmend ihre Arbeitskräfte — um leben und immer besser leben zu können. Gleichzeitig bestimmen sie die Preise und die Bedingungen des Tauschgeschäftes. Obgleich im Prinzip eine wechselseitige Abhängigkeit vorliegt, sind die Industrieländer die entwickelteren, die reicheren, die auch militärisch mächtigeren. Und so geht es auch den Frauen. Sie produzieren auf einer niedrigeren Produktionsstufe. Sie leben in einer Art Leibeigenschaft. Sie sind mit Parzellenbauern vergleichbar, die das Land ihres Herren bestellen und so dessen Existenz absichern. Damit sie dieses auch weiter können, werden die Bauern ihrerseits vom Herrn notdürftig am Leben erhalten.

Claudia von Werlhof beschreibt dies als Drei-Klassen-Struktur: Das Kapital beutet den Mann aus, der Mann die Frau. Die Ausbeutung der Frau, so sagt sie weiter, ist jedoch älter als der Kapitalismus. Das Patriarchat, als Aneignung, Kontrolle und Ausbeutung der Frau, ist so alt wie unsere Zivilisation. Über die Entstehung des Patriarchats und die Zeit davor gibt es eine Reihe von Theorien (z. B. Bornemann, Engels, Bachofen).

Was uns hier wichtig erscheint, ist, daß das patriarchalische Prinzip auch in unserer Gesellschaft fortbesteht. Es wurde zwar ergänzt und überlagert durch die Aneignung, Kontrolle und Ausbeutung auch der männlichen Arbeitskraft und aller verwertbaren natürlichen Ressourcen, deswegen aber nie aufgegeben. Es wird langfristig durch die Anwendung ökonomischer Gewalt aufrechterhalten, wie sie z. B. die Institution Ehe darstellt, oder durch die Androhung und Anwendung direkter Gewalt. Daß das Patriarchat überlebt hat, ist auf die Besonderheit des ,,Produktionsmittels" Mensch und die Bedingungen seiner Reproduktion zurückzuführen.

Wirtschaft, Liebe, Ehe und Gewalt stehen in engem Zusammenhang

Direkte, körperliche Gewalt gegen Frauen findet hauptsächlich in der Familie statt. Das ist nicht weiter verwunderlich, denn die Familie ist selbst eine Institution, die auf Gewalt beruht. Sie beruht auf der Trennung von Arbeit und Leben, von Produktion und Reproduktion.

In vorindustriellen, vorkapitalistischen Gesellschaften waren Familie und Produktion miteinander verknüpft. Die Familie war die Grundlage der gesellschaftlichen Produktion, und die Produktion wurde durch den familiären Rahmen geprägt und begrenzt. Die Gesellschaft, in der wir heute leben, ist dadurch bestimmt, daß die Produktion nicht mehr im Haus, in der Familie stattfindet, sondern in vom Haushalt getrennten Produktionsstätten. Erst unter

---

Der Mann zieht hinaus ins feindliche Leben...
und drinnen waltet die züchtige Hausfrau.

---

diesen Bedingungen konnte sich der Begriff von Familie herausbilden, den wir heute als normal, quasi natürlich betrachten: Familie als privater, intimer, von der Gesellschaft unabhängiger Schutzraum.

Welche Funktion hat nun die Familie heute? Ist sie dieser Schutzraum? Und welche Folgen hat die Trennung von Arbeit und Leben?

Der Produktionsfaktor Mensch und die Sicherung seiner Existenz

Betrachten wir einmal die bundesrepublikanische Durchschnittsfamilie, so wie wir sie aus eigener Erfahrung kennen: Da ist der Ehemann/Familienvater, der morgens zur Arbeit fährt, Geld nach Hause bringt. Geld mit dem er die Familie ernährt, bzw. das er seiner Frau zur Verfügung stellt, damit sie all die Dinge, die zum Lebenserhalt gebraucht werden, beschafft. Die Wohnung, das Auto muß bezahlt werden, es werden Nahrungsmittel, Kleidung usw. gekauft. Neben der materiellen Existenzsicherung durch die und in der Familie gibt es die psychisch-emotionale. In der Familie werden Bedürfnisse wie Nähe, Wärme, Zuneigung, Sexualität usw. abgedeckt. Sie sind für die Existenz des Menschen ebenso wichtig wie Nahrung.

Der Arbeitsbereich von Mann und Frau ist also unterschiedlich. Es herrscht Arbeitsteilung. Der Mann ist zuständig für die Produktion (Herstellung von Waren, Bereitstellung von Dienstleistungen usw.), die Frau für die Reproduktion, d.h. die Frauen sichern mit ihrer Hausarbeit die Existenz des Mannes. Sie versetzt ihn in die Lage, am nächsten Tag wieder produzieren zu können und sie zieht die nächste Produzenten- und Reproduzentinnen-Generation — die Kinder — groß.

Betrachten wir da, was in der Familie geschieht, was subjektiv Lebenserhaltung ist, unter wirtschaftlichen Gesichtspunkten, so stellen wir fest, daß in der Familie Energie produziert wird. Hier entsteht der ,,Produktionsfaktor Arbeit'', denn das ist der Mensch für die Betriebswirtschaft.

Dieser Produktionsfaktor Mensch unterscheidet sich wesentlich von anderen Produktionsfaktoren, wie Rohstoffen, Maschinen usw. Das menschliche Arbeitsvermögen existiert nur im lebendigen Menschen, dessen Bedürfnis nach materieller Existenzsicherung unlösbar mit seinem Bedürfnis nach menschlichen Beziehungen verknüpft ist.

Um den Produktionsfaktor Arbeit sicherzustellen, muß diesen beiden miteinander verbundenen Bedürfnissen entsprochen werden. Das geschieht in der Ehe und Familie. Die Institution der Ehe hat, wie andere gesellschaftliche Institutionen auch für grundlegende menschliche Bedürfnisse eine strukturierte Form der Befriedigung anzubieten. Die Eheschließung ist die Grundlage für die Reproduktion der Ware Arbeitskraft.

Die Trennung von Arbeit und Leben ist auch die Trennung der Geschlechter

Mit dem Beginn der Ehe ist die Frau — daran ändert auch ihre eventuelle Berufstätigkeit nichts — verantwortlich für das Wohl des Mannes und der Kinder. Erst durch die Arbeit der Frau in der Familie wird der Mann wirklich ,,freier'' Verkäufer seiner Arbeitskraft, denn seine Reproduktion wird ihm von seiner Frau abgenommen. In der Frau besitzt der Mann die Mittel seiner Reproduktion. Das Besitzrecht über die Frau war dem Mann früher in der Ehe- und Familiengesetzgebung ausdrücklich zugesichert. Der Mann galt als der Verwalter der Frau, sie hatte ihm überall hin zu folgen, hatte gehorsam zu sein und wenn sie das nicht war, durft der Mann sie züchtigen. Heute gelten die ungeschriebenen Gesetze der Normalität. Es ist normal, daß eine Frau heiratet und aus Liebe ihren Mann versorgt. Merke: Liebe geht durch den Magen.

Dieser Liebesdienst macht die Frau wirtschaftlich abhängig. Denn sie erhält für ihre Arbeit keinen Lohn, sondern der Lohn ihres Mannes wird umverteilt. Mit der Ehe stellt die Frau normalerweise ihre Arbeitskraft für ein ganzes Leben ihrem Mann zu Verfügung. Sie begibt sich damit in eine existenzielle Abhängigkeit, die dem Mann wiederum seine Verfügungsgewalt über sie zusichert. Und diese Verfügungsgewalt ist total. Sie umfaßt auch den Körper der Frau, ihre Sexualität. Denn was kann die Tatsache, daß Vergewaltigung in der

Ehe nicht rechtlich verfolgt wird, sonst heißen? Was sonst kann es bedeuten, daß Vergewaltigung außerhalb der Ehe sehr wohl verfolgt wird? Hier geht es offenbar nicht um die Vergewaltigung an sich, sondern um ein Eigentumsdelikt: Die Sexualität der Ehefrau gehört dem Ehemann. Wenn ein anderer sie sich nimmt, ist das Diebstahl.

Die wirtschaftliche Abhängigkeit der Frau vom Mann macht Gewalt gegen Frauen erst möglich, denn sie haben keine oder nur viel schlechtere Existenzalternativen. Täglich wird in den Frauenhäusern deutlich, wie schwer es ist, den Mann zu verlassen. Frauen, die dies wagen, stehen vor dem Nichts. Sie haben meistens keine Arbeit, keine Ausbildung, keine Wohnung. Sie stehen da — nach oft jahrzehntelanger Ehe — mit einem Koffer und ... natürlich den Kindern. Und dann beginnt der Kampf mit dem Sozialamt, dem Jugendamt, den Hausbesitzern. ,,Nein danke", heißt es da, ,,Sozialhilfeempfängerinnen mit Kindern, ... für die haben wir keine Wohnung." Ist es unter diesen Umständen ein Wunder, daß die Frauen immer wieder aushalten, zurückgehen, wieder weggehen ... resignieren. Und oft weitere Mißhandlungen auf sich nehmen, damit die Kinder ein Dach über dem Kopf haben?

Die Tatsache, daß Frauen wirtschaftlich und sozial, denn eine Frau ohne Mann gilt nicht viel, von Männern abhängig sind, macht die direkte Gewalt gegen Frauen erst möglich. Und das wissen die Männer. In Annas Lebensge-

---

Frauen leiden, damit die Kinder ein Dach über dem Kopf haben.

---

schichte wird das sehr deutlich: ,,Ich sagte, daß ich mich wieder scheiden lassen wolle. Er meinte, daß das nun gar nicht mehr ginge. Ich sei schon wieder schwanger und nun richtig von ihm abhängig."

Aber diese Abhängigkeit, diese Wirklichkeit von Brutalität und Gewalt, kann so nicht ausgehalten werden. Jedenfalls so lange nicht, wie sie nicht zu ändern ist. Da muß eine Bewältigungsstrategie her. Wir wollen diese Bewältigungsstrategie im folgenden noch einmal aufgreifen.

Die große Liebe erklärt, verklärt alles und deckt alles zu

Die Liebe ist das Wahre, das Große im Leben des Menschen. Für die Frau ist die Liebe natürlich noch ein Stück wahrer und größer als für den Mann. Der großen, wahren Liebe begegnet man nur einmal im Leben. Wenn der Richtige da ist, ist die Ehe der Gipfel der Gefühle. Das ist zu überspitzt dargestellt? Das ist der Schnee von gestern? Nein! Wir wollten es auch einfach nicht glauben, als wir im Frauenhaus auf solche Vorstellungen in den Köpfen der Frauen stießen. Diese Ideen sind alltäglich. Und wohin sollten Frauen sonst fliehen angesichts der Benachteiligungen in allen Lebensbereichen, in der öffentlichen Meinung? Gerade ledige und geschiedene Mütter sind handfesten materiellen Benachteiligungen ausgesetzt. Was bleibt ihnen denn, als auf die große Liebe zu hoffen?

An der Liebe und damit an der Ehe, denn die beiden stehen in unserer Gesellschaft in engem Zusammenhang, wird nicht gerüttelt.

Die Liebe zwischen den Liebespartnern ist angeblich der Sinn des Lebens, alles andere ist sinnlos. Und so ist es ja auch. Die tägliche Arbeit bringt außer Geld nichts, zumindest keine Anerkennung, Selbstbestätigung, Befriedigung, keinen Spaß. Die Arbeit ist nicht lustvoll, sondern Fron. Da muß etwas her, was als Ersatz dienen kann. Ehe und Familie, das ist der Bereich, in dem der ,,Mensch noch Mensch sein kann''.

Aus dem Buch ,,Die ganz gewöhnliche Gewalt in der Ehe'': ,,In einer Konkurrenzgesellschaft nimmt der Privatbereich, dessen Kernstück Ehe und Familie sind, den Charakter einer Restkategorie an. Daraus folgt die Überfrachtung dieses Bereichs mit Erwartungen und Bedürfnissen, die von den gegebenen Zuständen aufgrund dieser Zustände unerfüllbar bleiben müssen.''

Für uns ist es nichts anderes als Gewalt, wenn dem elementaren menschlichen Bedürfnis nach Liebe nur in vorgegebenen Bahnen und nur in Verbindung mit bestimmten Inhalten und Bedeutungen — nämlich Ehe und Familie — eine Chance der Erfüllung zugestanden wird.

Diese Gewalt ist indirekt. Sie ist nicht auf Anhieb erkennbar. Es ist die Gewalt des ,,Normalen'', eben der Bedingungen, unter denen wir leben. Sie wird erst dort deutlich, wo sie in direkter Gewalt explodiert, z.B. in Mißhandlungen von Frauen und Kindern.

In der offenen, direkten Gewalt explodiert die Aggressionsbereitschaft, die aus der anonymen, strukturierten Gewalt entsteht.

Die Gewalt unserer Lebens- und Produktionsbedingungen

In der Produktion — so wie sie heute stattfindet — ist der Mensch nicht Mensch, sondern Ware: die Ware Arbeitskraft. Er ist einem Produktionsprozeß unterworfen, nach dessen Sinn er nicht zu fragen hat. Ausbrüche werden schwer geahndet. So hat ein Fließbandarbeiter in einem großen deutschen Automobilwerk in den Lack einiger Wagen, an denen er mitgearbeitet hatte, seine Initialen gekratzt. Natürlich an einer Stelle, wo es kaum auffiel. Er wollte damit erreichen, daß er „seine" Autos wiedererkennt. Ob er „seine" Autos je wiedergesehen hat, wissen wir nicht. Wir wissen jedoch, daß er für seinen Versuch, die Entfremdung von seiner Arbeit ein wenig aufzuheben, fristlos entlassen wurde.

Der Mensch arbeitet nach Regeln und Anforderungen, die von seinen persönlichen Interessen und Bedürfnissen losgelöst sind. Die Arbeit ist meistens nur Mittel zum Zweck. Sie dient der Finanzierung des Lebensunterhalts. Das

Liebe soll uns für all das entschädigen, was uns die Gesellschaft vorenthält.

menschliche Grundbedürfnis — für ein solches halten wir es in der Tat — nach befriedigender Arbeit, nach einer Arbeit, in der sich der Mensch verwirklichen und wiedererkennen kann, wird nicht befriedigt.

Im Produktionsprozeß werden wir unserer Arbeit, dem von uns hergestellten Produkt entfremdet. Wir haben keinen Einfluß auf die Art und Weise der Produktion, auf das, was produziert wird. Wir können nicht über das Produkt unserer Arbeit verfügen. Es gehört dem Eigentümer der Produktionsmittel.

Die Arbeitsplätze der in der Industrie beschäftigten Männer und Frauen sind gekennzeichnet durch geistlosen, monotonen Umgang mit Dingen, einseitigen körperlichen Belastungen, schlechter Luft, Lärm. Es herrschen Vereinzelung und Anonymität. Das Verhältnis zu den Arbeitskollegen und -kolleginnen ist meistens distanziert und Konkurrenzmechanismen ausgesetzt.

Das alles führt zu starken psychischen und physischen Belastungen. Diesen Alltagsbelastungen und der im Produktionsprozeß erlebten Ohnmacht wird die Familie als Schonraum gegenübergestellt. Hier soll der Raum für eigenständige Entfaltung und Bedürfnisbefriedigung sein. Hier suchen die Menschen das, was ihnen sonst versagt bleibt: den Sinn ihres Lebens, ihres Tuns.

Welch ein Ablenkungsmanöver. Was geschähe mit der Wut, den Frustrationen und Belastungen, die täglich im Produktionsprozeß angesammelt werden, wenn es die „heile Welt" der Familie nicht gäbe, diese Kompensations- und Aggressionsabfuhrinstanz?

Und was geschieht mit den Frauen, den Trägerinnen dieser Instanz? Was geschieht mit ihren Illusionen von großer Liebe und glücklicher Familie, auf die sie ihr Leben aufzubauen gelernt haben? Sie kollidieren mit der „harten Wirklichkeit" — mit einem gestreßten, unzufriedenen Ehemann, täglich sich wiederholender Hausarbeit, zu engen Wohnungen . . .

Ja, ist es da nicht geradezu zwingend, daß es hier ,,knallen" muß ... daß Frauen ,,hysterisch" werden und Männern die Hand ausrutscht?

Diese Frage können wir als rhetorisch abtun. Solange wir an unseren Produktions- und Lebensbedingungen nichts ändern, solange wir die Ursache der Trennung der Geschlechter nicht aufheben, wird es — muß es — immer wieder zu Gewalt kommen. Alle anderen Ansätze, den Geschlechterkonflikt zu lösen, etwa durch geändertes Rollenverhalten, werden immer nur von einer Minderheit getragen und sind jederzeit wieder umkehrbar.

In der heutigen Gesellschaft ist die Existenz des Menschen sinnlos und ersetzbar. Diese Ersetzbarkeit soll durch Liebes- oder Ehepartner aufgehoben werden. Der Partner soll das triste Leben mit Inhalt füllen, dem vernachlässigten, entfremdeten Ich Stütze, Halt, ja sogar Identität schenken. ,,Wegen der notwendigen Abwehrfunktion, die der Ehe, wie auch der Sexualität allgemein, in unserer Gesellschaft zwangsläufig zukommt, ist eine nichtneurotische Ehe- bzw. Zweierbeziehung schon fast ein Widerspruch in sich." (R. Taeni, 1976, Latente Angst: das Tabu der Abwehrgesellschaft)

Der Begriff Abwehrfunktion meint allgemein gesellschaftliche Einrichtungen, die der Befriedigung individueller Abwehr dienen. Individuelle Abwehr ist die Ersatzbefriedigung für entfremdete Bedürfnisse.

Liebe, Sexualität als Lebensenergie, als Kraft und Lust Leben bewußt und gesellschaftlich organisiert zu reproduzieren, das ist unsere Definition der Liebe — zur Aufhebung der Gewalt.

Frauen kämpfen um der Liebe willen

Wir haben in diesem Buch viel über Liebe und Identität geschrieben. Frauen bauen ihr Leben mehr oder weniger unbewußt nach der Denkkategorie Liebe, mit all ihren fragwürdigen Inhalten, auf. Das uns von der Gesellschaft auferlegte Frauenbild bewirkt den größten Teil unseres Leidens. Unsere Identität erhalten wir über den Mann. Angesichts dieser Tatsachen stellt sich die Frage, wie gehen wir damit im Frauenhaus um, und welche Alternativen können über das Frauenhaus hinaus angeboten werden?

,,Mann muß den wirklichen Druck noch drückender machen, indem man ihm das Bewußtsein des Drucks hinzufügt, die Schmach noch schmachvoller, indem man sie publiziert." (Karl Marx)

Der psychische Druck der Frauen ist da. Meistens äußert er sich nur verschlüsselt durch verstärkten Alkoholgenuß, Desinteresse an sich selbst und anderen, Passivität.

Heike: ,,Mein Wunsch nach Zärtlichkeit und Anlehnung und meine Erfahrungen — das widerspricht sich total."

Erika: ,,Ich hab dat Gefühl, ich hab en Wollknäuel in mir... und da find ich den Faden nit — wollen wir mal sagen — wie man dat aufrollen tut hier."

Diesem Druck fehlt das Bewußtsein über den gesellschaftlichen Hintergrund dieses Druckes. Erika' wünscht sich, so leben zu können, wie sie sich das früher immer vorgestellt hat. Sie will den Mann und die Kinder glücklich machen, ihnen zeigen, daß das Leben schön ist. Sie sehnt sich nach Liebe und Geborgenheit. Sie bemerkt nicht, daß es ihr ,,Frauenschicksal" ist, das ihr ein Leben als liebende Ehefrau und Mutter so erstrebenswert erscheinen läßt. Sie spricht von den Umständen, von der Vergangenheit, die sie an diesem ,,Glücksideal" zweifeln lassen. Und sie leidet darunter. Das Ergebnis ist ein ,,Wollknäuel", der Wunsch, ihre Sehnsucht nach Liebe und Geborgenheit abzubauen, ohne daß sie schon etwas hätte, das sie stattdessen aufbauen könnte. Sie hat Angst, sich wieder zu verlieben, eine Scheiß-egal-Stimmung. Aufgrund der erlittenen Lebensumstände fürchtet sie eine neue Depression.

,,So gesehen, werden psychische Probleme also nicht so sehr vom Unbewußten verursacht, sondern von einem Mangel an vollem Bewußtsein. Wenn wir Wege hätten, zu einem besseren Bewußtsein unser ganzes Leben über zu kommen, wenn wir genauere Begriffe für die Erfassung der Wirklichkeit hätten, wenn wir einen besseren Zugang zu den Gefühlssphären und Methoden hätten, unsere wahren Wünsche zu erkennen — wenn wir dies alles hätten, dann könnten wir bessere Handlungsmodelle entwickeln." (Jean Baker Miller ,,Die Stärke weiblicher Schwäche", 1977)

Die wichtigsten Konsequenzen, die wir aus unserer bisherigen Frauenhausarbeit ziehen, sind

— das Erkennen der Zusammenhänge zwischen dem Ausüben und Erdulden von Gewalt,
— das Erkennen der Zusammenhänge zwischen Dominanzen und Abhängigkeiten,
— das Erkennen der Zusammenhänge zwischen gesellschaftlicher, struktureller, öffentlicher Gewaltausübung und den individuellen Gewalttätigkeiten hinter verschlossenen Türen,
— die Analyse der Ursachen dieser Zusammenhänge,
— die Aufarbeitung unserer unterschiedlichen Erfahrungen mit Gewalttätigkeiten.

Ein Stück neues Bewußtsein entsteht meistens im Frauenhaus. Denn die Isolation der Frau in der Ehe ist durch den Aufenthalt im Frauenhaus zunächst einmal durchbrochen. Sie knüpft Kontakte mit anderen Frauen, die in ihren

Ehen ähnliche oder gleiche Erfahrungen gemacht haben. Sie lernt, über ihre Erfahrungen zu sprechen. Viele Frauen bestätigen uns, daß sie über ihre Mißhandlungen nur im Frauenhaus sprechen konnten. Woanders hätten sie sich geschämt.

Die Frauen dürfen nicht länger schweigend leiden – wir müssen schreien, daß es der Gesellschaft durch Mark und Bein geht.

Das Durchbrechen des Schweigens schafft die Möglichkeit, sich der eigenen Geschichte und Unterdrückung bewußt zu werden. Dies ist die unabdingbare Voraussetzung für die weitere Lebensbewältigung.

In der gemeinsamen, selbständigen Organisation des Alltagslebens im Frauenhaus liegt die Möglichkeit der Solidarität, der sinnlichen Erfahrung des Miteinander. Hier kann zumindest im Ansatz erlebt werden, daß es auch andere denkbare Lebensformen als die der Kleinfamilie gibt.

Es erfordert große Anstrengungen, Probleme, die einen selbst so hautnah betreffen, zu verstehen, d. h. sie exakt zu benennen. Soll unsere Arbeit allerdings Früchte tragen und die uns unterdrückenden Verhältnisse ändern, so müssen wir Frauen diese Arbeit selbst machen. Wir sind die Experten unserer Situation. Nicht irgendein Außenseiter. Auch kein noch so Wohlmeinender kann für uns die Rolle des angebliche objektiven Wissenschaftlers spielen. An das Märchen von der objektiven Wissenschaft glauben wir nicht mehr. Denn nach 1000 und mehr Jahren Wissenschaft hat sich an der unterdrückten Situation der Frauen nur immer dann etwas geändert, wenn es darum ging, das Funktionieren der Arbeitsteilung zu verbessern. Die traditionelle Arbeitsteilung jedoch ist der beste Garant, unsere Unterdrückung aufrechtzuerhalten.

Wir haben unsere Arbeit in der Dokumentationsgruppe mit den betroffenen Frauen als ersten Schritt des Begreifens, des Systematisierens auf dem Weg zu einer Gewalt-Theorie verstanden. Um sie zu einer konkreten Veränderung unserer unterdrückten Lebenssituation werden lassen zu können, haben wir sie bewußt als Aktionsforschung betrieben.

Schon die Aufnahme der Lebensgeschichte bietet der Frau, die über ihr Leben erzählt, viel Material, über sich und ihr Leben nachzudenken. Ebenso für uns, die wir zuhören, lernen und verstehen wollen. Die Gruppendiskussionen verstärken diesen Prozeß und heben ihn darüber hinaus auf eine allgemeinere Ebene, auf der die Frauen ihre Situation vergleichen und verobjektivieren können.

In dem auch weiterhin bestehenden wöchentlichen Gesprächskreis mit den Frauen werden die Probleme vertrieft, aktuelle Fragen besprochen. Hier wird auch Konfliktfähigkeit eingeübt. Es ist wichtig, miteinander darüber zu sprechen, was Frauen in den Kneipen suchen, in die es sie immer wieder zieht, obwohl viele beteuern, daß es sie eigentlich ,,ankotzt", in diese ,,Schuppen" zu gehen. Erst wenn sie wissen, was sie dort eigentlich wollen, können sie vielleicht darauf verzichten. Erst dann können sie ihr Verhalten verändern. Verändern heißt für uns, daß sie das, was sie tun, freier, selbstbewußter und selbstbestimmter leben als dies vom Schicksal geschlagene Menschen tun können. In diesem Sinne begreifen wir auch die hier häufig erwähnte Identität.

Wir können im Frauenhaus nur erste Bausteine für ein selbstbewußtes Frauenbild setzen.

Die Prozesse bei den betroffenen Frauen, den Mitarbeiterinnen, in den Auseinandersetzungen mit den Behörden zu reflektieren und systematisch aufzuarbeiten, ist für die gesamte Frauenhausarbeit von großer Bedeutung. Noch wichtiger scheint sie uns für die Weiterentwicklung unserer politischen Perspektiven in dieser Arbeit. Ebenso wichtig ist es, daß wir diese Erfahrungen öffentlich machen, daß wir das starke Tabu, das immer noch auf Gewalttätigkeiten zwischen Mann und Frau lastet, durchbrechen. Wir müssen die Mauern des Schweigens einreißen und das nicht leise, sondern mit unüberhörbarem Lärm und Getöse.

Die wissenschaftliche Aufarbeitung unserer Probleme bis hin zur Entwicklung alternativer Lebensformen ist nicht nur eine Frage unseres guten Willens und politischen Engagements. Auch nicht nur eine Frage des ,,besseren" Bewußtseins. Alle Frauen, die täglich im Frauenhaus leben und arbeiten, müssen alle ihre Kräfte einsetzen. Die Lebensbedingungen für Frauen müssen verbessert werden. Zunächst sind es die Bedingungen, die die Frauen im Frauenhaus vorfinden, die Bedingungen, unter denen sie sich ein neues Leben aufbauen können, die Bedingungen, unter denen ein Frauenhaus betrieben wird. Deshalb ist

— die materielle Absicherung der Frauenhausarbeit und
— eine stärkere materielle Unterstützung von Frauen, die sich ein eigenes Leben aufbauen wollen,

unerläßlich.

Das Frauenhaus ist in erster Linie eine Auffangstation mit Übergangscharakter. Wir haben in unserer Konzeption festgelegt, daß wir möglichst vielen Frauen Unterkunft und Schutz gewähren wollen. Daraus ergibt sich eine starke Fluktuation, ein ständig überfülltes Frauenhaus, Unruhe, permanenter Neubeginn — und nicht zuletzt auch unsere Frustration über eine ,,halbe Arbeit".

Die Erfahrung von Solidarität und gemeinsamem Handeln findet in unserem übervollen Frauenhaus, in dem häufig mehrere Frauen in der Woche wechseln, schnell ihre Grenzen. Gerade Frauen, die die Ruhe ihrer Drei- bis Vier-Zimmer-Wohnung gewohnt sind, schrecken vor der Unruhe im Frauenhaus zurück. Dies kommt zu den ohnehin vorhandenen Schwierigkeiten — Trennungsprobleme, Angst vor der Zukunft, Wohnungs- und finanzielle Sorgen. Es gibt viele Gründe, zu den schlagenden Männern zurückzukehren.

Die materielle Absicherung einer sinnvollen Arbeit im Frauenhaus umfaßt:

— Bereitstellung ausreichender finanzieller Mittel für die Einrichtung weiterer Frauenhäuser nach dem Konzept der autonomen Frauenbewegung,
— Bezahlung aller im Frauenhaus geleisteten Arbeit, die bisher entweder unter- oder völlig unbezahlt geleistet wird,
— Bezahlung aller Kosten gemäß Kostennachweis,
— Sicherung der Finanzierung durch Einrichtung von Haushaltstiteln in der Kommune, dem Land, Bund,
— unbürokratische Abrechnung der Kosten.

Eine Arbeit, die ständiges Umdenken, Neudenken, Flexibilität erfordert, kann nicht nach Vorschrift erfolgen, die zum ,,Verwalten'' von Problemen erdacht wurden.

Um die Startchancen in ein neues, eigenständiges Leben für die betroffenen Frauen und ihre Kinder zu erleichtern, benötigen sie:

— Wohnungen, in denen auch Kinder geduldet sind und Raum genug haben,
— größere Wohnungen für Wohngemeinschaften (Die Regelung im BSHG bezüglich des Haushaltsvorstandes ist bei Wohngemeinschaften zugunsten mehrerer Haushaltsvorstände abzuändern. Wohnberechtigungsscheine müssen zusammengelegt werden können.)
— eine gesonderte Förderung für die berufliche Neu- oder Wiedereingliederung, damit die Frauen nicht zu lebenslangen Sozialhilfeempfängern werden,
— ganztägige Kindergarten- und Kinderhortplätze.

Das Frauenhaus ist nur für den Übergang gedacht. Wir brauchen deshalb Projekte für ,,nachher''. Es müssen Projekte sein, die Lebensbedingungen bieten, die die Solidarität und Selbständigkeit der Frauen stärken. Wir versuchen in Köln zur Zeit, unter unserem Namen ,,Frauen helfen Frauen'' größere Wohnungen anzumieten, in denen die Frauen zusammen leben können. Die Frauen, das zeigen unsere Erfahrungen, bekommen keine solchen Mietverträge. Hier könnten die Frauen dann in größerer Ruhe ihre nächste Zukunft bedenken und planen.

Darüber hinaus wollen wir versuchen, in den einzelnen Stadtteilen Treffpunkte für die Frauen einzurichten. So können die Frauen auch nach der Frauenhaus-Zeit Kontakt miteinander halten.

Unerläßlich scheint uns auch, gezielter als bisher mit anderen autonomen Projekten der Frauenbewegung zusammenzuarbeiten. Am Beispiel der Selbsthilfekliniken in den USA zeigt sich, wie effektiv Frauen sich organisieren und

Vom Aufschrei zur Aktion – Frauenprojekte verändern festgefahrene Strukturen.

helfen können, ohne sich an patriarchalischen Vorbildern auszurichten. In diesen Selbsthilfekliniken werden die Frauen behandelt. Sie können dort abtreiben. Sie lernen etwas über Verhütungsmittel und Selbstuntersuchung. Sie können sich paramedizinisch ausbilden lassen. Heilen, Aufklären, Forschen und Ausbilden sind miteinander verbunden. Diese Kliniken sind nicht isoliert, sondern in das kommunale Leben integriert. Die Klinik hat Verbindung mit anderen Projekten der Frauenbewegung in der näheren Umgebung. Es gibt eine enge Verbindung zu den Psycho-Selbsthilfe-Gruppen. Juristische, medizinische, psychologische, psycho-soziale Beratung und Unterstützung finden hier ihre Verbindung. Veranstaltungen für Frauen laufen innerhalb und außerhalb der Klinik. Die in der Klinik arbeitenden Frauen gehen in die Gemeinde und informieren sich über die Bedürfnisse der Frauen.

Diese und ähnliche Modelle können uns für die Planung und den Aufbau weiterer Alternativen dienen. Unser Kampf hat gerade erst begonnen. Wir werden weiter kämpfen. Nicht um des Kampfes willen, sondern um der Liebe willen. Wer Liebe erfahren will, muß selbst lieben können. Lieben können jedoch nur Menschen, die eine eigene Identität haben, die eine eigenständige materielle Basis haben, die konfliktfähig sind. Das wollen wir für uns Frauen erreichen.

Wenn wir uns verändern, was bleibt den Männern dann noch anderes, als sich auch zu verändern?

Unsere Gruppensituation

Im März 1978 fanden wir uns — das waren zum damaligen Zeitpunkt sechs Frauen — als Dokumentationsgruppe innerhalb des Vereins Frauen helfen Frauen zusammen. In der Anfangsphase arbeiteten wir sehr gut, diszipliniert und mit viel Freude und Energie.

Das führen wir u. a. darauf zurück, daß wir untereinander ein sehr gutes persönliches Verhältnis hatten. Dieses gutes Verhältnis wurde noch dadurch intensiviert, daß sich im Anschluß an die Besprechung der Lebensgeschichten oft Diskussionen über unsere eigene Sozialisation und unsere Erfahrungen mit männlicher Gewalt entwickelten. Durch solche Gespräche lernten wir uns immer besser kennen und stellten übereinstimmend fest, uns noch nie in einer Arbeitsgruppe so wohl gefühlt zu haben.

Uns befiel ein regelrechter ,,Forschungsdrang'', nachdem wir anhand der Lebensgeschichten die ersten Gemeinsamkeiten und Übereinstimmungen entdeckten. Wir hatten das Gefühl, mit jeder Lebensgeschichte dem Problem der Gewalt gegen Frauen ein Stück näher zu kommen, so daß wir uns mit immer größer werdendem Engagement in die Arbeit stürzten.

Ein weiterer Grund für die positive Arbeitssituation in der Gruppe war, daß wir auch ein persönliches Interesse daran hatten, ein Aktionsforschungsprojekt im Kölner Frauenhaus durchzuführen. Wir wollten alle eine Arbeit (Examensarbeit usw.) zum Thema Gewalt gegen Frauen schreiben und konnten daher auch viel Zeit in dieses Projekt investieren.

Nach ca. einjähriger Arbeit verließ eine Frau, die über ein großes Fachwissen verfügte und deshalb auch ziemlich dominierend war, aus beruflichen Gründen die Gruppe. Für uns begann damit eine Phase der Desorientierung und Hilflosigkeit. Wir hatten zwar eine Menge Material gesammelt, wußten aber nicht, wie es mit der Arbeit insgesamt weitergehen sollte. Neuen Auftrieb erhielten wir, als zwei weitere Frauen in die Dokumentationsgruppe kamen, mit denen wir ein gemeinsames Konzept für unser weiteres Vorgehen entwickelten.

Wir begannen, das gewonnene Material zu ordnen, eine Gliederung zu erstellen und die einzelnen Kapitel des geplanten Buches zu schreiben. Gleichzeitig entfernten wir uns damit aber immer weiter von den Frauen im Frauenhaus. Während wir anfangs durch die Aufzeichnung der Lebensgeschichten und durch die Gruppendiskussionen einen intensiven Bezug zu den Frauenhaus-

Frauen hatten, haben wir jetzt, in unserer Forschungsarbeit, jeden Bezug zu ihnen verloren. Eine Rückkoppelung findet nicht mehr statt. Einerseits sind Ursachen wie die hohe Fluktuation im Frauenhaus, andererseits zeitliche Schwierigkeiten der Dokumentationsgruppe für diese Entwickung verantwortlich. Es ist uns deshalb in der letzten Phase nicht mehr gelungen, den betroffenen Frauen die gewonnenen Forschungsergebnisse wieder zugänglich zu machen, um sie dann gemeinsam umzusetzen.

So konnten die Frauen bisher noch nicht von den Forschungsergebnissen profitieren. Aufgrunddessen haben alle Frauen unserer Gruppe ein mehr oder minder unbefriedigendes Gefühl, was die Effektivität unserer Forschungsarbeit betrifft. In diesem Zusammenhang stellt sich für uns auch die Frage, ob wir dieses Buch nicht gemeinsam mit den betroffenen Frauen hätten schreiben können, wenn wir den Arbeitsprozeß durchgängig geführt, d. h. die Frauen an allen Forschungsphasen beteiligt hätten.

Im Moment sieht es in unserer Gruppe so aus, daß wir durch Berufstätigkeit oder Studium und nahendes Examen alle derart beansprucht sind, daß wir uns zeitlich kaum noch engagieren können. Die Gruppe besteht seit einiger Zeit nur noch aus vier Frauen, so daß wir die Arbeit an dem Buch als starke Zusatzbelastung zu unserer sonstigen Arbeit empfinden.

Wir sind froh, daß wir es dennoch geschafft haben. Und wir glauben, daß unsere Forschungsergebnisse einen Beitrag zur Weiterentwicklung der Frauenbewegung bieten können.

Nachdenkliches zu unserem methodischen Ansatz

Zum Ende unserer Arbeit müssen wir darüber nachdenken, inwieweit wir unserem methodischen Anspruch, wie wir ihn zu Beginn formuliert haben, gerecht geworden sind.

Die Dokumentation von Lebensgeschichten ist eine geeignete Methode, etwas über die Zusammenhänge von individueller und struktureller Gewalt zu erfahren, ihre Bedingungen zu analysieren und die Wechselwirkung von Dominanzen und Abhängigkeiten durchsichtiger zu machen. An diesen Bewußtwerdungsprozeß müßte sich jetzt ein entscheidender weiterer Schritt anschließen, nämlich die Veränderung der bestehenden Verhältnisse.

Die selbstkritische Betrachtung unserer Arbeit ergab, daß wir große Schwierigkeiten damit hatten und haben, uns von dem herkömmlichen Wissenschaftsbegriff zu lösen. Dazu hätte es noch größerer Anstrengungen bedurft. Unserem Anspruch, aus der Dialektik von Handeln und Erkennen und durch den gemeinsamen Bewußtwerdungsprozeß von ,,Forschern'' und ,,Beforschten'', eine Veränderung der unterdrückerischen Verhältnisse herbeizuführen, konnten wir auch deshalb nur in Ansätzen gerecht werden.

Wir haben sehr stark auf der Bewußtseinsebene agiert und uns dabei zu wenig auf die Frauen aus dem Frauenhaus eingelassen. Einerseits durch die Wahl der Sprache, als das Medium, unser Anliegen öffentlich zu machen. Wir hätten ja auch zusammen eine Theatergruppe oder ähnliches gründen können. Andererseits haben wir während dieses Projektes zu wenig gemeinsame Aktionen durchgeführt. Das hätte uns für den weiteren Verlauf unserer Arbeit sicher wichtige Erkenntnisse liefern können und müssen.

Trotzdem — diese Arbeit konnte erst aufgrund der ,,Aktion'' Frauenhaus entstehen. So haben wir zwar in der Dokumentationsgruppe die Aktion vernachlässigt, doch baute unser Projekt auf den vorausgegangenen und aktuellen Prozessen im Frauenhaus auf.

Deshalb setzen wir unsere Hoffnung in dieses Buch. Es soll den Rückbezug zu den Frauen herstellen, die im Frauenhaus leben und arbeiten. Gemeinsam können wir jetzt unsere Erkenntnisse überdenken und daraus Konsequenzen für unsere weitere Arbeit ziehen.

Wir denken dabei an den konkreten Umgang der ,,betroffenen'' Frauen und der Mitarbeiterinnen miteinander. Unsere Arbeit könnte zum gegenseitigen

Verständnis beitragen. Wir denken dabei aber auch an unseren politischen Ansatz: die Unterdrückung in unserer Gesellschaft durch einen fortschreitenden Prozeß der Emanzipation und Humanisierung abzubauen, weil uns die Bedingungen und die Umgangsweise mit den Gewaltstrukturen noch deutlicher geworden sind.

Das Beispiel Frauenhaus ist ein Anfang auf dem Weg zu einer menschlichen Gesellschaft.

In unserem endlosen Kampf leitet uns das Prinzip Hoffnung.

Wir hoffen, daß unsere Arbeit dazu beiträgt, Frauen noch stärker als bisher zu aktivieren. Wir müssen mehr gezielte Aktionen in der Öffentlichkeit durchführen, um das Problem der privaten und gesellschaftlichen Gewalt ständig bewußt zu halten und so ein verändertes Rollenverständnis der Frau zu bewirken.

Im Verlauf der Dokumentation der in diesem Buch veröffentlichten Lebensgeschichten wurde uns klar, daß die Wahrheit eines Menschen nicht etwas Abfragbares, Statisches ist, sondern sich erst im Laufe eines Lebens entwickelt. Wir glauben, dieser Wahrheit ein Stück näher gekommen zu sein, indem wir uns auf einen gemeinsamen Prozeß mit den erzählenden Frauen eingelassen und mit ihnen ihr vergangenes Leben wiedererlebt haben.

Auch das weitere Umgehen mit den Lebensgeschichten, das Herausarbeiten der Bedingungen, die Gewalt bewirken, das Erleben und Bewältigen dieser Gewalterfahrung, all diese Erkenntnisse sind mit der Beendigung dieses Buches für uns nicht ad acta gelegt. Der gemeinsame Erlebnisprozeß hat uns in unserer Ablehnung gegen das bestärkt, was im Bereich des „wissenschaftlichen Arbeitens" üblich ist und als notwendig aufgefaßt wird: Empirisch gewonnene Daten werden in Buchform veröffentlicht. Der Wissenschaftler hat damit ein weiteres Kapitel seiner Forschertätigkeit abgeschlossen und wendet sich einem anderen Thema zu, mit dem er wieder in gleicher Weise verfährt. Er veröffentlicht ein weiteres Buch über seine empirisch gewonnenen Daten, usw. usw. (s. unsere Ausführungen zu Helge Pross).

Zwar haben wir mit der Beendigung des Buches das Gefühl, daß wir von einer großen Last befreit sind, doch ist damit für uns kein Ablösungsprozeß vollzogen. Im Gegenteil, wir sind durch die intensive Auseinandersetzung heute viel stärker betroffen als zu Beginn unserer Arbeit. Wir werden uns weiter damit auseinandersetzen, um weiterzukommen. Für uns hat unsere Sache als Frau damit nur einen neuen Anfang genommen.

Die Biographien der Frauen zeigen, daß sie aus einer sehr subjektiven Sicht erzählen, d. h. sie selektieren. Sie berichten fast ausschließlich über die Gewalt des Mannes. Wir erfahren nicht, wann sie selbst agiert haben, wann sie ihren eigenen Anteil zur Gewalt beitrugen, sie auf der verbalen Ebene provozierten. Sie selbst erscheinen in ihren Erzählungen nahezu passiv, der Mann hat mit ihnen gemacht.

In einigen Fällen stellten wir auch eine Diskrepanz zwischen dem, was die Frauen uns erzählten und ihrem Verhalten im Frauenhaus, fest. Hieß das, daß die Frauen unglaubwürdig waren?

Vor der Aufnahme der Lebensgeschichten hatten wir oft über die Frage der ,,Gesprächsführung'' diskutiert. Wir wollten zwar einerseits den Frauen eine Hilfestellung geben, um die verdrängten Erfahrungen an die Oberfläche zu holen. Andererseits wollten wir uns aber davor bewahren, die Erfassung der Lebensgeschichten zu einer Herrschaftssituation werden zu lassen. Wir hätten so die Frauenschicksale in ihrer Komplexität reduziert. Wir wollten zwar versuchen, auftretende Widersprüche und Rationalisierungen in den Äußerungen der Frauen durch Nachfragen aufzudecken. Doch wollten wir dabei nicht dominieren. Hierbei konnte uns nur unsere in der Arbeit mit uns selbst und anderen Frauen gewonnene Sensibilität helfen, um das Erzählte nicht in eine andere Richtung zu steuern.

Wir wollten auch nicht aus falsch verstandener Solidarität jede kritische Distanz zu den Frauen aufgeben. Genau so wenig wie wir Forschungstechniken anwenden wollten, die auf der Annahme beruhen, daß ,,Forschungsobjekte'' nur mit Tricks dazu gebracht werden können, die Wahrheit zu sagen. Wir haben einsehen gelernt, daß die subjektive Interpretation der Frauen Teil ihrer Überlebensstrategie und damit Teil der Wahrheit einer Frau ist.

Die Dokumentation ihrer Lebensgeschichten tragen für die Frauen dazu bei, daß sie über das, was vorher wirr, vergessen und subjektiv war, besser nachdenken und sich selbst in der jeweiligen Situation besser verstehen können.

Außer in den Biographien von Anna und Maria haben wir es nicht geschafft, den historischen Kontext in die Lebensgeschichten mit einzubeziehen. Der Grund ist, daß wir zu Beginn der Aufnahme der Lebensgeschichten noch unsicher waren, wann wir wo eingreifen sollten und konnten, ohne den Ablauf zu stören. Wir hatten auch noch keine klaren Schwerpunkte erkannt, wie ihn später das Nachvollziehen einer Gewaltkarriere darstellte.

Natürlich hätten wir später den Erzählungen den historischen Hintergrund unterlegen können. Wir haben uns jedoch auf die Altersangabe der Frauen beschränkt, weil wir glauben, daß die Leserinnen und Leser dieses Buches damit einen ausreichenden Anhaltspunkt für den gesamtgesellschaftlichen und historischen Kontext der Frauen finden.

Frauenhäuser im Kampf gegen staatliche Bevormundung

In NRW gibt es mittlerweile 11 Frauenhäuser. Die Existenz dieser Frauenhäuser ist jedoch nicht gesichert. Zwar sollen sie etwa 1 Mio. DM (zusammen) von der Landesregierung für jeweils 2 Personalstellen bekommen, doch ist das Geld nicht ausgezahlt, und die täglichen Betriebskosten führen ins Minus.

Spendenaufruf! Spendenaufruf! Spendenaufruf!

Die Existenz von Frauenhäusern der autonomen Frauenbewegung ist finanziell noch lange nicht abgesichert.

Gerade dem Kölner Frauenhaus wurde im Oktober 1979 der Tagessatz von der Stadt Köln gestrichen. Ein Haushaltstitel von 100.000 DM, den wir für Personalstellen von der Stadt Köln gefordert haben, wurde abgelehnt.

Unsere Existenz als unabhängiges Projekt ist auf Dauer nur dann gewährleistet, wenn viele Leute möglichst viel Geld spenden.

Unsere Kontonummer: Frauen helfen Frauen e.V., 5000 Köln 90, Postfach 90 02 72, Postscheck Köln 124 65-500

»Die Siege sind wahrscheinlich nie absolut, die Mißerfolge auch nicht.« Eine Diskussion zur Frauenbewegung

„Konflikte werden uns erst bewußt, wenn wir uns leisten können, sie zu bewältigen. Unsere Lage als Frau sehen wir differenzierter, seitdem wir Gelegenheit haben, sie zu verändern." Maxie Wander

Wir wollten am Schluß dieses Buches eine Einschätzung unserer Arbeit im Frauenhaus geben und ihren politischen Stellenwert heute und in der Zukunft benennen. Mehrere Versuche zeigten jedoch, daß es uns derzeit noch nicht oder nur verkürzt möglich ist, diese Perspektiven thesenartig zu formulieren. Wir haben bisher in der gesamten Frauenhausbewegung zu wenig über diese Fragen nachgedacht. Eine Analyse steht noch aus.

Wir haben uns deshalb entschlossen, im folgenden eine Diskussion abzudrucken, die wir — einige Frauen aus dem Kölner Verein „Frauen helfen Frauen" — an einem Wochenende zum Thema geführt haben. Dieses Gespräch war gekennzeichnet von der Schwierigkeit, mit exakter Distanz und doch parteilicher Verstrickung Erfahrungen zu verarbeiten und zu verallgemeinern. Konkrete Probleme der täglichen Arbeit im Frauenhaus kreuzten sich mit dem Bemühen um theoretische Analyse. Wir haben die Teile aus dem mehrstündigen Gespräch zusammengefügt, von denen wir annehmen, daß sie auch über Köln hinaus die Erfahrungen der in den Frauenhäusern lebenden und arbeitenden Frauen treffen. Unser Gespräch verstehen wir als einen Anfang.

Am Gespräch beteiligten sich sieben aktive Frauen aus der Frauenhausbewegung.

Ein Stück feministische Wissenschaft

Maria: Unsere erste Forschungsarbeit im Frauenhaus ist fast fertig. Wir sollten uns deshalb mal nach unserem Anspruch fragen: Haben wir etwas zu unserem neuen Wissenschaftsbegriff beigetragen? Wir konnten den alten Wissenschaftsbegriff nicht mehr verwenden, das war unsere Ausgangslage. Aber wir müssen uns fragen, ob wir mit unserer neuen Vorgehensweise weitergekommen sind.

Carola: Ich finde schon, daß wir ein ganzes Stück weitergekommen sind. Begleitforschung, wie es bisher üblich ist, haben wir bestimmt nicht gemacht, wir haben einfach kapiert, daß die uns nichts nutzt, daß die Begleitforschung normalerweise nur dem Auftraggeber etwas nutzt. Wie uns die Ergebnisse dieser Arbeit weiterbringen, ist im Grunde auch das Problem unserer Gruppe jetzt. Wir haben das Buch geschrieben und in der letzten Phase relativ abgehoben von den Frauen gearbeitet und auch vom Verein. Für uns ist jetzt die Frage, wie sich die Verbindung zu ihnen wieder herstellt. Das darf nicht so abgehoben bleiben, sonst hat es wirklich einen wesentlichen Teil dessen, was wir wollten, verfehlt.

Gisela: Das hieße doch, daß diese Forschungsarbeit im Grunde nicht abgeschlossen ist. Mit dem Buch alleine ist nicht viel passiert.

Carola: Das ist erst ein Stück unseres Weges.

Maria: Wir hatten damals gesagt, wir müssen unseren Prozeß dokumentieren, wir müssen ihn reflektieren, und wir müssen daraus Schlüsse ziehen, möglichst auch die Frauen im Haus. Das war unser Anspruch.
Eine weitere Frage hängt mit der politischen Zielsetzung dieser ganzen Initiative zusammen und vielleicht auch mit der politischen Zielsetzung der Frauenhausbewegung.

Carola: Erst noch einmal kurz zum vorherigen: Auf der wissenschaftlichen Ebene ist es ja genau der Anspruch, Theorie und Wissenschaft miteinander zu verbinden, d.h. die Leute, die die Praxis machen, müssen auch die Theorie machen, und sich einfach die Zeit zur Reflexion erobern, was auch eine Frage der materiellen Basis ist.

Gisela: Vorschlag: Jede Mitarbeiterin hat einen halben Tag, um sich die notwendigsten Sachen durchzulesen, die gerade aktuell sind, um neue Eindrücke zu bekommen.

Annette: Die Mitarbeiterinnen im Haus sind doch von der 4-Tage-Woche auf die 3-Tage-Woche gegangen, mit dem Anspruch, auch einen Theoriekreis zu bilden. Was ist denn aus dem vierten Tag geworden?

Gisela: Der vierte Tag wird aufgefressen von Einzelterminen, regelmäßig gibt es andere Sachen, ob das Verhandlungen sind, Veranstaltungen, Frauen etc. Die Arbeit ist ja nicht weniger geworden. Die Mitarbeiterinnengruppe ist überlastet von Arbeit, die früher vom Verein getragen worden war, das drückt sich auch in der Arbeitsteilung aus.

Maria: Ein Problem bei der Arbeit im Haus, auch ein Problem, das die Dokumentationsgruppe damals aufgegriffen hatte, ist, daß man sehr leicht in einen unreflektierten Aktivismus hineinkommt, weil einen die Alltagsprobleme, auf die man reagieren muß, so bedrängen. Man kann gar nicht mehr reflektieren und auch nicht mehr agieren. Das war sicherlich nicht das Ziel, als wir damals angefangen haben. Es stellt sich meiner Meinung nach immer wieder die gleiche Frage: Wie kommt man aus dem bloßen Reagieren heraus? Die Institutionen haben es einfach. Die sagen, hier haben wir die Praktiker, die machen die Praxis, hier haben wir einen Wissenschaftler, der macht die Theorie. Das ist aber für uns heute nicht mehr so annehmbar.

Gisela: Wie ist es denn bei uns gelaufen? Wer hat das Buch geschrieben? Das waren auch keine Frauen aus der Mitarbeitergruppe.

Carola: Nein, das war eine eigene Arbeitsgruppe im Verein. Die Dokumentationsgruppe arbeitete in wesentlichen Phasen ja nicht abgehoben vom Haus.

Maria: In der Struktur des Vereins war das auch notwendig. Für eine bestimmte Zeit geht das meiner Meinung nach nur, wenn sich eine Gruppe ein stimmtes Projekt vornimmt und sagt: Los, wir machen das jetzt. Das waren ja auch Frauen, die alle im Haus gearbeitet hatten.

Carola: Von ihnen wurde ja auch die Gesprächsgruppe gemacht.

Gisela: Die stand aber nicht in dem Ausmaß in der Praxis, wie eine Mitarbeiterin, die Dienst macht.

Maria: Teilweise haben sie aber auch normalen Dienst gemacht. Ich glaube, wir sollten da auch nicht einen so engen Begriff von Praxis haben. Es sollen auch nicht nur diejenigen, die jetzt konkret in der Praxis stecken, dazu noch theoretisieren und reflektieren, das kann doch zeitmäßig und phasenmäßig verschoben werden.

Anne: Es kommt doch entscheidend darauf an, ob zwischen den einzelnen Gruppen, die praktisch arbeiten und das Buch schreiben, ein inhaltlicher Zusammenhang besteht. Und ob es gelingt, solch eine Dokumentationsgruppe nicht herausfallen zu lassen bzw. aufzupassen, daß sie sich nicht herauszieht. Daß ein permanenter Kommunikationsprozeß da ist. Ob das gelungen ist, ist hier die Frage. Ich meine, daß das nicht passiert ist.

Heidi: Jetzt ist das Buch fertig, jetzt können die anderen sowieso nicht mehr mitarbeiten.

Ziele und Kontinuität im Frauenhaus

Maria: Das ist gar nicht die Frage. Heute sind andere Frauen im Verein, als damals am Anfang. Die Frage, um die es jetzt geht, ist die Frage der inhaltlichen Übereinstimmung. Danach sollten wir jetzt auch fragen. Wie ist es heute, wie war es, als die Dokumentationsgruppe anfing? Was war die allgemeine politische Zielsetzung? Was war der allgemeine Konsens? Solange die verschiedenen Gruppen im Verein ein gemeinsames politisches Ziel haben, sehe ich kein Problem und auch kein technisches Problem, wie man die unterschiedlichen Aktivitäten vermittelt und die Kommunikation aufrechterhält bei arbeitsteiligem Vorgehen.

Gisela: Meinst du Konsens darüber, was diese Arbeit sollte, also was wissenschaftlich . . .

Maria: Nein, nein! Was will man mit dem Frauenhaus! Was ist die Zielsetzung heute? Ihr habt eben gesagt, es sind heute ganz andere Frauen im Verein, die nicht wissen, was im Buch steht und wie es entstanden ist. Gut. Aber wichtiger ist doch, was seht ihr heute als die Zielsetzung des Frauenhauses. Dann müßte man fragen, wie war es früher.

Carola: Von früher kann man — für mich jedenfalls — sagen, daß das Ziel auf zwei Ebenen verläuft, einmal auf der individuellen Ebene, nämlich einer mißhandelten Frau Bedingungen aufzubauen, daß sie die Möglichkeit hat, sich ein eigenes Leben aufzubauen.

Gisela: Zumindest aus der Mißhandlungssituation herauszukommen.

Carola: Herauszukommen und Ansätze für ein eigenständiges Leben zu finden; etwas vorsichtiger formuliert. Daß diese Frauen darüber im Frauenhaus — vielleicht zum ersten Mal — erfahren, daß man als Frau mit Frauen gemeinsam etwas machen kann, daß man nicht auf Männer fixiert sein muß, um überhaupt jemand zu sein. Das sehe ich auf der individuellen Ebene. Auf der gesellschaftlichen Ebene ist es mein Ziel, nach den Ursachen von Gewalt zu fragen und auch zu versuchen, diese Zusammenhänge von Gesellschaft und struktureller Gewalt und individueller Gewalt den Frauen näherzubringen.

Gisela: Das ist nicht alles. Dadurch, daß das Frauenhaus existiert, real existiert, wird ein Eingriff in diese Gewaltstruktur vorgenommen.

Maria: Das war auch in der anfänglichen Zielsetzung drin. Wir haben zudem auch von Anfang an Wert gelegt auf kollektive Prozesse, in die die Frauen einbezogen werden sollten, in dem sie zusammen in ein Haus gehen. Wir wollten ja nicht nur die einzelne Frau unabhängiger machen. Das ist ja die Zielsetzung aller Sozialhilfeeinrichtungen, auch bei uns.

Anne: Bist du da sicher?

Carola: Ja, Hilfe zur Selbsthilfe.

Maria: Zur individuellen Selbsthilfe. Wenn wir dies auf die einzelne Frau beziehen, müssen wir sagen, daß wir darüber sicher nicht hinausgehen, aber wir bringen die Frauen gemeinsam in ein Haus und sagen ihnen, daß sie hier ihr Leben organisieren sollen und nicht von uns betreut und betüttelt werden. Das ist strukturell ein anderes Modell als es bisher in den Sozialhilfeeinrichtungen gelaufen ist.

Gisela: Ich finde diese Unterscheidung wichtig. Ich denke z.B. an die Bewerbungsgespräche. Die Frauen, die in unserem Haus arbeiten wollen, sind daran interessiert, zu helfen — so suspekt das uns jetzt erst einmal ist. Ihr Interesse setzt hier an. Das ist ein wichtiger Punkt.

Maria: Für uns stand jedenfalls anfangs fest, die beiden Ebenen — die Carola eben nannte — gehören zusammen. Man kann Frauen nicht in kollektive Prozesse miteinbeziehen, wenn man nichts tut, um ihre privaten Probleme zu lösen. Damit muß man also anfangen.

Bezahlt oder unbezahlt arbeiten

Heidi: Wenn wir aber dabei stehenbleiben, machen wir nichts anderes als unbezahlte Sozialarbeit. Das ist heute immer noch das Problem: Wie verhindern wir es, in der individuellen Ebene steckenzubleiben, so wichtig diese ist.

Gisela: Wenn ich hier an die Antwort von E.J. vor anderhalb Jahren denke! Sie meinte: ich habe ein schlechtes Gewissen, daß ich bezahlt werde. Die Arbeit macht mir doch Spaß. Ich kann doch für eine Arbeit, die mir Spaß macht, kein Geld nehmen. Das war auch einmal eine Position im Verein.

Maria: Nein, das war nicht die Position im Verein.

Gisela: Ich habe mit Mitarbeiterinnen gesprochen, die selber angestellt waren. Diese Mitarbeiterinnen haben solche Positionen vertreten.

Annette: Dann war das die Meinung einer einzelnen, aber nicht des Vereins. *Gisela:* Hier hat es nie eine einheitliche Meinung des Vereins gegeben, jedenfalls nicht schon vor einem Jahr. Und genau das meine ich. Vielleicht gab es einen einheitlichen Standpunkt zu Anfang. Im Lauf der Entwicklung haben sich jedoch sehr bald unterschiedliche Standpunkte herausgebildet. Und ein Klärungsprozeß hat nicht stattgefunden.

Maria: Das stimmt nicht. Vielleicht ist er im letzten Jahr nicht gelaufen, aber er hat stattgefunden, sonst hätte es den Verein gar nicht gegeben. Es hat einen Konsens gegeben, der sogar schriftlich formuliert wurde.

Annette: Wir waren uns darüber einig, daß wir vom Staat die Bezahlung jeglicher Arbeit im Frauenhaus fordern müssen, sei es Sozialarbeit, sei es die Arbeit von Juristinnen, sei es die Arbeit der betroffenen Frauen selbst; denn schließlich ist es die Gesellschaft, die die Gewalt produziert und die die Frauenhäuser notwendig macht.

Heidi: Und auf unserem letzten Regionaltreffen ist deutlich geworden, daß alle autonomen Frauenhäuser in NRW diese Position haben. Wichtig ist jetzt nur, daß wir die Forderung nach Bezahlung unserer Arbeit jetzt kollektiv und konsequent bei den entsprechenden Behörden durchsetzen.

Carola: Wobei es uns aber nicht nur um das notwendige Geld geht, sondern auch um die Bedingungen, unter denen wir das Geld bekommen. Diese Bedingungen dürfen unsere Arbeit nicht behindern, sondern müssen uns den Spiel

raum lassen, den Kampf gegen die Frauenunterdrückung fortzusetzen.
Anne: Dieser Konsens ist also formuliert worden und heute noch greifbar. Aber hat nicht der Verein in dem Moment, als es das Haus gab, aufgehört zu agieren, und hat stattdessen reagiert, weil er für die Arbeit im Haus viel Kraft aufwenden mußte? Hat nicht die Kraft, wirklich zu agieren und den eigenen Konsens greifbar zu machen und zu überprüfen, die eigenen Gedanken weiter zu entwickeln, hat diese Kraft nicht immer mehr abgenommen?

Die Schwierigkeit, Erfahrungen zu vermitteln . . .

Carola: Ganz kann ich diese Frage nicht bejahen. Wenn ich die erste Phase im Haus betrachte, da war so viel Arbeit, gerade im ersten Haus. Doch wir hatten immer noch die Kraft und Gelegenheit, theoretisch zu diskutieren. Auf den Wochenendseminaren wurde oft sehr viel intensiver diskutiert als heute.
Heidi: Da waren aber auch viel mehr Mitarbeiterinnen da! Das ist ja sehr zusammengeschrumpft. Ich glaube, damit hängt das zusammen.
Carola: Es hat auch eine Wandlung gegeben in dem Moment, als mehr Geld zur Verfügung stand, als die Arbeit mit dem Geld von der Stadt bezahlt wurde.
Gisela: Es wurde doch nur eine kurze Zeit unbezahlt und ehrenamtlich gearbeitet.
Maria: Das war mindestens ein halbes Jahr. Und in dieser Zeit waren Diskussionen und Reflexionen möglich. Für uns ist es jetzt die Frage, warum es bei härteren materiellen Bedingungen eher möglich war als heute.
Carola: Es gibt in jedem Projekt eine Pionierphase. Und es gibt die Phase der Dauerarbeit. Und das war unsere Pionierphase.
Gisela: Das war eine Pionierphase mit Frauen, die Zeit hatten, vorher inhaltlich abzustecken, was sie machen wollen. Die Frauen, die jetzt hinzukommen, haben diese Phase gar nicht mehr. Sie kommen also mit unstrukturierten Vorstellungen in unsere Arbeit hinein und kommen dann gar nicht mehr dazu, sich etwas zu erarbeiten und zu reflektieren.
Annette: Es kommt noch hinzu, daß nur noch wenige ,,Frauen der ersten Stunde" dabei sind. Diejenigen, die das Frauenhaus aufgebaut haben, kamen zu einem großen Teil aus einem Semester der Fachhochschule. Als sie ihr Studium abschlossen, hat es hier einen Schritt gegeben.
Maria: Das liegt aber nicht an der Berufstätigkeit. Ich glaube, wir sollten zu dem Grundproblem kommen. An diesen einzelnen Erscheinungen kann man das nicht aufrollen. Das Grundproblem ist das der Kontinuität von der Vermittlung von Erfahrung und Zielsetzung an andere oder einfach die Kontinuität über eine bestimmte Zeit. Wir haben eben gesagt, daß in der Pionierphase

vieles möglich ist. Aber das Frauenhaus ist ein Projekt, eine Initiative, und keine Kampagne, die heute anfängt und morgen aufhört. Das Frauenhaus bleibt und muß bleiben. Darin liegen politische Chancen, darin liegen aber auch Probleme.

Anne: Ja, es sind aber doch die Umstände, die die Kontinuität des Projekts gefährden und möglicherweise ganz verhindert haben. Ich behaupte, daß die Frauen, die heute im Frauenhaus arbeiten, den niedergelegten Konsens zwar unterschreiben würden, die Zielangaben aber nicht als ihre eigenen in ihrem persönlichen Leben verinnerlicht haben. Wir nehmen doch für uns in Anspruch, daß wir diese Ziele nicht nur im Frauenhaus, sondern in unserem gesamten Leben im Kopf haben. Wieso kann diese Kontinuität nicht erhalten werden? Was sind die Umstände oder Einflüße, die von außen kommen, z.B. staatliche Reaktionen auf unser Projekt. Gefährden die äußeren Einflüsse die Kontinuität?

Gisela: Es bestehen wirklich Unterschiede zwischen einer Pionierphase und einer Arbeitsphase, in der man kontinuierlich immer wieder an einem Projekt arbeitet und sich immer wieder in Frage stellen muß.

Maria: Zu dieser Fragestellung können wir nur sagen, entweder ist die Zielsetzung zu hoch und zu unrealistisch gewesen und läßt sich unter der Bedingung der Dauer, also der Kontinuität nicht aufrechterhalten, oder unsere Analyse ist nicht richtig. Wir können auch nicht Übermenschliches oder Heroisches von uns oder von anderen erwarten. Deshalb fragte ich, ist die Zielsetzung unrealistisch, idealistisch gewesen, läßt sie sich nicht über Dauer durchhalten? Wenn das so ist, können wir das nur akzeptieren und das Projekt wird irgendwann zu Ende gehen. Ist das aber nicht der Fall, müssen wir fragen, ob wir Fehler gemacht haben und welche das sind. Meiner Meinung nach liegt es an den gesellschaftlichen Ursachen, daß diese Kontinuität so schwer herzustellen ist beim Aufbau unseres Projekts, weil alles gegen uns steht.

Anne: In der Absolutheit stimmt das sicher nicht.

Annette: Wir sollten auch über die Kontinuität bei den Verhandlungen mit der Stadt reden, weil sich da etwas geändert hat. Wir haben gar nicht mehr das Feindbild gegenüber der Stadt. Wir sehen die quasi schon als Verhandlungspartner, von dem wir mal mehr, mal weniger herausholen.

Der Staat ist flexibler geworden ...

Maria: Am Anfang haben wir auch mit der Stadt verhandelt. Doch wir mußten permanent darum kämpfen, eine autonome Initiative zu bleiben. Wir mußten uns dauernd den Definitionen der Bürokratie entziehen, uns anders definieren. Das war für den Aufbau eines Konsens eine günstige Situation.

Anne: Insofern haben sich die gesellschaftlichen Bedingungen geändert. Unser Frauenhaus ist heute ein Begriff und leider auch schon eine Institution, die nicht mehr wegzudiskutieren ist. Das ist ein gesellschaftlicher Fakt, mit dem die leben müssen. Das gibt uns vordergründig gesehen eine Sicherheit. Ich weiß nicht, ob diese Sicherheit nicht auch gefährlich ist. Wir verhandeln mit der Stadt gar nicht mehr kämpferisch. Unser Selbstbewußtsein ist ein sattes Selbstbewußtsein. Obschon wir noch sagen, wir sind das Frauenhaus und schließen können sie uns nicht, gehen wir hin, sitzen dort vier bis fünf Stunden und diskutieren mit denen wirklich den letzten Dreck. Wir sind keine selbstbewußte Initiative mehr, die sagt: Gut, wenn Sie unsere Nutzungsverträge nicht bewilligen, dann verklagen wir Sie eben!

Carola: Anne, sieh mal, der Gegner hat sich ja auch geändert. Vor ein paar Jahren konnte Herr Körner (Sozialdezernent der Stadt Köln, SPD) noch laut sagen: Gewalt gegen Frauen ist in Köln kein Problem! Das würde er heute nicht mehr sagen. Der Gegner ist sehr viel geschickter geworden, geht ganz anders mit uns um und hat es verstanden, den Konflikt, den wir aufgebrochen und öffentlich gemacht haben, bürokratisch zu handhaben und auf die sanfte Weise zu behandeln.

Gisela: Wir müssen nicht mehr beweisen, daß es Gewalt gegen Frauen gibt. Es wird auch anerkannt, daß dagegen etwas gemacht werden muß. Wir brauchen über den § 72 BSHG[1] für uns auch gar nicht mehr zu reden, das ist doch toll, oder? Von wegen!
In der Zwischenzeit machen die nämlich Situationsbereinigung und sorgen dafür, daß die Häuser ausgebaut werden, die die Stadt hat. Sie sorgen auch in anderen Städten dafür, siehe Darmstadt. Sie haben dort bis ins letzte mit der Initiative zusammengearbeitet. Es schien immer klar, daß die Initiative das Haus übernimmt. In der entscheidenden Sitzung haben sie dann gesagt, die Initiative sei nicht vertrauenswürdig, die Stadt übernähme das Haus. Der Verein hat die ganze Vorarbeit geleistet, und die Stadt hat sie einkassiert. Unser

---

1) § 72 BSHG (Bundessozialhilfegesetz) garantiert denjenigen Leistungen der Sozialhilfe, die aufgrund persönlicher Probleme und Schwierigkeiten in soziale Not geraten (vor allem Mitgliedern sog. gesellschaftlicher Randgruppen).
Die Frauenhaus-Bewegung ist der Auffassung, daß die Zuordnung von mißhandelten Frauen zu § 72 BSHG gleichbedeutend ist mit der falschen Analyse der Lebenssituation der betroffenen Frauen. Nicht persönliche Unzulänglichkeiten machen Frauen zu geschlagenen Frauen. (Vgl. unser Buch)
Außerdem würde die Einordnung der Frauenhäuser als Institution, die nach § 72 Hilfe leisten, bedeuten, daß hier letztlich die repressiven Strukturen von ,,Heimen" akzeptiert werden müssen.

einziger Vorteil ist, daß wir schon da sind. Sie versuchen doch an allen Ecken und Enden — gleich, als welchem Interesse —, dieses Projekt in ihren Griff zu bekommen. Und auch die freien Träger, denn die haben ja ein Betriebsinteresse daran.

Maria: Das hat Herr Körner auch schon früher uns gegenüber gesagt. Er erkennt durchaus Initiativen wie unsere an, denn was wir tun und leisten, kann die Bürokratie nicht. Die Initiativen sind innovatorisch, sie reißen neue Probleme auf, die Bürokratie versucht, sie dann zu verwalten, zu kanalisieren, zu institutionalisieren.

Gisela: Darin sind sie im Augenblick sehr stark.

Maria: Das sind sie immer.

Anne: Aber im Moment sind sie wirklich in der Offensive. Die Frage ist doch für uns, wie wir mit unseren Zielen in der Defensive agieren können.

Carola: Wir müssen zumindest versuchen, aus der Rolle, Frühwarnsystem für Konflikte der Gesellschaft zu sein, herauszukommen.

Maria: Das ist eigentlich der gleiche Prozeß, den die Bürgerinitiativen auch durchgemacht haben. Wenn wir die Initiative und Aktivität dem Gegner überlassen und ihn für zu stark erklären, wenn wir nur am Anfang mobilisieren und die Früchte unserer Arbeit übernimmt dann die alte Bürokratie, die sich über uns erneuert, denn es werden neue Stellen geschaffen, neues Geld ausgegeben, usw., usw., es werden neue Forschungsaufträge vergeben, wenn wir also nur Probleme festmachen, die es gibt, ist das zu wenig. Der andere Bereich unserer Arbeit fordert, daß wir in der Lage sind, diesen Kampf, von dem wir ausgegangen sind, weiterzuführen. Sonst wird immer wieder ein solcher Kreislauf entstehen. Dieses Problem stellt sich immer, denn immer hat die Bürokratie dieses Interesse, sie operiert nur mit verschiedenen Mitteln, immer geschickter.

„Wir müssen die Initiative behalten!"

Maria: Vielleicht werden aber auch wir immer geschickter. Es ist doch einfach ein Erfolg, daß die Frage der Gewalt gegen Frauen in der Gesellschaft diskutiert wird und behandelt werden muß. Das ist ein Widerspruch, den haben wir manifest gemacht. Es ist etwas Neues geschaffen. Und es ist ein Erfolg, daß die Frauen eine Stelle haben, zu der sie hingehen können. Wir haben also nicht nur etwas diskutiert, sondern eine neue Situation geschaffen. Die Frage ist: Behalten wir weiterhin die Initiative?

Carola: Wir haben die Initiative weiter behalten, wenn wir z.B. an die Arbeitsgemeinschaft denken. Was ist denn in NRW gelaufen? Von der Behörde aus haben sie versucht, uns Frauen aus den verschiedenen Städten gegeneinander auszuspielen. Wir haben sehr gut reagiert, wir haben uns überregional zusammengeschlossen.

Maria: Uns ist das klar gewesen, wir haben die Arbeitsgemeinschaft rechtzeitig gegründet. Wir müssen ja auch mal fragen, was haben wir gemacht.

Gisela: Ich weiß, daß einige Sachen wirklich gut waren und auch Erfolge sind. Das nützt mir nur nichts, wenn ich sehe, daß die andere Seite trotz unserer Erfolge in der Lage scheint, sich diesen Bereich unter den Nagel zu reißen. Das wird in diesem Jahr entschieden, in wessen Regie das weiterlaufen wird.

Maria: Das wird sicherlich nicht allein in diesem Jahr entschieden; diese Prozesse laufen alle viel länger. Die Siege sind wahrscheinlich nie absolut, die Mißerfolge auch nicht.

Carola: Die Frage ist, wie wir die Initiative behalten können.

Maria: Daß wir agieren und nicht reagieren! Und da fände ich es richtig, nicht nur zu klagen, wie ohnmächtig wir sind, sondern auch zu sehen, was haben wir gemacht. Andere Möglichkeiten, als aus unseren Erfolgen und Mißerfolgen zu lernen, haben wir auch nicht, denn es gibt kein Vorbild. Zum Beispiel fände ich es gut, wenn wir die Gründung und Entwicklung der Arbeitsgemeinschaft der Frauenhäuser in NRW beschreiben und dokumentieren würden. Das war im Mai 1978 auf der Wiese in Lehrbach.
Wir haben zu einem Frauenhaustreffen der bestehenden Initiativen eingeladen. Es hatte vorher eine Initiative von der Regierung gegeben für ein Frauenreferat. Das hat uns nicht gepaßt. Es hat uns geärgert, daß die Regierung versucht, die Frauenhäuser zu koordinieren. Einigen von uns war es klar, daß es notwendig war, da etwas entgegenzusetzen, einen eigenen Zusammenschluß, damit dieses Ausspielen der Fraueninitiativen gegeneinander nicht passieren kann.

Anne: Wir waren ja nicht nur sauer darüber, daß die Regierung ein gemeinsames Treffen vorgeschlagen hatte. Es gab ja eine materielle Bedrohung der Frauenhäuser. Vielmehr: sie zeichnete sich ab. Wir haben sie vorhergesehen.

Maria: Es ging um die Frage, ob man einen Trägerverein haben muß. Daran wurde deutlich, daß es keinen Sinn hat, individuell weiterzuoperieren. Den Frauen in Bielefeld wurde zum Beispiel immer gesagt, daß es die Frauen in Köln schon längst akzeptiert haben.
Das war vielen Frauen in Lehrbach aber noch nicht klar, weil es — wie oft in der Frauenbewegung — den meisten Frauen nur darum ging, einen Gedanken-

austausch auf einer unverbindlichen Gruppenebene zu haben, aber nicht darum, wirklich zu erkennen, was die Strategien sind, die die anderen haben. Ein Glück war die Geschichte um den § 218. Hier konnte man plastisch nachweisen, was gespielt wurde.

Gisela: Das mag ja sein, aber wie hat sich das umgesetzt? Die Anne hat ja das Problem um § 72 BSHG entdeckt. Wir haben auf dem Sonderplenum darüber ausführlich geredet. Dann sollte jemand des Gespräch ausarbeiten. Ich habe mich also am Wochenende hingesetzt und habe das gemacht. Dann fand das Treffen in Lehrbach statt, und wir haben uns sehr schnell darüber geeinigt. Nur passiert mir folgendes: Ich fahre ein Jahr später nach Hannover zu einer Frauenhaustagung mit einer Mitarbeiterin aus dem Haus. Diese Mitarbeiterin wußte nicht, daß es einen § 72 gibt, geschweige denn, was darin steht. Dabei hätte das längst Allgemeingut bei den Vereinsfrauen sein müssen.

Von der Schwierigkeit, Kontinuität zu schaffen

Anne: Dieses Beispiel zeigt, wie schwierig es ist, diese Kontinuität, von der wir reden, zu verwirklichen.

Maria: Wir brauchen uns keine Illusionen zu machen, aber die Erfolge sind auch Realität.

Gisela: Aber weißt du, was in dem Sommer die Realität war: In diesem Sommer hat die Mitarbeiterinnengruppe gewechselt. Die alten Frauen waren weg, und ich stand mit einigen Frauen da. Mach dann die Arbeit im Haus und gleichzeitig die Regionaltreffen und vermittel das auch noch weiter. Das ist alles nicht mehr geschehen.

Carola: Du hast aber im Augenblick auch den Anspruch, daß alles von den Mitarbeiterinnen bewältigt werden muß.

Gisela: Ich meine, daß ein Bindeglied gefehlt hat. So lastete dies auf ein paar einzelnen Personen im Verein. Dieses Bindeglied hätte versuchen müssen, nicht nur bei den Mitarbeiterinnen, sondern auch im Verein, Vermittlungsprozesse in Gang zu bringen.
Mich stört die Struktur: Einzelne haben etwas gesehen und auch weitergeführt, einzelne machen die innovatorische Arbeit. Ich möchte, daß das auch weitervermittelt wird.

Maria: Das ist immer noch die Frage, wie man die Kontinuität von Erfahrungen und Zielsetzung durchsetzt. Hier in diesem Fall hat also eine Juristin das Gutachten vom Giese gelesen und wußte, wohin sich der Staat bewegt. Es ist doch wichtig, daß es Leute gibt, die diesen Überblick haben. Es ist auch rich-

tig, daß eine Mitarbeiterin, die im Frauenhaus den ganzen Tag schuftet, aus dem Reagieren nicht mehr herauskommt. Deshalb müssen Informationen vermittelt werden, und das ist auch möglich. Doch wir müßten wirklich einmal überlegen, warum es möglich war, uns zu organisieren und was daran so bedeutsam war. Meiner Meinung nach haben wir bei der Gründung der Arbeitsgemeinschaft den richtigen Zeitpunkt gewählt, nämlich rechtzeitig agiert. Das heißt aber, eine richtige Auffassung von Geschichte zu haben und zu wissen, wo wir stehen und wohin sich die gesamtgesellschaftlichen Verhältnisse bewegen. Wir haben es gemacht, aber uns das, was wir gemacht haben, theoretisch vielleicht noch gar nicht angeeignet. Wir wissen, daß wir richtige Schritte getan haben, weil uns das die Reaktionen unserer Feinde gezeigt haben, aber wir wissen noch nicht, warum das richtig war.
Es war richtig, uns zu organisieren und mit einer Stimme zu sprechen. Damals hätten wir das Wort ,,organisieren'' gar nicht benutzen dürfen, denn in der Frauenbewegung ist man ja gegen Organisation. Es gibt Frauen, die die Zielsetzungen nicht so schnell aus den Augen verlieren wie andere. Wir wehren uns dagegen, daß solche Frauen die Initiative überhaupt ergreifen. Das ist Tabu in der Frauenbewegung. Aber Tatsache ist, daß wir ohne die Initiative dieser Frauen gescheitert wären. Deshalb ist es wichtig, sich im Nachhinein die richtigen Schritte theoretisch anzueignen, nicht nur auf einer taktischen, direkten Ebene, sondern vor allem auf der strategischen Ebene. Daraus können wir etwas lernen, zum Beispiel rechtzeitig einzugreifen.

Carola: Das haben wir auch an einem anderen Punkt gemacht, nämlich, als das Landesprojekt ,,Gewalt in der Familie'' auf uns zukam. Die Regierung hatte das Projekt ausgeschrieben. Wir entwickelten einen Projektentwurf und diskutierten ihn. Unser Entwurf wurde abgelehnt, ein Projektvorschlag aus Hannover angenommen. Dieser Entwurf sieht vor, die Sozialbehörden nach ihren bisherigen Erfahrungen mit Gewalt gegen Frauen zu befragen, während wir darauf abgestellt hatten, erst einmal Öffentlichkeitsarbeit über das Tabu ,,Gewalt in der Familie'' machen zu wollen. Man kann nicht in ein Tabu hinein forschen. Wenn es einem wirklich darum geht, neue Erkenntnisse zu gewinnen, wenn man wirklich etwas an den Gewaltverhältnissen unserer Gesellschaft ändern will, dann muß man erst mal das Schweigen über die vielen Gewalttätigkeiten durchbrechen. Wenn man dagegen an einer möglichst reibungslosen Verwaltung von gesellschaftlichen Konflikten interessiert ist, dann macht man eben eine Institutionenanalyse.

Anne: Hier haben wir also wirklich nicht reagiert, sondern agiert. Wir haben in unseren Reihen Wissenschaftlerinnen. Es war bekannt, daß diese Untersuchung ansteht. Wir haben rechtzeitig im Rahmen der Arbeitsgemeinschaft über das Thema ,,Wissenschaftliche Begleitung'' geredet. Wir haben unsere eigenen Interessen an wissenschaftlicher Begleitung formuliert, die Untersuchungspunkte, die es zu klären gab, für uns benannt und uns überlegt, welche positiven Ergebnisse die Untersuchung der Hannoveraner für uns bringen konnte. Wir haben dabei festgestellt, daß uns eine Institutionenanalyse nichts nützt, und daß dies eine Untersuchung ist, die von außen kommt und nichts mit den Zielen unserer Frauenhausbewegung zu tun hatte. Auf diesem Regionaltreffen wurde dann der Beschluß gefaßt, daß die wissenschaftliche Begleitung der Landesregierung nicht mitgemacht wird. Hier wurde unser inhaltlicher Konsens gemeinsam ausgearbeitet, Maßnahmen beschlossen, zu denen wir dann auch standen.

Die Untersuchung in Hannover läuft ja. Doch obwohl bekannt war, daß wir diesen Forschungsansatz ablehnen, hat Herr Sack, übrigens Fachmann für „abweichendes Verhalten", sich mit einem Brief an uns Kölner Frauen gewandt und versucht, uns aus der Arbeitsgemeinschaft abzuspalten, ohne Erfolg. Genauso lief es ja auch, als wir die berühmten Millionen von der Landesregierung angeboten bekamen. Da haben wir auch gemeinsam verhandelt und gemeinsam beschlossen, bestimmte Bedingungen nicht zu akzeptieren, sondern eher auf das Geld zu verzichten.

Carola: Der Forschungsauftrag in Hannover läuft jetzt seit einem halben Jahr. Bis jetzt ist noch zu keinem einzigen Frauenhaus der Zutritt gelungen.

Anne: Ein Stück der notwendigen Vermittlung wäre, wenn du auf einem der nächsten Vereinsplena erklären könntest, was eine solche Untersuchung vom Herrn Professor Dr. Sack bedeutet und warum wir sie ablehnen.

Gisela: Da ist doch die Frage des Engagements überhaupt. Deshalb sind doch so oft Mitarbeiterinnen nicht bereit, zu Regionaltreffen mitzufahren, weil die Erkenntnis davon, wie wichtig das ist, fehlt. In vielen Köpfen der Mitarbeiterinnen ist immer noch das Haus und damit Schluß.

Maria: Die Mitarbeiterinnen haben eine Supervision. Da werden die internen Schwierigkeiten, Beziehungsschwierigkeiten, Arbeitsschwierigkeiten im Haus reflektiert. Es gibt keine vergleichbare Einrichtung, wo die Mitarbeiterinnen über ihre theoretische, politische und strategische Arbeit diskutieren und nachdenken können. Was wir hier und jetzt machen, müßte eigentlich regelmäßig mit den Mitarbeiterinnen und den Vereinsfrauen passieren. Es geht nicht nur um die psychologische, ideelle Aufarbeitung. Diese Beschränkung entspricht ganz der Strategie der Gegenseite, die Probleme nur auf der Supervisionsebene — also Sozialarbeitsschwierigkeiten im weitesten Sinne — anzugehen und nie strategische Diskussionen zuzulassen. Wie können sich denn die allgemeinen und politischen Zielsetzungen des Vereins an die einzelnen Frauen vermitteln, wenn dazu keine Einrichtungen oder Organisationsformen geschaffen werden? Ihr dürft nicht nur auf der psychologischen und auf der emotionalen Ebene reflektieren, sondern müßt auch den allgemeinen politischen Rahmen, in dem wir uns bewegen, mit einbeziehen. Sonst bekommt ihr auch die psychologischen und emotionalen Probleme nicht in den Griff. Und das ist bis auf den heutigen Tag nicht passiert.

Frauenhäuser und Sozialbürokratie

Anne: Um von diesem Problem wegzukommen: Bis jetzt haben wir darüber gesprochen, warum es notwendig ist, gesellschaftliche Entwicklungen zu begreifen und entsprechend zu handeln.

Maria: Frage: Wieso hat die Frauenhausbewegung zu solchen Reaktionen auf der anderen Seite geführt? Welche Reaktionen kamen von der Sozialbürokratie? Zu was haben sie geführt? Welche Bedeutung haben die Frauenhäuser bekommen?

Carola: Wenn man es mit Überschriften benennen sollte, dann könnten wir einmal sagen, daß wir eine Bedrohung fürs System in Richtung Klein-Familie und herrschende Arbeitsteilung darstellen. Zunächst einmal versucht das System, uns entgegenzukommen, gleichzeitig sich selbst etwas anzupassen, weil es erkennt, daß bestimmte Strukturen nicht mehr haltbar sind. Es reagiert weich und versucht, unsere Bedrohung damit aufzufangen.

Anne: Worin liegt denn die Bedrohung? Du hast gesagt, sie wirkt auf die Klein-Familie und die Arbeitsteilung, die diese Gesellschaft braucht. Stimmt das denn? Nehmen wir den Fall an: Frau Meier verläßt mit vier Kindern Herrn Meier aus einer Wohnung in Köln-Chorweiler mit drei Zimmern. Herr Meier ist Ford-Arbeiter. Sie geht mit ihren Kindern ins Frauenhaus, bleibt da drei Wochen und findet keine Wohnung. Worin liegt hier die Bedrohung, abgesehen davon, daß Herr Meier individuell bedroht ist? Das können wir abhaken, daß Frauenhäuser eine individuelle Bedrohung für jeden Mann darstellen. Ein bis dahin relativ intakter Lebensbereich — für ihn und auch nach außen — wird wirklich zerstört, wenn die Frauen weg sind. Er kann sich nicht mehr auf sie stützen. Die Frage ist, ob diese individuelle Bedrohung des einzelnen Mannes eine gesellschaftliche Wirkung hat, oder ob wir uns die nur erträumen.

Gisela: Ich glaube, daß erst einmal die individuelle Situation in der Familie — bestimmt durch die familiäre Arbeitsteilung — aufgebrochen wird. Wenn eine Frau aus einer Mißhandlungssituation herausgeht, wird auch die familiäre Arbeitsteilung aufgebrochen.

Anne: Was ist denn verändert, wenn Frau Meier ihren Mann verläßt, dann zwei bis drei Monate später zu ihrem Mann zurückgeht, oder in ihrer Einzelwohnung ihre Reproduktionsarbeit weiter erfüllt, die Kinder erzieht, ganz wie es sein soll, oder aber in ein neues Arbeitsverhältnis mit einem neuen Mann eintritt. Dann hat sich gesellschaftlich nichts geändert. Die Frau hat nichts verändert an der Rolle, die sie in dieser Gesellschaft zu erfüllen hat.

Maria: Es bedroht meiner Meinung nach weder die Klein-Familie, noch die Arbeitsteilung, wenn die Frauen selbständiger werden oder eine Berufstätigkeit ergreifen. Das ist in unserer Gesellschaftsordnung vorgegeben und möglich. Wenn du darauf kostenlos hinwirkst, bist du überhaupt keine Bedrohung für den Staat. Das ist kostenlose Arbeit für das bestehende System. In der Tatsache, daß Frauen irgendwo hingehen können, wo sie nicht in einer Gewaltsituation bleiben müssen, liegt höchstens tendenziell eine Bedrohung.

Carola: Ich finde die Ebene ,,Klein-Familie und Arbeitsteilung'' nicht unbedeutend; denn die Frau macht wie selbstverständlich unbezahlte Reproduktionsarbeit, möbelt den Mann wieder auf und zieht die Kinder auf. In bezug auf den Mann liegt eine Bedrohung vor.

Maria: Die allgemeine gesellschaftliche Arbeitsteilung, in der diese Reproduktionsarbeit privat gemacht wird, ist nicht gefährdet. Würde sich eine Frau weigern, diese Reproduktionsarbeit zu übernehmen, übernimmt der Staat diese Rolle, so daß die Reproduktion der Arbeitskraft gesichert bleibt.

Carola: Bisher hat die Frau die Kinder gratis aufgezogen, jetzt geht sie jedoch zum Sozialamt und läßt sich das bezahlen.

Anne: Gratis hat sie sie nicht aufgezogen. Der Mann war gezwungen, sie zu unterhalten.

Der Staat als Ersatzmann

Maria: Die Sozialhilfe ist auch nicht Lohn für ihre Arbeit. Sie bekommt Hilfe zum Lebensunterhalt. Ihre Arbeit wird noch weniger bezahlt als die, die sie für ihren Mann gemacht hat, d.h. der Staat als Ersatzmann beutet sie noch mehr aus.

Anne: Es entfallen die Zuwendungen auf den Bereich der Liebe. Sie bekommt über BSHG nur noch die öffentlichen Zuwendungen.

Gisela: Der Staat hat nicht, was er will, weil sich die ,,freien'' nun auf dem ,,freien'' Liebesmarkt versorgen. Sie suchen sich jeden Abend einen anderen Freund. Es entsteht ein Freiraum, wo noch nicht festgelegt ist, welche Formen diese Beziehung nehmen wird.

Anne: Frauen versuchen, nicht so zu leben, wie es ihrer Erziehung entspricht.

Dieser Freiraum könnte eine Bedrohung für den Staat sein, aber nicht für seine Grundfeste, die ökonomische Arbeitsteilung. Dieser Freiraum scheint mir im ideologischen Bereich zu sein.

Maria: Deshalb kann er auch immer wieder leicht benutzt werden. Warum der Staat auf die Frauenhäuser reagiert, hat sicher viele Gründe. Er muß zum Beispiel versuchen, existierende Gesetze durchzusetzen. Warum versucht er den Familienbereich und Reproduktionsbereich in einer bestimmten Weise zu organisieren und zu beschützen mit Familiengesetzen und ähnlichem? Dahinter steckt doch ein Interesse nicht des Staates als solchem, sondern dieser kapitalistischen Wirtschaftsordnung. Die Behörden sagen ja: Ihr wollt uns unsere Heime wegnehmen, wenn ihr den § 72 BSHG nicht akzeptiert. An dieser Stelle scheint ein neuralgischer Punkt getroffen. Weil die Gesetzgebung, die diesen Familien- und Reproduktionsbereich sichern soll, von den Frauenhäusern nicht akzeptiert wird.

Die Bedrohung liegt im politisch-normativen Bereich

Maria: Die Betroffenen lassen sich mit Gesetzen nicht mehr reglementieren, sondern sagen: Wir bestimmen das selbst. Wir sind aber keine Abweichler von der Norm, die Norm ist falsch.

Carola: Wir durchbrechen das Konfliktverarbeitungsmuster des Staates. „Abweichende Menschen" werden ja zu Randgruppen erklärt. Wir sagen aber: Mißhandelte Frauen sind keine Randgruppe, wir verlangen für uns andere Normen!

Maria: Die Bedrohung liegt im politisch-normativen Bereich. Wir akzeptieren das Monopol der Normgebung nicht mehr.

Carola: Das ist nicht nur Überbau, sondern auch eine Frage der politischen Basis. Denn Randgruppen sind normalerweise die Armen einer Gesellschaft. Sie werden ökonomisch ausgegliedert.

Anne: Das hat gar keine ökonomische Bedeutung. Die Sozialhilfe ist nur eine Verwaltungsfrage. Denn die Sozialhilfe wird über § 90 BSHG zurückgefordert im Rahmen der Überleitungsanzeigen. Der Mann kommt in eine andere Steuerklasse, weil die Frau getrennt lebt, das ist also erstmal nur eine Umorganisation der Geldverteilung.

Carola: Das heißt, wir müßten mehr fordern als Sozialhilfe, um die ideologische Ebene ökonomisch zu durchbrechen.

Gisela: Die Grundlage für die Arbeitsteilung ist die zwangsläufige Zuordnung der Frauen zum Reproduktionsbereich. In dem Augenblick, in dem die patriarchalische Unterordnung in Frage gestellt wird, gibt es den massivsten Druck. Wenn diese Unterordnung nicht mehr funktioniert, funktioniert auch die gesellschaftliche Arbeitsteilung nicht mehr.

Maria: Veränderungen in den ideologischen Strukturen sind auch schwer zu erreichen. Wir dürfen uns darüber keine Illusionen machen, wie weit die Frauen tatsächlich zum Beispiel das Ghetto Liebe in Frage stellen. Die allgemeinere Arbeitsteilung aber beruht auf ökonomischen Verhältnissen.

Gisela: Das Patriarchat beruht doch nicht nur auf dem Kapitalismus.

Maria: Nein, wir haben ein kapitalistisches Patriarchat. Das läßt sich nicht voneinander trennen. Es läßt sich auch nicht eines ohne das andere aufheben.

... aber auch auf der polit-ökonomischen Ebene

Carola: Es reicht nicht aus, auf der ideologischen Ebene anzugreifen.

Anne: Wir stellen doch fest, daß der Staat auf die Frauenhausbewegung massiv reagiert: auf dem Weg von wissenschaftlichen Untersuchungen, über die Finanzierung. Das sind Versuche, das Ganze in den Griff zu bekommen, zu verwalten. Unsere Frage war doch, was bewirkt diese Reaktion des Staates? Wir können festhalten, daß sich im ideologischen Bereich eine Menge bewegen kann. Aber welche ökonomischen Veränderungen entsprechen die ideologischen Bewegungen? Eine Bewegung hat doch eine gesellschaftliche, eine polit-ökonomische Grundlage.

Maria: Die ökonomische Komponente ist die Notwendigkeit der möglichst billigen Reproduktion der Arbeitskraft. In der jetzigen historischen Phase stellt sich das Problem in eigenartiger Weise dar. Der Kapitalismus macht permanent Arbeitskräfte überflüssig durch Rationalisierungsmaßnahmen.

Carola: Die Bedrohung liegt darin, daß Frauen verstärkt Arbeitsplätze fordern. Es ist ja statistisch nachgewiesen, daß die Frauen verstärkt auf den Arbeitsmarkt drängen.

Maria: Das heißt, die Konkurrenz unter den Arbeitssuchenden wird größer.

Carola: Der Staat muß zur Befriedigung etwas in Szene setzen.

Gisela: Hier laufen zwei Sachen gegeneinander. Einerseits drängen die Frauen mehr auf den Arbeitsmarkt, andererseits wird versucht, die Frauen vom Arbeitsmarkt wegzudrängen.

Maria: Die Familie ist nach wie vor die billigste Form der Reproduktion und die billigste Form, Arbeitslosigkeit aufzufangen. Die Frauen fallen nicht als Arbeitslose auf, empfinden sich selbst nicht als solche, erzeugen keine Unruhe. Hinzu kommt ein weiterer Widerspruch, in dem sich der Kapitalismus jetzt befindet. Konsumenten mit ausreichender Kaufkraft müssen nachwachsen. Arbeitsplätze werden jedoch wegrationalisiert und damit die Möglichkeit, die Arbeitskraft zu verkaufen.

Gisela: Wo werden dann in Zukunft die Waren abgesetzt?

Maria: Erst mal wird man weiter versuchen, sie bei uns abzusetzen. Aber: Was zum Beispiel auf deinem Tisch steht, wird schon zum größten Teil nicht mehr hier produziert, Gemüse in Südafrika, Obst und Blumen in Columbien, was die Frauenbewegung so trägt, kommt aus Indien. Bei uns werden Arbeitsplätze vernichtet, Fabriken und Heimindustrie werden in die dritte Welt in einem riesigen Ausmaß verlagert. Auf diese Weise werden unsere Löhne hier subsidiert durch die unterbezahlte Arbeit in der dritten Welt, und wir können uns noch relativ lange einen billigen Konsum leisten. Was hier produziert wird, ist ungeheuer teuer wegen der höheren Löhne. Wenn in der dritten Welt Märkte geschaffen werden sollen, müßte die Kaufkraft und damit die Löhne erhöht werden, denn die Masse der Menschen dort hat noch nicht einmal Subsistenzlöhne, kommt als Markt also gar nicht in Frage.

Carola: Das Kapital braucht doch zwei Sachen. Es braucht jemanden, der Geld hat, um zu konsumieren, und es braucht billige Arbeitskräfte, damit es mit großer Profitspanne produzieren kann. Ändern wir etwas in diesem Gefälle? Oder ändert sich sowieso etwas, und wir stemmen uns dagegen oder unterstützen diese Änderung?

Maria: Wenn es dem Kapital gelingt, in der dritten Welt noch niedrigere Löhne zu zahlen, dann bleiben bei uns die Konsumgüterpreise weiter relativ stabil. Dann macht es gar nichts, wenn hier noch mehr Menschen aus der Produktion herausfallen und zu Sozialhilfeempfängern werden. In Holland gibt es zum Beispiel einen viel höheren Prozentsatz an Sozialhilfeempfängern, also reinen Konsumenten. Das läßt sich dort noch tragen.

Anne: Du meinst, es gelingt hier in den Metropolen die Preise erschwinglich zu halten. Das stimmt ja nicht. Die Preise für Lebenshaltungsgüter sind derart gestiegen, daß die Menschen weniger in der Lage sind, Luxusgüter zu kaufen.

Maria: Mit anderen Worten: Es gibt auch hier eine zunehmende Verarmung.

Die Klein-Familie als Auffangstation für Arbeitslosigkeit

Carola: Wir haben in einer Untersuchung festgestellt, daß zwei Drittel der Haushalte in der BRD unter die Armutsgrenze fallen. Diese Erhebung ist zwar nur bedingt repräsentativ, aber in NRW immerhin die größte, die bisher gemacht worden ist. Und wir gefährden zu eben diesem Zeitpunkt die Auffangstation Familie für Armut. Mann: Familie bedeutet ja auch gleichzeitig die Atomisierung der arbeitenden Bevölkerung, die ist nicht so leicht organisierbar. Das heißt, die Arbeitslosen verschwinden in winzigen Zellen, während im Frauenhaus und anderen Organisationen zumindest ein Ansatz von Organisation vorhanden ist. Darin sehe ich die politische Bedeutung dieser Sache.

Anne: Es gibt einen Ansatz von Gemeinschaft. Organisation ist ein Schritt mehr, die wirkt nach außen. Der Ansatz im Frauenhaus ist schon da, wo Frauen Gemeinschaft verspüren und erleben, z.B. kollektive Haushaltsführung, die gemeinsame Organisation des Alltags in der Großfamilie. Frauen erleben das und erfahren darüber Stärke.

Carola: Was die Frau erlebt, ist ja die eine Seite. Der Staat erlebt aber, daß wir auch gemeinsam auftreten. Wir gehen gemeinsam zum Wohnungsamt, wir gehen gemeinsam zum Sozialamt, wir gehen gemeinsam zum Ministerium.

Gisela: Sogar wenn sie nachher einzeln auftreten, sind sie stärker mit dem gemeinsam erarbeiteten Bewußtsein von ihren Rechten.

Maria: Mit diesem kollektiven Vorgehen eröffnet sich eine Perspektive, die das Bestehende qualitativ überschreitet. Solange das aber nur beim gemeinsamen Haushalt usw. bleibt, kann das auch wieder geschluckt werden.

Gisela: Diese gemeinsamen Haushalte kannst du nur halten, wenn du dich dauernd mit den Machtverhältnissen konfrontierst. Das müssen alle Frauenhäuser.

Maria: Das ist also die materielle Basis für diesen Kampf. Der Staat wird zum Ersatzmann, weil die alte Familie nicht mehr funktioniert. Mit diesem Ersatzmann müssen sich die Frauen anlegen, um ihren Lebensunterhalt zu bekommen.

Nochmal: Der Konflikt soll verwaltet werden

Anne: Wir haben es geschafft, das Problem „Gewalt gegen Frauen" öffentlich zu machen. Jetzt wird der Versuch gemacht, es zu verwalten.

Gisela: Ich würde gerne auf die Definition des Leiters des Kölner Sozialamtes zurückkommen, der sagt: Sozialarbeit ist dazu da, die Löcher, die das System gerissen hat, zu stopfen und zu nichts anderem. Das heißt, sie wollen den mißhandelten Frauen zwar die Möglichkeit geben, aus dieser Situation herauszukommen, damit sie nicht so störend auffallen. Aber sie möchten ihnen nicht die Möglichkeit geben, eine neue Lebensform zu entwickeln. Sie sollen in ihre Ausgangssituation zurückkehren, nur nicht in eine so krasse. Daher auch das Bekämpfen unseres Ansatzes!

Carola: Wieso? Die Auflage erfüllen wir voll.

Gisela: Ja, die Frauen gehen schon zurück, aber wir trimmen sie nicht darauf zurecht, zufrieden zu sein, weil sie unter Umständen einen netteren Mann gefunden haben. Wir erwarten von ihnen etwas und sehen sie nicht als Ergänzung zu jemand anderen.

Anne: Genau. Wenn wir sagen, wir erfüllen deren Forderungen, verschieben wir zwei Ebenen. In der einen müssen wir fragen: Was läuft falsch im Frauenhaus? Was macht uns kaputt? Wo wissen wir nicht mehr weiter? Auf der anderen Seite müssen wir fragen: Wie wirken wir auf den Staat und die Gesellschaft?

Gisela: Wir machen keine Eheberatung, wir machen keine Vorbereitung auf die nächsten Beziehungen. Wir versuchen, Möglichkeiten zu finden, damit die Frauen ein Selbstwertgefühl entwickeln. Das ist für den Staat hinderlich. Das ist doch der wichtigste Teil unserer Arbeit. Der gibt den Frauen die Möglichkeit, eine Eigenständigkeit zu entwickeln, sich nicht als Ergänzung zu den Männern zu betrachten und nicht als einzige Perspektive Ehe und Partnerschaft zu sehen.

Anne: Genau das wollen sie nicht übernehmen, nicht abschaffen.

Was hat die SPD mit der Frauenbewegung vor?

Gisela: Bei dem Punkt: ,,Hilfe zum Selbständigwerden'' ist noch zu fragen, inwieweit auch dies noch systemimmanent ist. Daß wir nichts Gefährdendes tun, wenn wir Löcher stopfen, ist mir schon klar, aber dieser Punkt noch nicht. Zum Beispiel die Leitstelle zur Gleichstellung der Frau kann ich gar nicht einschätzen.

Karin: Gisela, du vergißt, daß die Frauenhausbewegung und die Frauenbewegung Sogwirkung haben auf andere Frauen. Es geht nicht darum, uns zu beruhigen. Uns können sie nicht mehr beruhigen, uns können sie nur mit Geld anpassen. Es geht darum, daß sich diese Bewegung nicht weiter ausbreitet; daß die Hausfrau in Kleinkleckersdorf sagt: Also, das ist ja toll, für uns setzt z.B. die SPD Frauen ein, die darauf achten, daß unsere Belange vertreten werden. Da brauch' ich ja selbst nichts mehr tun.

Anne: Ihr habt gesagt, die Funktion der Leitstelle der SPD-Familien- oder Bevölkerungspolitik ist es, die Ausweitung der Frauenbewegung zu verhindern; eine Beruhigungsfunktion also. Wir haben aber festgestellt, daß eine Beruhigung bei der Frauenhausbewegung — ich meine jetzt nicht die Frauen, die die Bewegung aktiv machen, sondern die, die uns benutzen — daß eine Beruhigung nicht das Entscheidende ist, sondern die Verwaltung des Konflikts.

Carola: Das ist aber doch Beruhigung.

Anne: Nein, Beruhigung ist weniger als Verwaltung.

Carola: Verwaltung eines Konflikts heißt aber, daß nach außen nichts erscheinen darf.

Anne: Aber bei Verwaltung muß etwas passieren. Das ist der Unterschied. Wenn die Frauen beruhigt werden, sagen sie: Toll, du kannst dich beschweren gehen! usw., wie beim Umwelttelefon in Essen. Das reicht aber für ein Problem wie ,,Gewalt gegen Frauen'' nicht mehr aus. Drei Streicheleinheiten reichen nicht. Sondern hier muß eine Verwaltung den Konflikt bearbeiten, sie müssen aktiv werden. Die Leitstelle ist ja nur ein Projekt im Rahmen dieses Gesamtprojektes der Sozialdemokratie, die Frauenbewegung einzukaufen. Und nicht nur einzukaufen. Das ist viel differenzierter. Einerseits wird ein Zugeständnis gemacht. Es ist interessant, daß Artikel 3 im Grundgesetz eingebracht worden ist von einer sozialdemokratischen Frau. Der Gleichbehandlungsgrundsatz von Mann und Frau ist geschichtlich zurückzuführen auf den Kampf der SPD-Frauen und dann der Gewerkschaftsfrauen 1948. Jetzt geht's um die Frage, was wird zugestanden und was nicht.

Carola: Ein Stück mehr Gleichberechtigung! Es geht so nicht mehr weiter.

Gisela: Es wird zugestanden, daß das Mittel der Gewaltanwendung öffentlich nicht mehr so toleriert wird.

Karin: Weggenommen wird die Selbstverwaltung, langfristig oder mittelfristig.

Carola: Unsere Unberechenbarkeit wollen sie weghaben.

Anne: Die Unberechenbarkeit ist die Menschlichkeit.

Karin: Und das alles bei exakter Buchführung!

Anne: Beim § 218 ist die Veränderung, die Fristenlösung, erkämpft worden, andererseits war das gesellschaftlich reif. Ein Kampf um eine gesellschaftliche Notwendigkeit ist ja ein dialektisches Verhältnis. die Frage ist jetzt, inwieweit wird es wieder notwendig, mehr Kinder zu produzieren und von daher den § 218 wieder zu verschärfen? Inwieweit ist es notwendig, die Frauen, die sich das Recht auf eigene Entscheidung erkämpft haben, wieder unter Druck zu setzen?

Karin: Bei der § 218-Bewegung war die Fristenlösung die Beruhigung. Welche Beruhigungsspritze werden sie uns geben? Damit wir stillhalten und unsere Solidarität zerbricht!

Carola: Das könnte die Bezahlung sein. Aus öffentlichen Geldern.

Anne: Wir haben darüber geredet, daß unsere Ziele, die wir als persönlich-politische begreifen, nicht in den anderen Frauen fest verankert sind, so daß sie damit konsequent politisch leben, wie wir das versuchen. Wir können aber nicht sicher sein, ob andere Frauen das akzeptieren können. Die Frage ist, ob die schon so gefestigt sind, daß sie nicht mehr zu beruhigen sind. Die andere Frage ist: Der Staat verlangt von uns Qualifikationen in seinem Sinne und versucht, uns die Möglichkeit zu nehmen, unsere eigenen Qualifikationsnormen zu formulieren. Das ist eine Gefahr.

Karin: Ich bin nicht der Auffassung, daß wir das Geld ablehnen sollten, weil wir das Geld brauchen und ich sehe nicht ein, daß wir unentgeltlich arbeiten sollen. Ich denke aber, daß wir im letzten Jahr stagniert haben, was unsere politische Arbeit angeht. Wir müßten eigentlich immer mit unseren politischen Zielen ein Stück weiter sein.

Anne: Die Frauenhäuser können nur dann überleben, wenn es übers Frauenhaus hinausgeht. Wir müssen die ganze Gesellschaft ständig in Unruhe halten, nicht nur in permanenter Unruhe zum Thema Frauenhaus, sondern überall eine ungreifbare Unordnung schaffen.

Literaturliste

Adler, Alfred: Menschenkenntnis, Frankfurt a.M., 1966
Baker Miller, Jane: Die Stärke weiblicher Schwäche, Zu einem neuen Verständnis der Frau, Frankfurt a.M., 1977
Bateson, Jackson, Laing u.a.: Schizophrenie und Familie, Frankfurt a.M., 1969
Beauvoir, de Simone: Das andere Geschlecht, Hamburg, 1977
Beck-Texte. Bürgerliches Gesetzbuch, München, Stand 10. August 1976
Belotti, E.G.: Was geschieht mit kleinen Mädchen?, München, 1975
Bernard, Cheryl, Schlaffer, Edit.: Die ganz gewöhnliche Gewalt in der Ehe, Reinbek, 1978
Berger, Hartwig: Untersuchungsmethode und soziale Wirklichkeit, Frankfurt a.M., 1974
Berliner Frauenhaus für mißhandelte Frauen, Frauen gegen Männergewalt, Berlin-West, 1978
Bönner, Karl H. (Hrsg.): Die Geschlechterrolle, München 1973
Bornemann, Ernest: Das Patriarchat, Frankfurt a.M., 1975
Brandt, Gisela, Kootz, J., Steppke, G.: Zur Frauenfrage im Kapitalismus, Frankfurt a.M., 1973
Broyelle, Claudia: Die Hälfte des Himmels, Frauenemanzipation und Kindererziehung in China, Berlin-West, 1973
Dannhauer, Heinz: Geschlecht und Persönlichkeit, Berlin-Ost, 1973
Duhm, Dieter: Angst im Kapitalismus, Lampertheim, 1972
Engels, Friedrich: Der Ursprung der Familie, des Privateigentums und des Staats, Berlin-Ost, 1969
Frauen helfen Frauen e.v.: Dokumentation, Köln, 1976
Freire, Paulo: Pädagogik der Unterdrückten, Stuttgart und Berlin, 1971
Galtung, Johan: Strukturelle Gewalt. Beiträge zur Friedens- und Konfliktforschung, Reinbek, 1975
Greer, Germaine: Der weibliche Eunuch. Aufruf zur Befreiung der Frau, Frankfurt a.M., 1974
Haffner, Sarah: Gewalt in der Ehe und was Frauen dagegen tun, Berlin, 1976
Horney, Karen: Neue Wege in der Psychoanalyse, München, 1977
-: Die Psychologie der Frau, München, 1977
Horkheimer, Max: Traditionelle und kritische Theorie, in: Traditionelle und

Kritische Theorie. 4 Aufsätze, Frankfurt a.M., 1970

Janssen-Jureit, Marielouise: Sexismus/Über die Abtreibung der Frauenfrage, München—Wien, 1976

Kerscher, Ignatz (Hrsg.): Konfliktfeld Sexualität, Neuwied und Darmstadt, 1977

Keupp, Heinrich, Zaumseil, N.: Die gesellschaftliche Organisierung psychischen Leidens, Frankfurt a.M., 1978

Lau, Susanne, Boss, S., Stender, U.: Aggressionsopfer Frau: Körperliche und seelische Mißhandlung in der Ehe, Reinbek, 1979

Mao Tse-Tung: Über die Praxis, Peking, 1970

MEW: 23, Erster Band, Berlin-Ost, 1973

Mies, Maria: Methodische Postulate zur Frauenforschung — dargestellt am Beispiel der Gewalt gegen Frauen, in: Sozialwissenschaftliche Forschung und Praxis für Frauen e.V. (Hrsg.), Beiträge zur feministischen Theorie und Praxis, Heft 1, München, 1978

Müller, Johannes: . . . was es heißt, ein Mensch zu sein, Düsseldorf, 1975

Osterland, Deppe, u.a.: Materialien zur Lebens- und Arbeitssituation der Industriearbeiter in der BRD, Frankfurt a.M., 1973

Ottomeyer, Klaus: Ökonomische Zwänge und menschliche Beziehungen, Reinbek, 1977

Prokop, Ulrike: Weiblicher Lebenszusammenhang. Von der Beschränktheit der Strategien und der Unangemessenheit der Wünsche, Frankfurt a.M., 1976

Pross, Helge: Die Wirklichkeit der Hausfrau, Reinbek, 1975

Rattner, Josef: Aggression und menschliche Natur, Frankfurt a.M., 1972

Rosenbaum, Heidi: Familie als Gegenstruktur zur Gesellschaft. Kritik grundlegender theoretischer Ansätze der westdeutschen Familiensoziologie, Stuttgart, 1978

Savier, Monika, Wildt, C.: Mädchen zwischen Anpassung und Widerstand, München, 1978

Scheu, Ursula: Wir werden nicht als Mädchen geboren — wir werden dazu gemacht. Zur frühkindlichen Erziehung in unserer Gesellschaft, Frankfurt a.M., 1977

Schwarzer, Alice: Der ,,kleine Unterschied" und seine großen Folgen. Frauen über sich — Beginn einer Befreiung, Frankfurt a.M., 1975

Stefan, Renate: Hausfrauen und Mütter — die vergessenen Sklavinnen, Berlin, 1975

Stefan, Verena: Häutungen, Berlin, 1975

Taeni, Rainer: Latente Angst: Das Tabu der Abwehrgesellschaft. Versuch einer ganzheitlichen Theorie des Menschen, Hamburg, 1977

Vinnai, Gerhard: Sozialpsychologie der Arbeiterklasse, Reinbek, 1973

Watzlawick, Paul, Beauvin, J.H., Jackson, D.D.: Menschliche Kommunikation. Formen, Störungen, Paradoxien, Bern, 1969

Weber-Kellermann, Ingeborg: Die deutsche Familie. Versuch einer Sozialgeschichte, Frankfurt a.M., 1974

Werlhof, Claudia v.: Frauenarbeit: Der blinde Fleck in der Kritik der politischen Ökonomie, in: Sozialwissenschaftliche Forschung und Praxis für Frauen e.V. (Hrsg.), Beiträge zur feministischen Theorie und Praxis, Heft 1, München, 1978

Wittvogel, Marcuse, Mayer: Autorität und Familie, Hamburg, o.J.

Adressen von Frauenhäusern und Frauenhaus-Initiativen

AACHEN:
„Frauen helfen Frauen" e.V.
Tel. (0241) 35519

BERLIN:
Frauenhaus, Postfach 310622
Tel. (030) 8263018

BIELEFELD:
Frauenhaus e.V., Postfach 3105
Tel. (0521) 177376

BOCHUM:
Frauenhausinitiative
Frauenzentrum Bochum
Schmidtstr. 12

BONN:
„Frauen helfen Frauen" e.V.
Frauenhaus Bonn, Postfach 170267
Tel. (02221) 672494

BREMEN:
Frauenhaus Bremen
Postfach 106751
Tel. (0421) 349573

DORTMUND:
„Frauen helfen Frauen" e.V.
Frauenhaus Dortmund, Postfach 150 167
Tel. (0231) 335088

DÜSSELDORF:
„Frauen helfen Frauen"
Postfach 11 01 55
Tel. (0211) 7103488

DUISBURG:
"Frauen helfen Frauen" e.V.
Postfach 100702
Tel. (0203) 62213

ESSEN:
„Frauen helfen Frauen"
c/o Beate Rensing
Adolfstr. 16, 4300 Essen

ERLANGEN:
Frauenhaus Erlangen
Tel. (091) 3125872

FRANKFURT:
„Frauen helfen Frauen"
Postfach 600268
Tel. (0611) 439541

HANNOVER:
„Frauen helfen Frauen" Hannover
Postfach 102343

HAMBURG:
„Frauen helfen Frauen"
Postfach 763229
2000 Hamburg 76
Tel. (040) 226478

KÖLN:
„Frauen helfen Frauen" e.V.
Frauenhaus Köln
Postfach 900272
Tel. (02203) 53643

KREFELD:
Frauenhaus-Initiative mit Notruf für mißhandelte Frauen
Tel. (02151) 52119, 790645, 778971

LEVERKUSEN:
Frauenhaus Leverkusen e.V.
Tel. (0214) 49408

LÜBECK:
„Frauen helfen Frauen"
Tel. (0451) 73100

MAINZ:
„Frauen helfen Frauen"
Tel. (061) 3118358

MÜNCHEN:
Frauenhaus München
Tel. (089) 15 62 46

MÖNCHENGLADBACH:
"Frauen helfen Frauen" e.V.
Postfach 1255
Tel. (02166) 460 41

MÜLHEIM/RUHR:
Initiativgruppe ,,Frauen helfen Frauen"
4330 Mülheim/Ruhr
Uhlandstraße 5

MÜNSTER:
,,Frauen helfen Frauen" e.V.
Tel. (0251) 79 28 68

NEUSS:
Frauenhausinitiativgruppe Neuss
4040 Neuss, Kanalstraße 29

OBERHAUSEN:
,,Frauen helfen Frauen"
Postfach 100441
Tel. (0208) 80 45 12

REUTLINGEN:
Frauenhaus Reutlingen
Postfach 242
Tel. (07121) 30 07 78

SALZGITTER:
,,Frauen in Not" e.V.
Tel. (05341) 5 21 50

SIEGEN:
,,Frauen helfen Frauen" e.V.
c/o Gisela Heymann-Rust
5900 Siegen, Bürbacher Weg 4

WUPPERTAL:
,,Frauen helfen Frauen" e.V.
Postfach 130421
Tel. (0202) 30 63 53

Inhalt

Vorbemerkung: in eigener Sache 3
Gewalt, was ist das? (5)

Unser Vorgehen 9
Wir lassen uns auch von der Wissenschaft nicht
mehr unter Druck setzen. (9)

Die Methode der Aktionsforschung 15
Wir forschen auf der Basis unserer eigenen
Betroffenheit (15) / Aktionsforschung im
Frauenhaus (17) / Wir spielen die
Wirklichkeit nach – Rollenspiel (22)

Lebensgeschichten
Gisela, 22 Jahre alt 33
Maria, 51 Jahre alt 43
Erika, 32 Jahre alt 49
Anna, 31 Jahre alt 75
Heike, 24 Jahre alt 83

Analyse der Lebensgeschichten 92
Die Einzelschicksale von Gisela, Maria, Erika,
Anna und Heike sind d a s Frauenschicksal (92) /
Wie bewältigen Frauen dieses Leben? (106) /
Leben wir in einer Drei-Klassen-Gesellschaft? (124) /
Frauen kämpfen um der Liebe willen (130) /
Nachdenkliches zu unserem methodischen Ansatz (138)

**„Die Siege wahrscheinlich nie absolut,
die Niederlagen auch nicht." – Eine Diskussion
zur Frauenbewegung** 142

Literaturliste 164

**Adressen von Frauenhäusern und
Frauenhausinitiativen** 167

Verlag Jugend & Politik

Aus unserem neuen Programm:

Ulf Lüers
Jugendarbeit im Zugriff von Verwaltung und Politik
Handlungsspielräume in der außerschulischen Jugendbildung
am Beispiel der hessischen Jugendbürokratie
290 Seiten   22,— DM

Dieter Hehr / Wolfgang Hippe
Navajos und Edelweißpiraten
Berichte vom Jugendwiderstand im Dritten Reich
ca. 120 Seiten   ca. 10,— DM

Rolf Johannsmeier
Wer kann keine Schweine jagen?
Oder: Was aus dem „Herrn der Fliegen" wurde
Hauptschüler machen Theater
ca. 100 Seiten mit 8 Fotos und 2 Liedern   ca. 10,— DM

Kommst Du je nach America
Ein Reise- und Lesebuch
252 Seiten   14,80 DM

Peter Gellings / Harald Kralik / Frank Vater
Irland – Geschichte und Geschichten zum Lesen und Reisen
ca. 200 Seiten   ca. 14,80 DM

Burkhard Fritsche (Zeichnungen)
Wolfgang Hippe (Text)
Geschichten von Hans Gor, dem Kobold, Horst, dem Hünen
und ihren Freunden, vom bösen Zauberer Dr. Salamander
und seinen Kumpanen Scheutdaslicht, von Salzstöcken,
Giftküchen und Müll aller Art
Ein Comicmärchen
Ö-Comic Nr. 2
80 Seiten   7,50 DM

Wir informieren Sie gerne über unser Gesamtprogramm.

Postkarte genügt:
Verlag Jugend & Politik · Hamburger Allee 49 · 6 Frankfurt 90

"Ich bin eine geschlagene Frau."

Anna und Maria erzählen aus ihrem Leben: Zwei typische Frauenhausschicksale, die die Gewalt, die ihnen angetan wird, nicht mehr ertragen können. Erst im Frauenhaus beginnt daher für Anna und Maria ein menschenwürdiges Leben. Von ihrer Unterdrückung, aber auch von ihrem Selbstbewusstsein im Frauenhaus berichten sie selbst.

Ein "authentisches" Tondukument über die Erfahrungen im Frauenhaus, Diskussionen von Frauen über die Perspektive der Frauenhausbewegung und den Streit einer Frauengruppe mit den Behörden. Doch die Macht der Verwaltung erliegt dem Ansturm der Frauen.

Was ein Text nicht 'rüber bringt'

Eine Toncassette mit Begleittexten als Medienpaket

zum Einsatz in
- Frauengruppen
- der politischen Bildungsarbeit

Bestellungen bitte an:
Network Mediencooperative
Hallgartenstr. 69
6 Frankfurt
Bitte nur mit Scheck bezahlen. das spart uns grossen bürokratischen Aufwand. Vielen Dank.

Hiermit bestelle ich ein Medienpaket "Ich bin eine geschlagene Frau", für Frauenhäuser von Frauen für Frauen (Toncassette 4o min. und Begleitheft) zum Preis von 16.8oDM plus 2.80 Dm Verpackung